ADELHEID SCHMIDT-THOMÉ

Vergessene Münchnerinnen

30 Lebensbilder

Allitera Verlag

Weitere Informationen über den Verlag und sein Programm unter:
www.allitera.de

Mai 2017
Allitera Verlag
Ein Verlag der Buch&media GmbH, München
© 2017 Buch&media GmbH, München
Herstellung und Umschlaggestaltung: Johanna Conrad
Umschlagmotiv nach einem Gemälde von Albert von Keller: Irene von Keller,
die Frau des Künstlers, vor rotem Grund, 1890
Printed in Europe · 978-3-86906-923-4

Inhalt

Geleitwort

Privilegiert und doch diskriminiert

Männer, Männer, Männer. So stellt sich die Münchner Stadtgeschichte zumindest bis zur Mitte des 20. Jahrhunderts dar. Das Stadtbild wird ebenso wie nahezu jedes Geschichtsbuch (wenn es nicht ausdrücklich den wenigen weiblichen Spuren nachgeht) von Männern bestimmt: ein Kaiser, Könige und ein Prinzregent hoch zu Ross. Keine Theresia wie in Wien, keine Victoria wie in London, nur Feldherren, keine Jungfrau von Orléans. Und wenn man eine Frau sieht, sogar überdimensioniert, dann ist das nur sinnbildlich gemeint wie die Bavaria, die nicht für eine Persönlichkeit, sondern für die bayerische Heimat steht. Immerhin kommen auf den Gedenksteinen der Friedhöfe auch Frauen vor, wenn auch meist als schmückendes Beiwerk des Herrn Gemahl. Adelstitel, akademische und militärische Titel für die Männer – und Ehrenbezeichnungen wie »Oberstleutnantsgattin« oder »Hausbesitzerswitwe« für die Frauen. Aber halt: Manche dieser Frauen werden auf diesem nicht gerade emanzipierten Friedhofsweg doch dem Vergessen entrissen, werden wenigstens als Persönlichkeit erwähnt und regen zu Nachforschungen an. Adelheid Schmidt-Thomé hat diese Entdeckung genutzt, um »vergessenen Münchnerinnen« bei Spaziergängen auf dem Alten Südlichen Friedhof nachzuspüren und sie in zwei Kalendern zu präsentieren. Das macht Lust auf »mehr«, bei der Autorin genauso wie bei der Leserschaft, und so kann sie jetzt ein wesentlich umfangreicheres Werk über Münchner Frauen vorlegen, das die fast vergessenen Frauen, ihre Lebenssituation und ihr meist künstlerisches Schaffen nahebringt. Die meisten dieser Frauen, die zwischen dem Ende des 18. und der Mitte des 20. Jahrhunderts lebten, weisen eine Gemeinsamkeit auf: Sie waren privilegiert und doch diskriminiert. Bevorzugt durch ihre Herkunft, benachteiligt durch ihr Geschlecht. Sie stammten aus Adelsfamilien oder begüterten Kreisen und konnten sich deshalb eine künstlerische Tätigkeit erlauben und finanzieren, aber ihnen wurden berufliche Chancen weitestgehend verwehrt, sie mussten Nischen suchen und finden, in denen sich Frauen selbst entfalten konnten und nicht bloß Beiwerk sein durften. So heißen die Berufsbezeichnungen der Porträtierten meistens Schauspielerin oder Sängerin, Malerin oder Pianistin, Schriftstellerin oder Lyrikerin, Stifterin oder Gründerin von sozialen Einrichtungen, wiederholt Gattin und Mutter, einmal sogar »Künstlerliebschaft« oder »Gutsbesitzerin«, einmal auch »Herzogin«. Immerhin wird in einigen Fällen auch die Tätigkeit als »Frauenrechtlerin« erwähnt – aber das buchstäblich nur nebenbei und nicht als Hauptberuf. Nur eine Direktorin gibt es – aber es ist die Direktorin des Marionettentheaters, der Chefposten bleibt also im offenbar gebotenen Rahmen. Nanette Kaula, die ein stolzes Leben lang als »Münchens schönste Jüdin« galt, wird als »schöne Münchnerin« präsentiert. Und das aus gutem Grund: Schließlich hat sie Ludwig I. in seine gleichnamige Galerie aufgenommen! In ihrem Porträt kommt die aufschlussreichste Szene des Buches über die Frauen jener Zeit zur Sprache: In späten Jahren begegnet Nanette Kaula ihrem einstigen Förderer auf der Ludwigstraße. Er fragt sie, ob man sich nicht schon früher begegnet sei. Sie antwortet, dass Majestät die Gnade gehabt habe, sie einmal malen zu lassen. Da antwortet Ludwig I. mit seiner ganzen königlichen Höflichkeit: »Täts jetzt nimmer!« Und noch einmal: »Täts jetzt nimmer.« Vis-à-vis sitzt er heute noch hoch zu Ross. So unterschiedlich sind die Wahrnehmung und der Nachruhm der Geschlechter! Adelheid Schmidt-Thomé leistet mit diesem Buch einen wichtigen Beitrag, mehr Gerechtigkeit walten zu lassen – zumindest bei den Frauen, die so privilegiert lebten, dass man heute noch ein Bild ihres Lebens, ihres meist künstlerischen Schaffens, ihrer Hoffnungen und Gefühle zeichnen kann.

Edith von Welser-Ude   *München, April 2017*

Vorwort

Häufig führen mich meine Wege durch den Alten Südlichen Friedhof. Es ist spannend, immer wieder Namen zu entdecken und ihnen eine Straße in der Stadt zuzuordnen: viele Männer mit ehrenvollen Berufen und viel Renommee, im Gedächtnis der Stadt verankert. Mit der Zeit schärfte sich mein Blick für die Inschriften zu den Frauen; ihre »Berufe« waren fast ausschließlich ...gattin, ...tochter oder ...witwe.

So entstand das Projekt »Vergessene Münchnerinnen«, mit dem ich den Frauen ein Gesicht beziehungsweise eine Stimme geben möchte.

Aha! Eine Münchnerin!

Frei nach Ludwig Thoma könnte der Herr im Himmel auch über seine weiblichen »Gäste« räsonieren und eher selten zu dieser obigen Feststellung kommen.

Wer ist eine MünchnerIn? Ein echtes »Münchner Kindl« müsse mindestens Eltern aus der Stadt vorzeigen, heißt es. Das traf im Jahr 2012 nur auf 33,5 % der Einwohner zu. Wer jetzt der Meinung ist, das sei in der »guten alten Zeit« anders gewesen – vielleicht sogar besser –, irrt: Auch 1876 konnten nur 36,7 % der Stadtbewohner von sich sagen, sie seien »waschechte« Münchner. Der weibliche Anteil war kleiner als die Hälfte, denn viele Mädchen und junge Frauen waren zur Arbeitssuche vom Land in die Stadt gezogen. Helene Sedlmayr zum Beispiel, die »Münchnerin schlechthin«, die wir aus der Schönheitengalerie Ludwigs I. kennen, war keine: Sie stammte aus Trostberg.

So waren wir, der Verlag und ich, fast ein wenig blauäugig, als wir den Personenkreis für das Buch festlegten: 30 Frauen, alle sollten in München geboren und verstorben sein und einen Großteil ihres Lebens hier verbracht haben. Zusätzlich hatten wir den Ehrgeiz, jede Frau nicht nur mit Worten, sondern auch mit einem Porträt, sei es ein Gemälde oder eine Fotografie, vorzustellen. Da waren schon die ersten Ausnahmen nötig. Auch beim Geburtsdatum wurden wir großzügiger, einige Damen sind nicht in München geboren, sondern »nur« groß geworden.

Die Frauen, die jetzt im Buch vertreten sind, haben zwischen 1788 und 1946 gelebt. Eine Wertung sollte auf jeden Fall vermieden werden, deshalb treten die Damen in alphabetischer Reihenfolge auf. Das Alphabet ist neutral, wir wollten kein Lebensbild in eine Schublade sortieren.

Frauen aus kleineren Verhältnissen sind leider aufgrund der Quellenlage zum größten Teil wirklich gänzlich vergessen – ihr Leben war für Biografen oder Chronisten schlichtweg nicht der »Rede« wert. Generell weiß man über Frauen, die in den letzten Jahrhunderten gelebt haben, kaum etwas: Aufgrund ihrer Position in der damaligen Gesellschaft gab es für sie einfach zu wenige Gelegenheiten, in Erscheinung zu treten …

Beim Schreiben des Buchs fiel mir einmal mehr auf, wie viel es für uns Frauen auch heute noch zu tun gibt!

Frausein im 19. Jahrhundert

Das vorgegebene Rollenbild war: Mutter, Hüterin von Haus und Familie, Dienerin des Mannes. Das war bis zur Mitte des letzten Jahrhunderts relativ unangefochten. Bis dahin hieß ein Totschlagargument gegenüber Frauen, die anderes wollten, »Blaustrumpf« und wurde mit der drohenden Gefahr, keinen Ehemann abzubekommen, in die Waagschale geworfen.

Frauen der bürgerlichen und adeligen Kreise wurden gezielt von der Teilnahme an einem aktiven Leben jenseits von Haus und Herd ferngehalten. Das begann bereits bei der Bildung. Kinder erhielten zunächst gemeinsam eine elementare Schulbildung. (Die sechsjährige Schulpflicht galt seit 1802.) Buben konnten danach ein Gymnasium besuchen, für Mädchen gab es Mädcheninstitute, Klosterschulen oder Privatunterricht. Ihnen wurde lediglich der Bildungskanon vermittelt, dank dem Frauen später einen Haushalt führen, Konversation betreiben oder einen Salon leiten konnten. Auf dem Lehrplan standen vor allem Religion, die neuen Sprachen, an erster Stelle Französisch, sowie Geschichte, Geografie, ein wenig Mathematik, Musik und Handarbeiten. Kenntnisse in den Naturwissenschaften und den alten Sprachen wurden für unweiblich gehalten. Die Hochschulen standen Frauen in Bayern ab 1903 offen, das Abitur an einer öffentlichen Schule konnten sie sogar erst 1912 ablegen.

Ab etwa 1848 wurden die Frauen langsam aufmüpfiger – und die Argumente wurden grotesk. Der Kampf um die Zulassung zum Studium an der Akademie der bildenden Künste ist dafür ein gutes Beispiel. Da wurde in Gutachten davor gewarnt, dass Frauen, die wider »ihre Natur« künstlerisch (aber auch in anderer Richtung) aktiv werden, ihre »Geschlechtlichkeit verlieren«, krank oder gar pervers werden würden.

Argumente gegen die Zulassung von Frauen zum Medizinstudium waren etwas ehrlicher, aus ihnen sprach deutlich die Angst vor Konkurrenz.

»Verein für Fraueninteressen«

Das alles und noch viel mehr zu ändern hatte sich der »Verein für Fraueninteressen« vorgenommen, den Anita Augspurg und Sophia Goudstikker (beide keine Münchnerin!) 1894 unter dem Namen »Gesellschaft zur Förderung der geistigen Interessen der Frau« gründeten. Die umständliche Benennung spricht schon Bände: Frauen durften nämlich nicht Mitglied eines Vereins sein. Erst nachdem 1908 das entsprechende Gesetz geändert worden war, nahm der Verein 1920 seinen heutigen Namen an. Sein Zweck war, »die Frauen zur Teilnahme am öffentlichen Leben zu erziehen, sie insbesondere zur Mitarbeit an den Werken allgemeiner sozialen Fürsorge heranzuziehen und heranzubilden, die Pflege geistigen Lebens zu fördern und die Bildungs- und Berufsinteressen der Frau zu vertreten. Er ist politisch und konfessionell vollständig neutral.«[1] Zu den Pionierinnen des Vereins gehörten Carry Brachvogel (siehe S. 43ff.), Viktorine von Butler-Haimhausen (siehe S. 51ff.) und Emma Haushofer-Merk (siehe S. 107ff.). Viele Frauen, prominente und unbekannte, traten bald bei. Da der Verein auch Männern offenstand, hatte er in Personen wie Paul Heyse, Ernst von Wolzogen und Max Haushofer (um nur ein paar zu nennen) unvoreingenommene und tatkräftige Unterstützung. Der Verein konnte 2014 sein hundertjähriges Bestehen feiern.

Vielen Dank!

Mein erster Dank geht an Alexander Strathern und Dietlind Pedarnig vom Allitera Verlag, die mein Projekt spannend genug für ein Buch fanden. Und an das ganze Team von Allitera für die tolle Arbeit rund um das Buch.

Bedanken möchte ich mich auch bei den MitarbeiterInnen der Münchner Bibliotheken und Archive, besonders von der Monacensia. Sie halfen immer sehr bereitwillig bei der Recherche, wenn ich einmal steckengeblieben war.

Gabriele Donder-Langer aus Haimhausen hat mir vorbehaltlos ihr Material über Viktorine von Butler-Haimhausen zur Verfügung gestellt – herzlichen Dank! Von Laura Pachtner habe ich wertvolle Informationen über Charlotte Blennerhasset bekommen; und Prinzessinnen der bayerischen Herzogsfamilie sind mir dank Christian Sepp vertrauter geworden.

Ohne die Porträtaufnahmen wäre das Buch längst nicht so schön anzuschauen – vielen Dank an die privaten Besitzer, die sie uns zur Verfügung gestellt haben.

Frau Edith von Welser-Ude hat ein wunderbares Geleitwort geschrieben – dankeschön!

Last, but not least mein Mann ... ich danke dir: fürs Zuhören, für deine wertvollen Denkanstöße und die produktive Kritik und dafür, dass du mir in den letzten Monaten den Rücken freigehalten hast.

Und ihr »Münchnerinnen«! Ihr habt mich inspiriert, mich zu immer neuen Frauen geschickt, mich neugierig gemacht und inspiriert! Ich bin gespannt, wohin ihr mich noch führen werdet!

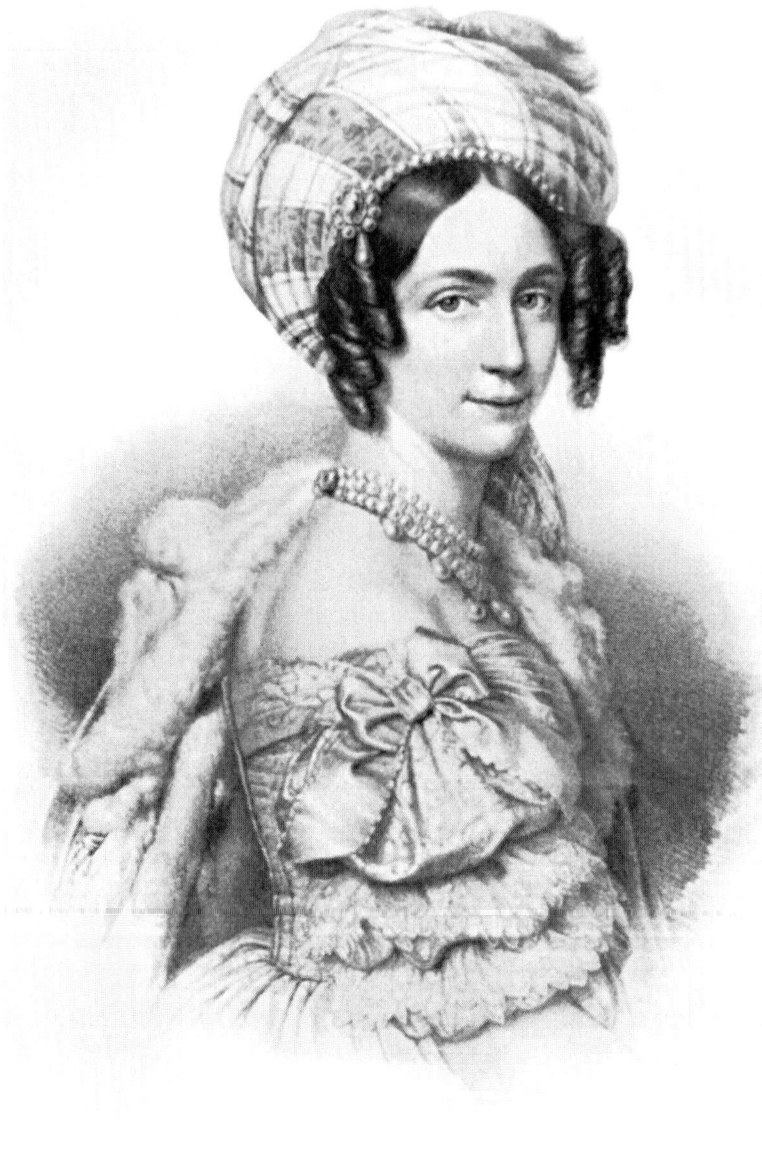

Auguste Amalie von Leuchtenberg
(1788–1851)

Ein Königreich für eine Braut

K aiser Napoleon I. hat Bayern zum Königreich gemacht. Das
stimmt natürlich – aber war es nicht eigentlich Auguste Amalie
Ludovika, die älteste Tochter des Kurfürsten Maximilian IV. Joseph?
Ohne ihre Zustimmung zur Hochzeit mit einem wildfremden Mann
hätte Augustes Vater die Krone wahrscheinlich nicht erhalten. Dass
ihr Bruder, der spätere König Ludwig I., diesen ihren Anteil daran
schnell vergessen hat, hat sie zeitlebens tief gekränkt.

Flucht vor den Franzosen

Die Familie des Herzogs von Pfalz-Zweibrücken Maximilian Joseph
(später Kurfürst und ab 1806 König von Bayern) führte in ihrer Heimat
Straßburg ein beschauliches Leben, bis die französische Revolution 1789
alles veränderte: Die sogenannten Koalitionskriege zwischen Frankreich
und seinen Rivalen versetzten Europa bis 1815 in Chaos und Not. Vor allem aus den Gebieten am Rhein mussten die Menschen vor den französischen Truppen fliehen, so auch die herzogliche Familie mit den Kindern
Auguste und Ludwig. Die weiteren Geschwister Amalie, Charlotte und
Karl kamen im baden-württembergischen Exil in Mannheim zur Welt.
Ludwig, Amalie und Charlotte erkrankten hier an den »Blattern«, an denen die vierjährige Amalie starb. Zwei Jahre später raffte die Tuberkulose
auch ihre Mutter Auguste Wilhelmine dahin. Der Älteste, Ludwig, der
später König werden sollte, hasste die Franzosen und alles Französische
bis zum Ende seines Lebens.

Geschachere um Braut und Krone

Herzog Max Joseph heiratete 1797, ein Jahr nach dem Tod seiner ersten Frau, Prinzessin Karoline von Baden, mit der er noch weitere acht

Kinder bekam. 1799 erbte er das Kurfürstentum Bayern, damit wurde die Residenzstadt München das Zuhause der Familie. Mit 16 meinte Auguste, mit dem Heiraten hätte es noch ein bisschen Zeit. Aber weit gefehlt – das attraktive, vornehme und intelligente Mädchen, das die preußische Königin Luise für »die größte Schönheit in Teutschland«[1] hielt, war auch aus politischer Sicht eine interessante Partie: Es zeichnete sich ab, dass Bayerns Rolle im europäischen Gefüge bald größer werden würde als bisher. So bewarben sich 1804 mehrere Herren um die junge Frau (»Kunden« nannte der Minister Maximilian von Montgelas sie): Georg von Mecklenburg-Strelitz (ein väterlicher Verwandter), der Erbprinz Karl Ludwig Friedrich von Baden (Bruder der Stiefmutter) und der verwitwete Erzherzog Joseph Palatin von Ungarn (ein Bruder des österreichischen Kaisers). Familiäre Interessen, politische Bedenken sowie die Entscheidungsschwäche des Kurfürsten Max IV. Joseph zeichneten verantwortlich für ein monatelanges Hin und Her voller emotionaler Höhen und Tiefen. Letztlich entschied sich die 17-jährige Auguste im März 1805 für den Badener Karl.

Aber dann mischte Napoleon Bonaparte im Sommer die Karten neu. Sein Interesse in dieser Angelegenheit für seinen Stiefsohn Eugène de Beauharnais war zwar bekannt gewesen, aber geflissentlich ignoriert worden. Nun verschärfte der Franzose den Ton. »Sagen Sie Ihrem Vater, daß es mir sehr angenehm wäre, wenn aus dieser Heirat nichts wird«, hatte er schon im Dezember 1804 nach Baden ausrichten lassen. »Ich kann Ihnen den Grund davon im Augenblick nicht sagen. Er hängt mit anderen politischen Dingen zusammen, die jetzt noch nicht reif sind.«[2] Die Wittelsbacher hielten den Kaiser hin, sie wollten sich noch nicht auf die Seite Napoleons stellen. Der erhöhte den diplomatischen Druck auf Baden und auf Bayern. Allmählich wurde deutlich, dass Bayern nicht länger neutral bleiben und man Napoleons Ansinnen nicht ablehnen konnte. Auguste war verzweifelt. Am 30. September 1805 schrieb sie ihrem Bruder Ludwig:

Viel, sehr viel habe ich seit Deiner Abwesenheit gelitten, […] sage jedem, der es hören will, meine Schwester hat alles angewandt, um eine so schändliche Verbindung zu verhindern, ich begehrte zu meiner Tante nach Sachsen zu gehen [eine Idee ihrer Erzieherin], um dort entfernt von dem [Napoleon] zu sein, man schlug es mir ab. Ich sehe mich für verloren an, obschon der beste von allen Väter(n) mir sein Wort gege-

ben hat, es würde nicht geschehen. Er kann es nicht (ver)hindern, Gott allein kann uns retten [...].[3]

Napoleon machte die Brautschau zu einem Deal: Ihm lag sehr daran, wenigstens durch seinen (inzwischen adoptierten) Sohn Eugène zum europäischen Hochadel zu gehören. Im Gegenzug bot er Max Joseph die Königskrone und Bayern die Souveränität an. »Majestät haben das Schicksal Ihres Hauses und des [künftigen] Königreichs in Händen! Eine Absage würde Sie zugrunde richten«[4], ließ er den Kurfürsten im Dezember 1805 wissen. Und am 23. Dezember: »Mein Bruder! Ich schicke meinen Oberhofmarschall Duroc, um von Eurer Hoheit Ihre Tochter, die Prinzessin Amalie für meinen Sohn Eugène zu erbitten.«[5] Im Falle einer Absage könne er Bayern auch besetzen, drohte er. Die Causa »Bräutigam« war damit entschieden. Max Joseph bat seine Tochter in einem wehleidigen Brief um ihre Zustimmung. Auguste war zunächst am Boden zerstört. Aber letztlich blieb ihr keine Wahl – das war Prinzessinnenschicksal, dynastische Belange standen über persönlichen.

So wurde am 1. Januar 1806 das Königreich Bayern proklamiert. Napoleon schrieb an Eugène, der als Brigadegeneral und Vizekönig in Italien residierte, er sei in München angekommen und habe die Heirat mit der Prinzessin Auguste abgemacht. Er zitierte Eugène, der seine Braut erstmals auf einem mitgesandten Bild sah, zum 10. Januar nach München. Eugène antwortete: »[...] das Bildnis auf der Tasse ist wunderschön. Ich werde mein Möglichstes tun, das Original glücklich zu machen.«[6] Am 13. Januar fand in einer prunkvollen Zeremonie in der Residenz die Ziviltrauung statt, am Tag darauf folgte die kirchliche Trauung in der Hofkapelle. Am 21. Januar zog das Paar nach Mailand, wo es acht Jahre residierte. Auguste Amalie schenkte fünf Kindern das Leben, betete für ihren Mann, der mit Napoleons Grande Armée durch halb Europa zog, bangte um ihre Stellung als Vizekönigin von des Kaisers Gnaden. Es war ihr bald klar, dass dieses Leben so nicht endlos dauern konnte. »Von was werden wir, würd mein Kind leben? Von Wohlthat anderer, kein Stückchen Erde gehört uns.«[7] Immerhin sollte dieser aus politischen Gründen geschlossenen Ehe großes privates Glück beschieden sein. Wider alle Erwartungen und Befürchtungen fassten nämlich die bayerische Prinzessin und der französische Kaisersohn große Zuneigung zueinander und sie führten eine erfüllte Ehe.

Exil in der Heimat

Eugène war immer loyal gegenüber seinem Stief- und Adoptivvater Napoleon, nahm an dessen Kriegszügen teil und beugte sich ihm in politischen Dingen. Als der Kaiser 1814 unterging, kapitulierte auch Eugène. Die Stimmung in Italien war so antifranzösisch, dass Eugène nicht mehr Vizekönig bleiben konnte. Es gab zwar in Mailand Bestrebungen, ihn zum König zu putschen, aber das kam für ihn nicht infrage. Lieber wollte er Privat- und Ehrenmann sein als König und Verräter. So blieb nur das Exil in Bayern. Nach der Geburt des fünften Kindes Theodolinde am 13. April kam die Familie drei Wochen später in München an. Eugène kämpfte auf dem Wiener Kongress um seine Zukunft. Erst 1817 fand man endlich einen Status für ihn: Er wurde zum Herzog von Leuchtenberg, Fürst von Eichstätt und Oberstinhaber eines Regiments ernannt. Seine Besitzungen und sein Vermögen durfte er behalten, damit war er einer der reichsten Männer Bayerns. Eugène hieß nun Eugen und wurde zum Bayern, den das Volk liebte. Nur sein Schwager Ludwig nicht, der seine Aversion gegen alles Französische nie ablegen konnte.

Ungeliebte Familienmitglieder

Kronprinz Ludwig betrachtete Eugen als Fremdkörper, seine Anwesenheit akzeptierte er nur um des Vaters willen. Er gestand der Familie Augustes nicht einmal den Rang als erste fürstliche Familie nach der königlichen zu. Auguste war schwer getroffen. Das Wissen, unerwünscht zu sein und keinen Dank für ihr Opfer zu ernten, kam sie mehr als hart an. Sie klagte in Briefen an Ludwig:

Wer kam zu mir, um mich zu bitten, mich für Baiern, für dein und deiner Kinder Glück zu opfern? du warst es Bruder! Und du weißt, daß ich mich ganz vergaß und meine Einwilligung gab, ohne es zu wissen, ob Glück oder Unglück meiner erwartete. [...] Ruhig und zurückgezogen leben wir, und doch sind wir ein Dorn in deinen Augen! Was haben wir gethan? Nichts als Gutes und Großes, solange wir ein Königreich hatten! [...] man schämte sich nicht, Eugen zum Schwager zu haben, solange er in Italien war, aber jetzt, wo wir unglücklich sind, will man uns in den Staub werfen.[8]

Die Querelen nahmen so überhand, dass Eugen den Bau seines Palais am Odeonsplatz 4 einstellen ließ. Auguste erklärte das so: »[...] wir wären große Thoren, wenn wir unser Geld an einen Ort verschwenden thäten, welchen wir nach dem Tode unseres guten und geliebten Vaters nicht mehr anständig bewohnen könnten.«[9] Ludwig lenkte schließlich ein, das Leuchtenberg-Palais konnte fertiggestellt und im Oktober 1821 bezogen werden. Der mächtige Bau Leo von Klenzes wurde zu einem Mittelpunkt der Stadt, eine Sensation an Eleganz und Pracht.

Das Leuchtenberg-Palais wurde im Krieg zerstört, 1961 abgerissen und nach historischem Vorbild wieder errichtet. Heute residiert dort das Finanzministerium.

Auguste konnte die Herrlichkeit nicht lange genießen, Eugen gab ab Ostern 1822 Anlass zu Sorge. Das ruhige Leben ohne körperliche, dafür aber mit emotionalen Belastungen, tat ihm nicht gut. Im Oktober erlitt er einen ersten leichten Schlaganfall, es folgten weitere, von denen er sich immer einigermaßen erholte, bis im Dezember 1823 die gesundheitlichen Ausfälle zunahmen. Am 21. Februar 1824 starb Eugen von Leuchtenberg.

Auguste war nun alleine mit sechs unmündigen Kindern zwischen sieben und 16 Jahren. Wenigstens litt sie keine Existenznot, sie besaß das Palais in der Stadt und ein Schlösschen in Ismaning. Die Witwe verwaltete den Familienbesitz und kümmerte sich um die Erziehung und Versorgung ihrer Kinder. Mit dem einst so geliebten Bruder Ludwig hatte sie weiter zu kämpfen. Er schikanierte sie und ihre Familie, wo es ging. Dass es ihr gelang, die Kinder gut zu verheiraten, imponierte ihm keineswegs. Dabei wurden aus ihren Töchtern eine Königin von Schweden, eine Kaiserin von Brasilien und zwei deutsche Herzoginnen. Ihr älterer Sohn Auguste heiratete die Königin von Portugal – starb aber kurz darauf, nur ein Jahr nach seinem Vater. Der Jüngste, Maximilian, nahm Großfürstin Maria Nikolajewna von Russland zur Frau. Den Hausschatz und die wertvolle Gemäldesammlung nahm er mit nach St. Petersburg. Später, während der Russischen Revolution, flohen einige seiner Nachfahren nach Bayern, wo sie unter anderem in Seeon, einem der Stammsitze der Leuchtenbergs, lebten. Die orthodoxen Grabkreuze mit dem doppelten Querbalken auf dem kleinen Friedhof erinnern an sie.

ᘒ ᘰ

AUGUSTE AMALIE VON LEUCHTENBERG, Vizekönigin von Italien, Herzogin von Leuchtenberg. * 21. Mai 1788 in Straßburg. Vater: Herzog Max Joseph (1756–1825), ab 1799 Kurfürst und ab 1805 König von Bayern. Mutter: Auguste Wilhelmine von Hessen-Darmstadt (1765–1796). Elf Geschwister. 1815 Hochzeit mit Eugène de Beauharnais (1781–1824), Offizier, Vizekönig von Italien. Sieben Kinder. † 13. Mai 1851 in München.

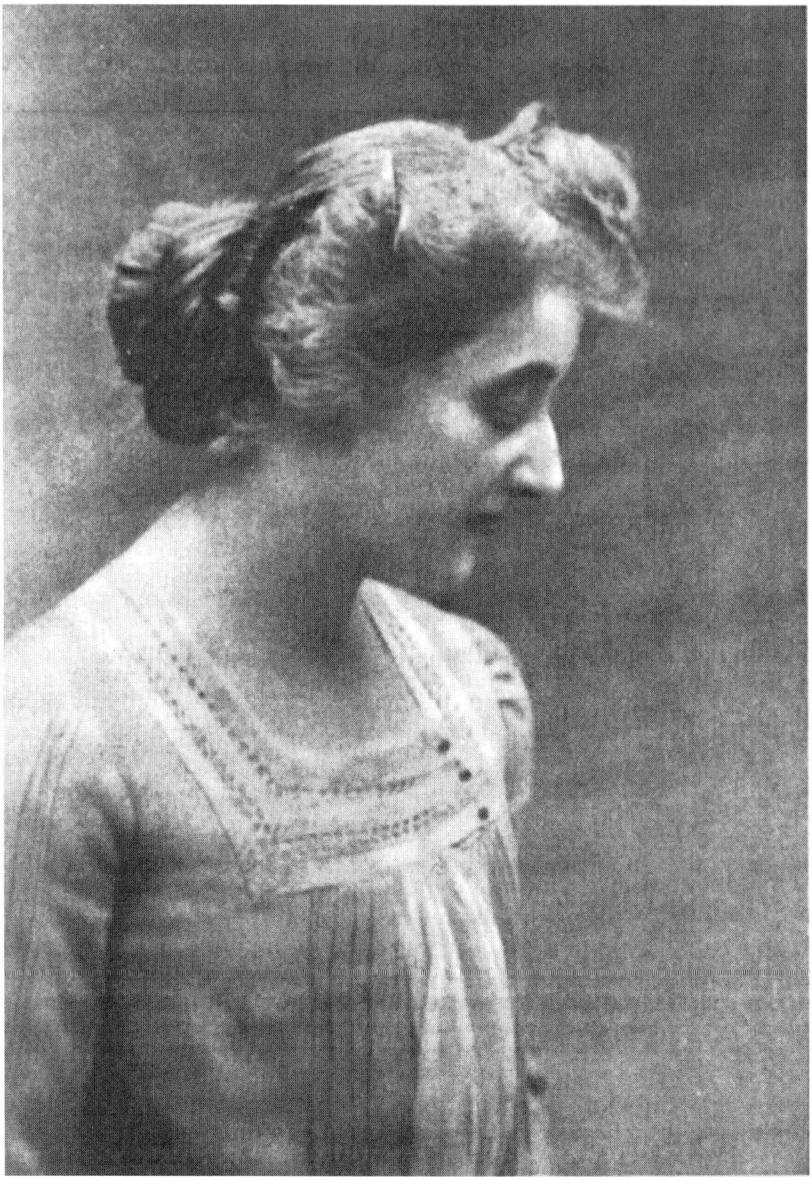

Elsa Bernstein
(1866–1949)

Schreiben unter einem männlichen Pseudonym

Das berührendste Werk aus ihrem Opus, die »Erinnerungen an Theresienstadt«, hat Elsa Bernstein nicht für die Öffentlichkeit geschrieben. Die Texte aus dem Konzentrationslager sind nicht nur Aufzeichnungen vom Alltag im sogenannten Prominentenhaus, sie erinnern auch an Menschen, mit denen sie im Lager lebte und die nicht wie sie überlebt haben. Darüber hinaus sind sie Rückblicke ins eigene Leben. Ohne Klagen, ohne Vorwürfe – voller Größe.

Der Vater, Richard Wagner und die Bühne

Elsa Porges kam in Wien in einer jüdischen Familie zur Welt. Im Jahr ihrer Geburt berief Ludwig II. Vater Heinrich nach München. Schon als Siebenjährige verfasste sie Gedichte und Theaterstücke. »Eines dieser Stücke, ein ›Frühlingsspiel‹, wurde in den ›Jugendblättern‹ von Isabella Braun gedruckt, und ich verdiente meine ersten zehn Mark«[1], erzählt sie. Die Wagnerliebe des Vaters hinterließ bei Elsa großen Eindruck. Mit zehn Jahren durfte sie die Erstaufführung des »Rings« in Bayreuth miterleben und wurde dem Komponisten als jüngste Besucherin vorgestellt. Nach einer Ausbildung als Schauspielerin wurde sie mit 17 nach Magdeburg und Halle engagiert. Wegen einer Augenerkrankung, an der sie später fast erblindete, konnte sie aber nach kurzer Zeit den Beruf nicht ausüben. Elsa kehrte ins Elternhaus zurück und widmete sich ganz dem Schreiben.

Elsa sagte: »Ich habe meinen Vater sehr geliebt [...] ich möchte sagen – so eigentümlich das auch klingt – den Geist noch mehr als den Menschen.«[2] Er war von großer Bedeutung für ihr Leben, noch in den schweren letzten Jahren, lange nach seinem Tod. Der in Prag geborene Heinrich Porges soll ein illegitimer Sohn von Franz Liszt gewesen sein; dafür gibt es keine Nachweise, aber auf jeden Fall kann-

23

ten sich die beiden. Porges beschloss, statt Jurist Pianist zu werden und sein Leben der Musik zu widmen. In München war er als Kapellmeister nicht besonders erfolgreich. Lieber leitete er die königliche Musikschule und mit Leidenschaft seinen Chorverein. 1876 wurde er Assistent von Richard Wagner (Liszts Schwiegersohn) und Solorepetitor für die Uraufführung des »Rings« in Bayreuth. Porges verfasste bedeutende Schriften zum Werk Wagners und war 1883 einer der Sargträger bei dessen Beisetzung. Ab 1882 betreute er das Ressort für Konzertkritik bei den »Münchner Neuesten Nachrichten« – für die auch Max Bernstein, ein Freund der Familie, schrieb.

Max Bernstein – Beginn einer produktiven Phase

Der literarisch ambitionierte Rechtsanwalt kam ebenfalls aus einer jüdischen Familie, bezeichnete sich aber als konfessionslos. Er führte eine Kanzlei in München und genoss als Anwalt der politischen Opposition hohes Ansehen. Außerdem war er leidenschaftlicher Theaterfan, verfasste selbst Stücke und schrieb Kritiken, die mit Genuss zu lesen sind. Er war maßgeblich am Erfolg der Strömung des Naturalismus in der deutschen Literatur beteiligt. Ludwig Thoma, der Praktikant in der Bernstein'schen Kanzlei war, sagte später: »Rechtsanwalt Bernstein […] galt mir als der Mann, der alles, was ich heimlich wünschte, erreicht hatte. Schriftsteller, Kritiker von Ruf, und dabei berühmter Anwalt zu sein, das hielt ich für ein zur Höhe geführtes Leben.«[3] Dieser erfolgreiche Freund der Familie Porges hielt 1890 um Elsas Hand an.

Aus einer Sommerbekanntschaft mit einer Dreizehnjährigen, die den doppelt so alten mehr als einen wohlwollenden Erzieher denn als Gefährten ansah, war im Laufe der Jahre […] Vertrautheit, Zuneigung, schließlich das Gefühl gegenseitiger Unentbehrlichkeit geworden. Die Eltern hatten alle Ursache, mit einer Verbindung zufrieden zu sein, die von Seiten des Mannes für eine zeitweise mehr oder weniger Leidende soviel Rücksicht und Schonung voraussetzte.[4]

So schildert Elsa Bernstein ihre Beziehung zu Max. Die Ehe ermöglichte es Elsa, ihren eigenen literarischen Ambitionen nachzukommen. Max Bernstein hatte Geld für Personal, so konnte seine Frau trotz der Kinder schriftstellerisch produktiv sein.

Salon- und Teegesellschaften in der Brienner Straße 8a

Elsa führte mit Max außerdem die Künstlertreffen fort, wie sie schon in ihrem Elternhaus Tradition gewesen waren. Zu festen Terminen trafen sich in ihrer Wohnung in der Maxvorstadt Künstler, Wissenschaftler und Interessierte, Arrivierte und (noch) Unbekannte. Zu den Gästen zählten Fontane, Hauptmann, Ibsen, Wedekind, Reventlow, Huch, Thoma und Ganghofer, Hofmannsthal, Stuck, August von Kaulbach, Tilla Durieux, Gulbransson, Max Weber, Strauß, Pfitzner, Bruno Walter, Levi, Knappertsbusch – die Liste ließe sich fortsetzen. Katia Mann erzählt von einem »kultivierten, intellektuellen Salon«[5], in dem sie 1904 ihren späteren Mann Thomas kennenlernte. Lassen wir Gäste sprechen. Rainer Maria Rilke schreibt 1897:

Das eigentliche intime Künstlermünchen lernt man bei den sogenannten Tees kennen. In erster Linie stehen da die musikalischen Abende bei Dr. Porges [dem Vater]. Diejenigen aus diesem Kreis, welche nicht »nur musikalisch« sind, finden sich am Sonntagsempfang der Frau Bernstein-Rosmer wieder und haben Gelegenheit, jedesmal aufs Neue zu staunen, wie zart und weiblich – im besten Sinne – die blasse, blonde Frau, die durch ihre realistischen Schauspiele berühmt wurde, ist. [...] Sie ist selbst eine leise und weiche Natur und steht dem ›Frauenemancipationstreiben‹, welches reichlich in Blüte steht, ganz fern.[6]

Ernst Penzoldt schreibt im Nachruf auf Elsa 1949: »Ich glaube, dass man die Geselligkeit in ihrer Wohnung mit den berühmten Salons der Literatur und Musikgeschichte vergleichen darf.«[7] Er schwärmt von den »unvergesslichen [...] lecker zubereiteten, zierlich belegten, geradezu künstlerischen Brötchen«[8] und kleinen Käsestangen, von »der rührend-reizenden Schwester, die ihr selbstlos mit im höchsten Sinne möglicher Treue diente«[9], und schildert Elsa Bernstein als eine »gescheite, profund-gebildete, hochmusikalische, bedeutende Frau«.[10] Mit großer Rührung erzählt er, wie sie ihn 1927 anrief und fragte, ob es ihm unangenehm sei, wenn ein paar Leute mehr zur Lesung aus seinen ersten Werken kämen. »Und dann waren da die Manns, Pringsheims, Klabund und andere. – Versteht man, daß ich diese liebenswürdige Frau nie vergessen werde in liebender Dankbarkeit?«[11] Generell förderte Elsa Bernstein mit großem Engagement die Jungen.

Bei ihr sein und gar vorlesen zu dürfen bedeutete vor allem für den Nachwuchs ungeheuer viel. Das konnte das »Entrée« in den Literaturbetrieb bedeuten. Elsa Bernstein betrachtete es als ihre Aufgabe, »aus einem Menschen, der sich ihr in seinen Anfängen anvertraute, alles an Begabung zu schöpfen, zu erwecken, was immer vorhanden war.«[12]

Café und Restaurant Luitpold, Brienner Straße 8, um 1900. Elsa Bernstein lebte hier im sogenannten Luitpoldblock, ab den 1890er-Jahren bis 1939.

Ernst Rosmer alias Elsa Bernstein – das literarische Werk

Schon 1893 erschienen zwei Theaterstücke von Elsa, das Schauspiel »Dämmerung« und das Drama »Wir drei«. Sie benutzte dafür und auch für die meisten ihrer folgenden Werke bis 1906 das – männliche – Pseudonym Ernst Rosmer. Frauen schrieben damals meistens nicht unter ihrem Namen, weniger, um sich vor negativer Kritik zu schützen, sondern um sich nicht, wie die Germanistin Susanne Kord interpretiert, »dem Vorwurf weiblicher Schriftstellerei überhaupt«[13] auszusetzen. Eine weibliche Dramatikerin gar war erst recht eine Seltenheit im Literaturbetrieb der Zeit.

1894 kamen eine Novellensammlung und das Märchendrama »Königskinder« heraus. Dieses schickte Vater Porges an seinen Freund, den Komponisten Engelbert Humperdinck, und fragte, ob er es nicht vertonen wolle. Das tat dieser mit Begeisterung. Zunächst wurde aus dem Märchen ein Melodram, das 1897 am Hoftheater uraufgeführt wurde. Humperdinck machte aus dem Stoff später auch eine Oper, die 1910 an der New Yorker Metropolitan Opera Premiere hatte. Bis 1943 wurde sie mehrfach aufgeführt und sie gehört bis heute zum gern gespielten Repertoire der Musikbühnen.

Ernst Rosmer alias Elsa Bernstein schrieb noch vier Theaterstücke sowie das Totengedicht »Mutter Maria«, außerdem zwei klassische Tragödien und das Schauspiel »Maria Arndt«. Nahezu alle literarischen Strömungen ihrer Zeit sind in Elsa Bernsteins Werk zu finden: Naturalismus, Impressionismus, Neoklassizismus, die Märchendichtung. So entsteht der Eindruck, sie habe alles einmal »ausprobiert«. Die Werke fanden Lob und Kritik gleichermaßen. Rezensionen von weiblichen Arbeiten waren ja immer frauenfreundlich oder -feindlich, nie neutral. 1911 urteilte der Literaturhistoriker Albert Soergel in seinem Nachschlagewerk »Dichtung und Dichter der Zeit«: »Sie hat nichts geschrieben, das nicht irgendwie fesseln könnte. [...] Aber kein Werk erscheint mehr als kunstmöglich, keines kunstnotwendig.«[14] Da half auch die Anerkennung des Schriftstellers und Theaterkritikers Alfred Kerr oder des Philosophen und Publizisten Theodor Lessing nicht. Die Bühnenwelt stand einer Frau allenfalls als Darstellerin offen, Theaterstücke zu schreiben traute man ihr nicht zu. Elsa Bernsteins Werk geriet bis auf die »Königskinder« tatsächlich bald in Vergessenheit. In einer Literaturgeschichte von 1961 wird sie lediglich unter der Rubrik »Vergessene Autoren« erwähnt: »In München lebte der Dramatiker Max Bernstein; seine Frau Elsa Porges schrieb unter dem Pseudonym Ernst Rosmer. Man staunt, dass eine Frau so drastische Stücke schreiben mochte [...] Alfred Kerr hat sich für Ernst Rosmer sehr begeistert, aber er hat sich geirrt.«[15]

Inzwischen allerdings werden ihre Schauspiele von feministischen Literaturhistorikerinnen rezipiert, besonders an germanistischen Instituten der USA, eben weil Elsa Bernstein als dramatische Autorin um die Jahrhundertwende eine Ausnahmeerscheinung war. So führte unter anderem das Steppenwolf's Theatre 1996 und 2002 in Chicago »Maria Arndt« auf.

Ab 1910 publizierte Elsa Bernstein nicht mehr. Ein Grund dürfte die musikalische Erziehung ihrer Tochter Eva gewesen sein, der sie viel Zeit widmete. Da kein Nachlass der Bernsteins existiert, lässt sich mehr dazu nicht sagen.

Verfolgung im Dritten Reich

Schon vor dem Tod von Max Bernstein im Jahr 1925 lebte Elsas Schwester, Gabriele Porges, im Haushalt des Ehepaars. Obwohl die beiden schon als junge Frauen zum protestantischen Glauben übergetreten waren, galten sie im Dritten Reich als Jüdinnen. Deshalb mussten sie 1939 das Haus in der Brienner Straße verlassen und in kleine Wohnungen, erst in der Barer Straße, später in der Schellingstraße, ziehen. Wie sie die quälenden Jahre bis zur Deportation 1942 verbrachten, aufgrund der politischen Situation in permanenter Sorge um Freunde und um sich selbst, ist in den Briefen Elsas an den Wahlsohn, den Soldaten Franz von Wesendonk, aus den Jahren 1939 bis 1942 nachzulesen:

Wissen Sie uns keinen Schutzengel? Dem Gefühl der Rechtlosigkeit, dem Gefühl der Willkür ausgesetzt zu sein, daran muss ich mich erst gewöhnen.[16] – Und nun sitzt man da, etwas erschöpft von der Fassung, die man sich auferlegte, und schaut mit großen Augen auf eine Gegenwart, die sich darin gefällt, barbarische Methoden der Vergangenheit zu wiederholen. Über das Einzelschicksal hinaus empfindet man die Bedrohung aller und den Verlust jeden sittlichen Maßstabes einer zweitausendjährigen Kultur![17] – Oh Bangigkeit! Kann wirklich noch ein Gehirn daran zweifeln, daß Vernichtung und Selbstvernichtung Hand in Hand miteinander gehen? Erst brennen Synagogen, dann brennen alle Kirchen, und schließlich brennen die Brandstifter selbst.[18] – Eine Lebensfreundin, zweiundachtzigjährig, feiner und hochstehender Mensch, ist aus dem Leben gegangen, heißt getrieben worden. Sollte aus ihrer Wohnung in die Baracken von Milbertshofen. Zog es vor, mit Hilfe von Veronal eine andere Wohnung aufzusuchen – das Grab. Still und mutig.[19]

Jetzt wurden die alten Beziehungen der Familie Porges zu Richard Wagner wichtig. Winifred Wagner, seine Schwiegertochter, half nach 1937 mehrmals bei Wohnungsproblemen. »Im letzten Grund verdanken wir unsere Rettung unserem Vater, dessen Charakter, künstlerische Haltung und lebenslänglicher Einsatz für das Werk Richard Wagners eine unlösbare Verbindung geschaffen hat«[20], schrieb Frau Elsa an Franz von Wesendonk. 1941 hatte Winifred Wagner sogar eine Ausreiseerlaubnis in die USA zum Sohn erreicht, allerdings nur für Elsa, nicht für Gabriele. Elsa blieb in Deutschland. Die Schwestern brauchten einander und sie hielten zueinander:

Ich gestehe, mit die schlimmsten Tage und Nächte meines Lebens durchgemacht zu haben, bis ich mich zu dem Mut durchgerungen, nicht die Möglichkeit zum Auswandern zu ergreifen. […] Was mir geholfen, ist meine Verantwortlichkeit für Gabi, die ich nicht Unmöglichem aussetzen kann. Ich will mich nicht von ihr trennen. Eine ›Flucht‹ ohne sie wäre Verrat. Verrat ist des Menschen nicht würdig.[21]

»Erinnerungen an Theresienstadt«

Am 29. Juni 1942 wurden die Schwestern nach Dachau gebracht, einen Tag später ins Konzentrationslager Theresienstadt. Schon vier Wochen später starb Gabriele. Die nahezu blinde 78-jährige Elsa aber besaß eine unglaubliche Stärke. Und: Sie hatte Winifred Wagner im Rücken. Seit Herbst 1942 gab es im Lager ein »Prominentenhaus«, in dem ausgewählte Personen gesondert untergebracht wurden und kleine Privilegien (wie häufigeres Schreibrecht und größere Essensrationen) erhielten. Im November wurde Elsa Bernstein nach Bemühungen von Winifred Wagner dorthin verlegt. Während der drei Jahre im Konzentrationslager dokumentierte Elsa Bernstein ihr Leben dort. Nach dem Krieg tippte sie die Notizen für die Familie auf einer Blindenschreibmaschine ab. Nur durch Zufall kam das Manuskript an die Öffentlichkeit.

In berührender Weise schildert Elsa Bernstein darin ihren Lageralltag. Das Zusammenleben, wie man sich organisierte zu mehreren in einem Zimmer, wie man sich half oder um Privilegien – zum Beispiel ein Bett weit weg von der Tür – kämpfte. Sie schreibt über Bekanntschaften, Vorleserunden, Verluste. Und nicht ein Wort der Klage ist da zu lesen! Einmal während eines Gottesdienstes sprach sie vor der Gemeinde darüber, dass und wie in ihrer Jugend das Bekenntnis zum protestantischen Glauben gereift war, und erzählte dabei von ihrem Elternhaus, der Musik, ihrem Mann Max.

Elsa Bernstein überlebte das Lager Theresienstadt und zog nach der Befreiung Anfang Mai 1945 zu ihrer Tochter nach Hamburg. Ein schönes Bild von ihr zeichnete die Enkelin in einem Schulaufsatz:

Meine Großmutter ist klein, blond und spricht mit tiefer Stimme. Sie hebt dabei die Hände und betont die Silben, als wäre sie auf einer Bühne. Da sie schlecht sehen kann, tastet sie mit gespreizten Fingerspitzen vor ihrem Kopf in die Luft und faßt mich am Kopf, wenn sie mich erwischt hat. Sie sitzt lange auf einem Sessel und stellt die Füße auf einen Schemel. Wenn sie lacht, klingt ihr Lachen noch tiefer als die Stimme. Sie wiederholt oft die Märchen, die sie erzählt. Ich lasse sie aber erzählen, weil ich weiß, dass es ihr Spaß macht.[22]

Elsa Bernstein starb 1949 in Hamburg. Ihre Urne liegt im Grab des Vaters im Münchner Ostfriedhof.

ﮩ ﮥ

ELSA BERNSTEIN, Schriftstellerin. * 28. Oktober 1866 in Wien. Vater: Heinrich Porges (1837–1900), Musiker und Journalist. Mutter: Wilhelmine Merores († 1915). Eine Schwester. 1890 Hochzeit mit Max Bernstein (1854–1925), Rechtsanwalt, Schriftsteller und Journalist. Drei Kinder. Mai 1942 Deportation nach Theresienstadt. † 12. Juli 1949 in Hamburg.

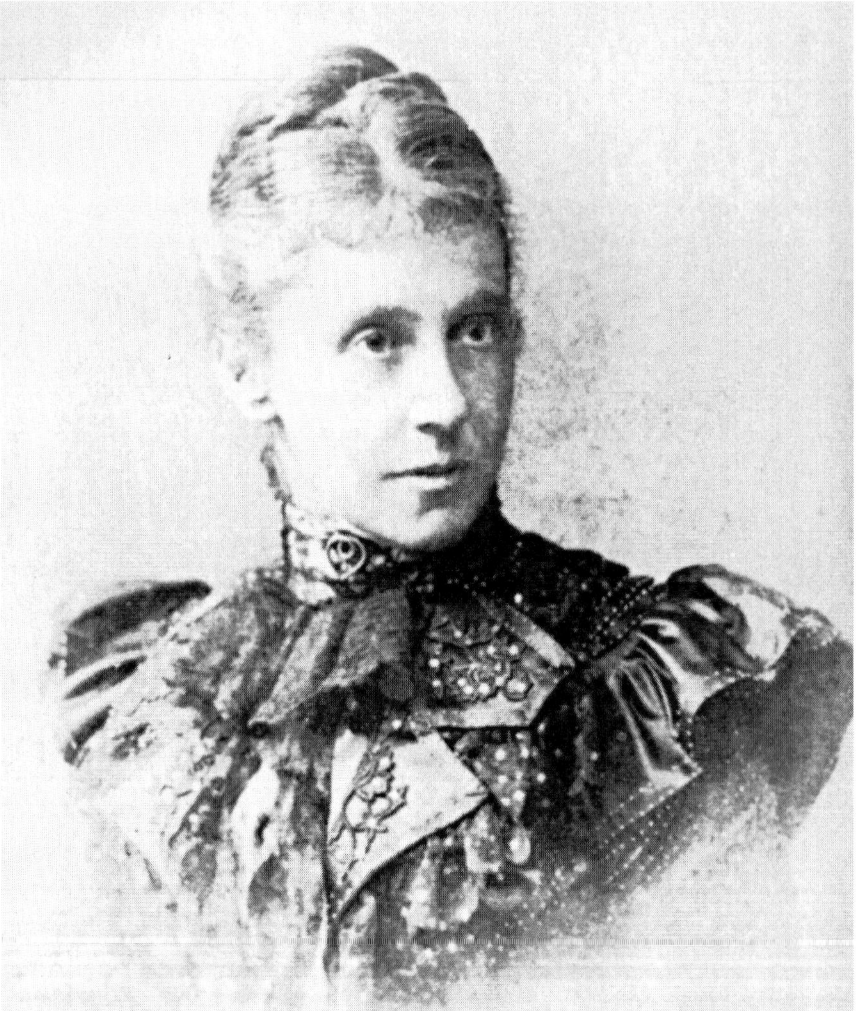

Lady Charlotte Blennerhassett

(1843–1917)

»Charlotte übertrifft sie alle«

Ein alter Priester und angesehener Theologe, fast 75, und eine junge Adelige, gerade mal 22 Jahre alt, schrieben sich Hunderte von Briefen. Was sie verband? Die Liebe zur Wissenschaft. Wie sie sich kennenlernten? Durch einen Leihschein, der dem Herrn, Leiter der Hofbibliothek, auffiel, weil der bestellte Titel für eine Frau ungewöhnlich war. Sie sahen sich häufig, zum Studieren, zum Tee, und dennoch war ihnen die Korrespondenz ein großes Bedürfnis ...

Die Grafen von Leyden

Die Familie von Charlotte Julia Gräfin von Leyden lebte während der Wintersaison in der Ludwigstraße 10 in München, die Sommer verbrachte sie im Schlösschen Maxlrain bei Bad Aibling. Das mussten sie 1869 verkaufen, denn die Leydens waren wirtschaftlich nicht auf Rosen gebettet. Trotzdem konnte die elfjährige Charlotte, nachdem sie häuslichen Privatunterricht erhalten hatte, drei Jahre lang eine Klosterschule in der Nähe von Aachen besuchen. Damit war ihre Ausbildung abgeschlossen, jetzt hieß es, sich auf die Rolle als Heiratskandidatin vorzubereiten.

Nach Heiraten stand Charlotte allerdings gar nicht der Sinn. Sie wollte weiterlernen, so viel wie möglich. Aber dagegen hatte die Mutter Einwände. Ihre Tochter musste versorgt werden, gerade weil die Familie finanziell schlecht gestellt war. Dafür sollte sie an ihren gesellschaftlichen Fähigkeiten arbeiten, nicht die Nase in Bücher stecken und womöglich ein Blaustrumpf werden! Drei Stunden Studium am Tag, mehr wollte die Mutter nicht zulassen.

Ignaz von Döllinger – Mentor und Vertrauter

Das hielt die junge wissbegierige Frau kaum aus. Gottlob zeigte der katholische Theologe und Kirchenhistoriker Ignaz von Döllinger (1799–1890) viel mehr Verständnis für ihre Intellektualität. Er hatte Freude daran, junge Menschen zu bilden und pflegte keine Vorurteile gegenüber weiblicher Intelligenz. 1865 fiel ihm der erwähnte Leihschein in die Hände, seitdem stellte er dem »Töchterlein«, wie er Charlotte bald nannte, seine private Bibliothek zur Verfügung, empfahl Literatur und deckte ihren Studieneifer gegenüber der Mutter. Döllinger erkannte die Stärken seiner Schülerin in den Geschichtswissenschaften und ermutigte sie, Biografien zu verfassen. Fürs Übersetzen sei ihre Zeit doch viel zu schade, fand er. Er führte Charlotte auf behutsame Weise zu einem grundlegenden Geschichtsverständnis sowie zu einem liberalen Katholizismus und ermöglichte ihr Kontakte, die sie sonst nie hätte knüpfen können. Gleichzeitig begannen sie einen regen Briefwechsel. Der entwickelte sich zu einem gegenseitigen Geben und Nehmen, das Döllinger ungeheuer schätzte, wie er öfters betonte. Diese Beziehung, die man eine intellektuell-väterliche Freundschaft nennen kann, hielt bis zu Döllingers Tod. Am Lebensende schrieb er über Charlotte: »Wenn ich jetzt auf mein langes Leben zurückblickend alle Mädchen und Frauen, mit denen ich je bekannt geworden, mir in die Erinnerung rufe, so muß ich sagen: Charlotte übertrifft sie alle. In solcher Fülle sind keiner andern die schönsten Gaben Gottes in den Schoß gefallen.«[1]

Lehrer und Schülerin – Freunde: In ihren Briefen tauschten die beiden sich über die unterschiedlichsten Aspekte und Persönlichkeiten ihrer wechselvollen Zeit aus: Vor allem der Katholizismus in all seinen Ausprägungen lag ihnen stets am Herzen. Kirchenpolitisches musste immer auf Extrazettelchen versteckt werden, da die Familie die Korrespondenz mitlas und diese Diskussion nicht akzeptierte. Auch Richard Wagner, die Kriege oder das Verhältnis Bayerns zu Preußen im sogenannten Kulturkampf waren Themen ihres Briefwechsels. Dass sie im Lauf der Zeit in ihren religiösen Anschauungen nicht mehr übereinstimmten, tat der Freundschaft keinen Abbruch.

Kein Talent für schöne Augen

Die ernsthafte, intelligente junge Frau kam bei den infrage kommenden jungen Männern wohl nicht besonders gut an, dessen war sich Charlotte sehr bewusst:

Unglücklicherweise ohne Talent für die Musik und auch ohne Begabung für [...] das Ausschneiden in Leder, ziemlich gleichgültig für die Toilette, hatte ich mich daran gewöhnt, das Leben von der ernsten Seite zu nehmen; meine Beschäftigungen trugen den Stempel davon und zum größten Unglück hatte ich auch noch die Unvorsichtigkeit gehabt, einige lateinische Stunden zu nehmen. Dieser letzte Umstand machte das Maß voll, und seitdem beschuldigt man mich, auch Griechisch zu verstehen; meine besten Freundinnen beschworen mich, mein eigenes Wesen zu ersticken und auszulöschen; man sagte mir ganz leise ins Ohr, dass die Männer mich fürchteten und man faßte meine Verurtheilung in einem einzigen Namen zusammen ›bas-bleu‹.[2]

Smalltalk lag Charlotte nicht und den möglichen Heiratskandidaten lagen ihre Interessen nicht. Trotzdem war ihr klar, dass eine Ehe »für mich der einzige Weg [ist] auf legale Art eine gewisse, nothwendige Selbständigkeit zu erreichen [...].«[3] So ließ sie sich schließlich auf die Verlobung mit Erasmus Graf von Deroy ein. Die zwei hatten sogar schon ihr Miteinander geregelt: Sie sollte schreiben und Deroy acht Zigarren am Tag rauchen dürfen. Zuletzt scheiterte das »Projekt Ehe« am Geld, das ihnen beiden fehlte.

Nachdem die Verlobung aufgelöst war, floh Charlotte vor dem Klatsch und folgte der Einladung einer Freundin nach Frankreich. Dort verbrachte sie den Winter 1868/69 und kam in Kontakt mit dem liberalen französischen Katholizismus. Dabei lernte sie eine Gesellschaft kennen, die der Frauenbildung viel aufgeschlossener gegenüberstand als die ihrer Heimat. Besonders wichtig war ein Treffen mit dem Bischof von Orléans, Félix Dupanloup (1802–1878), dem vor allem sehr am Herzen lag, dass Frauen Zugang zu Bildung erhielten. Ihm hatte sie schon in einem Brief ihre Situation geschildert; er hat ihn in einer Broschüre über Frauenbildung veröffentlicht. Er verhalf ihr auch zur Bekanntschaft mit der Gräfin von Menthon, die sie einlud, die Zeit des Ersten Vatikanischen Konzils im folgenden Winter in Rom mit ihr zu verbringen. Dort traf Charlotte Menschen, die ihr weiteres Leben maßgeblich beeinflussen sollten: den englischen Historiker und Publizisten Lord John Acton (verheiratet mit Marie Gräfin Arco), den Kunst- und Kirchenhistoriker Franz X. Krauss und allen voran Sir Rowland Blennerhassett.

Die Wohnung der Familie von Leyden in der Ludwigstraße 10 lag in unmittelbarer Nähe der Hofbibliothek.

Charlotte wird Lady

Der aus Irland stammende Lord war Politiker und Schriftsteller und zudem – das war für Charlotte wichtig – ein Katholik, der mit ihr »in vollstem theologischen Einklang«[4] stand. Die Blennerhassetts stellten seit mehreren Generationen Landlords im irischen County Kerry. Charlotte und Rowland kannten sich gerade sechs Wochen, als sie sich im März 1870 verlobten. War es Liebe oder war es Vernunft? Zumindest herrschte eine intellektuelle Anziehung, das spricht aus den Briefen Charlottes an Ignaz von Döllinger. Selbstverständlich zelebrierte ihr Freund und Mentor im Juni die Trauung in St. Bonifaz in München; im folgenden Jahr übersiedelte Lady Blennerhassett nach London. Dort führte sie ein ausgefülltes gesellschaftliches Leben. Ihr

Mann machte ihr wieder Mut zum Schreiben, trotz der vier Kinder, die 1871, 1877, 1878 und 1882 auf die Welt kamen. 1880 führte die irische Landagitation (die Pächter zahlten keinen Zins mehr) zum Ruin der Familie, außerdem verlor Sir Rowland seinen Parlamentssitz in London. Charlotte pendelte von da an zwischen London und München.

In England muss die Schriftstellerin und Berliner Salonière Marie von Bunsen (1860–1941) sie kennengelernt haben. Mit Charlotte Blennerhasset begegnete sie nach ihrer Aussage »einem sprühend lebhaften Quecksilberwesen, beweglich, leicht, sprunghaft erging sich ihr Gespräch. Es überschlug sich ihr Geist, diese schlanke, dunkle scharfzüngige Dame hatte eine sprudelnde Laune, einen Überschuß an Temperament.«[5]

Therese von Bayern, eine wichtige Freundin

Am Münchner Hof kannte man Charlotte, sie hatte vor ihrer Hochzeit für die Prinzessinnen Vorlesungen in Kunstgeschichte gehalten. So fragte 1880 Prinzregent Luitpold, ob sie nicht seine melancholische, ihres höfischen Daseins überdrüssige Tochter Therese (1850–1925) auf einer Erholungsreise nach Italien begleiten wollte. Diese gemeinsame Reise im Jahr darauf war ein wichtiger Wendepunkt im Leben beider Frauen. Charlotte ermutigte die sieben Jahre jüngere Therese, sich ernsthaft mit dem Schreiben und mit wissenschaftlichem Arbeiten zu beschäftigen und wies ihr damit einen Weg zur Überwindung der inneren Leere, unter der die standesbedingt zu Untätigkeit verdammte Prinzessin litt. Sie riet ihr, der Berufung, die sie verspürte, zu folgen und sich nicht fremdbestimmen zu lassen. Therese würdigte diesen Rat: »Sie hatte mich veranlasst, meine durch so manche Jahre erworbenen Kenntnisse praktisch zu verwerten, mit einem Worte, zur Feder zu greifen, und dies werde ich ihr zeitlebens danken.«[6] Die Frauen schlossen eine Freundschaft fürs Leben. Der 14. April, an dem sie sich in Sorrent in einem langen Gespräch die Herzen geöffnet hatten, wurde zu einem Freudentag, den sie gerne feierten. »[…] seit Therese weiß ich, daß das Herz sich ausruht, wenn man verstanden wird, auch wenn man nichts sagt«,[7] schreibt Charlotte sechs Jahre später an die Freundin. Charlotte und Therese teilten ein gemeinsames Schicksal: Sie kamen aus besten Familien, sie erhielten nur aufgrund ihres Geschlechts keinen Zugang zu Bildung und selbstbestimmter Tätigkeit, und beiden ist es gelungen, sich von diesen Zwängen in dem Rahmen, der ihnen möglich war, zu befreien und Ansehen und Anerkennung zu erlangen – Charlotte als Historikerin, Therese als Naturwissenschaftlerin. Sie waren die ersten Frauen, die die Ehrendoktorwürde der Münchner Universität erhielten. »Sie war die geistvollste Frau, die mir im Leben begegnet, nie stockten unsere Gespräche, und ging ich ohne geistige Bereicherung von ihr«[8], würdigte Therese ihre Freundin.

Beruf: historische Schriftstellerin

1886 trennte sich das Ehepaar Blennerhassett. Charlotte zog zur Mutter in die Ludwigstraße, ihr Mann blieb in London; das Ehepaar pflegte zukünftig ein freundschaftliches Verhältnis. »Das Leben hat uns, meinen lieben Mann und mich, so oft auseinandergerissen, daß [...Fremde] meinten, wir seien uns weniger mit Herz und Sinnen zugetan als wir es in Wirklichkeit waren. Er wollte sein Leben leben; er hat es getan«,[9] schreibt Charlotte einer französischen Freundin ganz ohne Bitterkeit. Der älteste Sohn Arthur besuchte mit seinen 15 Jahren ein Internat in England. Carola, geboren 1876, und der kleine vierjährige William lebten bei der Mutter; das dritte Kind, Paul, war schon 1878 mit einem Jahr gestorben.

Jetzt konnte Charlotte sich zwar verstärkt dem Schreiben widmen, war aber wieder finanziell von der Mutter abhängig, die außerdem in ihren letzten Lebensjahren pflegebedürftig wurde. Bis zum Tod von Franziska von Leyden blieb die Tochter an ihrer Seite. »Dies ist der Posten – der Soldat bleibt auf dem Posten«, äußerte sie gegenüber Marie von Bunsen.[10] Solange die Kinder sie brauchten, war das Schreiben allerdings nur nachts möglich. »[...] ich bin zu einer Schreibmaschine herabgewürdigt«, schreibt Charlotte an Therese, »und habe heute allein 20 Seiten Manuskript der schwierigsten Gattung für meinen Gebieter übersetzt. Vom Verlassen des Hauses war keine Rede; ich sehe nicht mehr, was ich schreibe, so müde bin ich!«[11]

Im Internat hatte Charlotte Französisch, Italienisch, Englisch und Spanisch gelernt, Grundkenntnisse in Latein später im Privatstudium erworben. Das waren ideale Voraussetzungen für ihre spätere Arbeit an historischen, theologischen und literarischen Themen. Sie verfasste und publizierte 16 Monografien, 110 Essays und 417 Buchbesprechungen. Ab 1883 schrieb sie regelmäßig für deutsche und englische Zeitschriften, ab 1903 für das neu gegründete katholische Kulturmagazin »Hochland«. Ihr erstes Buch war zugleich ihr größtes Werk: die dreibändige, 1500 Seiten umfassende Biografie über Madame de Staël. Sie erschien 1887 bis 1889 auf Deutsch, Englisch und Französisch. Dafür erhielt Charlotte von allen Seiten großes Lob. Der deutsche Literaturkritiker Jakob Bernays fand die Biografie »als literarisches Denkmal höchst beachtenswert, als Werk einer Frau erstaunlich«.[12] Ob das ein Kompliment war?

Es folgten Werke unter anderem über Talleyrand, d'Annunzio, Chateaubriand, Marie Antoinette, Kardinal Newman, die Jungfrau von Orléans, Maria Stuart. Das führte zwar zu ökonomischem Erfolg, trotzdem war Charlotte weiterhin auf eine Unterstützung durch ihre Mutter, ihren Bruder Casimir, der Diplomat war, und später die Tochter Carola angewiesen. Im Testament von 1915 heißt es:

Der opferwilligen, unvergleichlichen Liebe meines Bruders Casimir, meiner Tochter Marie Carola verdanke ich es, von materieller Not bewahrt zu sein. Ich konnte, dem Stande gemäß leben und, wieder Dank ihnen, durch ungestörte Arbeit eine kleine Summe erübrigen [...] Jedenfalls gehört alles, was ich bei meinem Tode noch etwa an Geld und Geldeswerth besitzen mag, von Rechts wegen meinem Bruder, Graf Casimir von Leyden. – Es ist der kleinste Teil dessen, was ich ihm schulde.[13]

1898 verlieh die Münchner Ludwig-Maximilians-Universität Charlotte Blennerhassett die Ehrendoktorwürde, fünf Jahre bevor Frauen sich für ein Studium einschreiben durften. Bis 1993 blieb sie die einzige Frau, die von der geisteswissenschaftlichen Fakultät diese Würde erhielt.[14] Sie hoffte, »daß dieses Interesse nicht mir, sondern den Ideen sich zuwenden möge, die mich tragen und begeistert haben und welchen ich mit meiner Feder zu dienen bestrebt bin.«[15] Man wolle, hieß es im Gutachten des Byzantinisten Karl Krumbacher, ihre »fast beispiellose Belesenheit in der Weltliteratur, ihr feines und tiefgehendes Verständnis der politischen, kirchlichen und literarischen Bewegungen der neueren Zeit, die männliche [!] Sicherheit ihres Urteiles und ihre bedeutende Darstellungskraft [ehren, man könne sie] ohne

Zweifel als die erste Schriftstellerin Deutschlands auf dem Gebiet der Litteraturgeschichte und Geschichte« bezeichnen.[16] Eine Ehrenmitgliedschaft in der Akademie der Wissenschaften dagegen war schon 1890 abgelehnt worden, da Frauen statutengemäß ausgeschlossen waren. Nur für Therese von Bayern wurde aufgrund ihrer königlichen Herkunft eine Ausnahme gemacht – eine große Kränkung für Charlotte. Das männliche Exklusivitätsdenken war noch lange nicht bereit für weibliche Intellektualität und daran hat sich bis heute zumindest in der Akademie nicht viel geändert, wenn man sich die Mitgliederzahlen ansieht.

Ein einsames Lebensende

Der Ausbruch des Ersten Weltkriegs 1914 machte die Münchnerin Charlotte Blennerhassett zum Mitglied einer verfeindeten Nation; sie musste sich täglich bei der Polizei melden. Ein angestrebtes Engagement beim Roten Kreuz wurde ihr nicht gestattet. Die erwachsenen Kinder hatten als Engländer in Deutschland keine Zukunft und wählten ein Leben im Ausland. Arthur wurde 1915 als britischer Kolonialbeamter in Indien ermordet, Carola war in zweiter Ehe mit Sir Henry Lionel Galway, Gouverneur von Südaustralien, verheiratet und William diente als englischer Offizier. Ihre Mutter konnte zu keinem der Kinder einen Kontakt pflegen.

Während des Kriegs lebte Charlotte in München und bei einer Freundin in Hohenaschau. Sie »war allein, ohne eigentliches Heim und alle ihre Angehörigen fern. Es schmerzte mich tief, daß ich jetzt, da ich selbständig war, eine Villa [AmSee in Lindau] besaß, Raum gehabt hätte, sie bei mir aufzunehmen u. nichts sehnlicheres wünschte, als ihr ein trauliches Heim zu bieten, dies in Folge der politischen Verhältnisse nicht durfte«,[17] schreibt Therese von Bayern 1914. Charlotte stand wegen ihrer englischen Staatsbürgerschaft unter Generalverdacht und Therese musste der Staatsraison gehorchen. Die Freundinnen konnten sich nicht sehen, sogar der Briefverkehr musste über Dritte laufen. Sie litten sehr unter der erzwungenen Trennung, vermissten den Austausch und waren traurig, sich in den schwierigen Zeiten nicht unterstützen zu können. Charlotte antwortete Therese: »Nur das Herz würde wieder warm in Ihrer Nähe und dafür würde es sich lohnen, zu Fuß von Hohenaschau bis Lindau zu wandern.«[18]

Nicht einmal in ihren letzten Stunden konnte Therese der Freundin beistehen. Sie wurde zwar über die schwere Erkrankung Charlottes telegrafisch benachrichtigt und machte sich auch sofort von Lindau auf den Weg nach München, aber zu ihrem großen Kummer kam sie zu spät. Lady Charlotte Blennerhassett starb arm und vereinsamt.

ᑯ ᕐ

Lady Charlotte Blennerhassett, Schriftstellerin. * 19. Februar 1843 in München. Vater: Karl Josef August von Leyden zu Ainhoffen (1806–1876), Grundbesitzer und Hofkämmerer. Mutter: Franziska (1817–1898), geborene von Wehling. Ein Bruder. 1870 Hochzeit mit Sir Rowland Blennerhassett (1839–1909), Politiker. Vier Kinder. † 11. Februar 1917 in München.

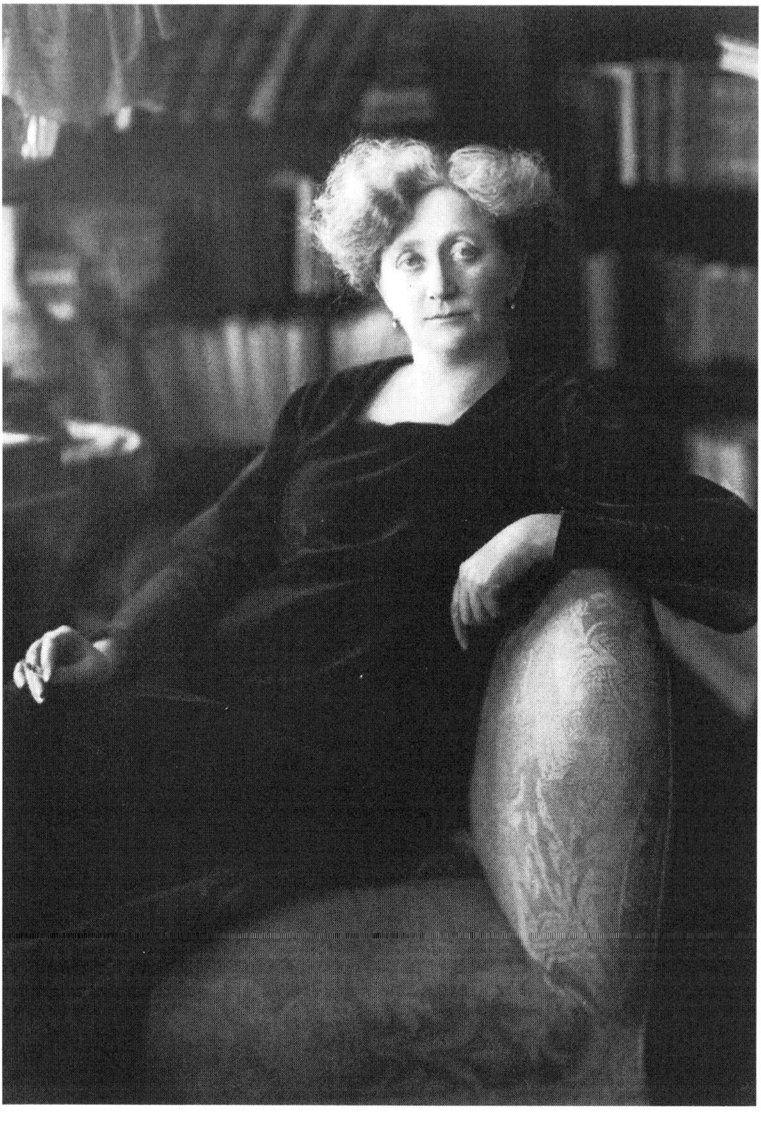

Carry Brachvogel
(1864–1942)

Unabhängig, erfolgreich und frauenbewegt

Ob man zu Lebzeiten von Carry Brachvogel wohl schon den Spruch »Da bin i dahoam« kannte? Er hätte zu ihr gepasst! »Mein Leben ist äußerlich so einfach gewesen, daß es kaum verlohnt, darüber zu berichten. Es hat sich ganz und gar in meiner Geburtsstadt München abgespielt, in dieser farbigen, von Kunst überfluteten Stadt, deren Humor voll Anmut ist und die es versteht, Gegensätze lächelnd zu versöhnen.«[1] Sie war hier ganz und gar dahoam, ohne Schmalz und Klischee, aber mit viel scharfem Verstand, ein bisschen Satire, Kritik, Witz – und Liebe.

Vom Bücherwurm zur Schriftstellerin

Karoline (Carry) Hellmann kam aus einer wohlhabenden jüdischen Münchner Kaufmannsfamilie. Sie war ein kränkliches Kind und wurde zum Bücherwurm, der las, was ihm in die Hände fiel. »Da wurde meine Sehnsucht zum Entschluß, daß ich Bücher schreiben müsse …«[2]

Mit 22 Jahren heiratete sie 1887 den katholischen Journalisten und Redakteur Wolfgang Brachvogel. Das war eine ungewöhnliche Verbindung, denn Mischehen waren in jenen Jahren selten. Rasch kamen zwei Kinder auf die Welt: Feodora (1889–1961) und Heinz-Udo (1890–1934). Aber schon 1892 war das Leben von heute auf morgen nicht mehr wie bisher: Wolfgang Brachvogel ertrank im Tegernsee, 42 Jahre alt, und Carry stand mit zwei Kleinkindern alleine da. Sie überlebte dank ihrer Kindheitssehnsucht, Bücher zu schreiben. Schon 1895 erschien der erste Roman »Alltagsmenschen« (wieder aufgelegt 2013). Wo Carry Brachvogel die nächsten zwei Jahre verbrachte, ist nicht belegt, möglicherweise in Berlin und Wien (das könnte man jedenfalls aus Artikeln für dortige Zeitungen schließen). Ab 1894 lebte sie mit den Kindern bei der verwitweten Mutter in München in der Ludwigstraße 17b. Sohn Heinz-Udo besuchte ein Gymnasium, die Tochter Feodora eine wirtschaftliche Frauenschule. Bei deren Erziehung verwirklichte Carry Brachvogel das, was sie immer fordern wird: eine Berufsausbildung für Frauen und damit die Chance auf ein unabhängiges Leben.

»Teetisch am Siegestor«

Salons waren in München modern geworden. Mitgebracht hatten diese Sitte die sogenannten Nordlichter, die König Max II. Joseph nach 1845 als Wissenschaftler und Künstler nach München berufen hatte. Auch Carry Brachvogel führte in der Wohnung ihrer Mutter einen »Teetisch«, an dem bis in die 1920er-Jahre an Literatur und geistreichen Gesprächen interessierte Menschen zusammenkamen. Der Schriftsteller und Lektor Ernst von Wolzogen, Carrys Mentor, schreibt in seinen Erinnerungen:

Die Dame des Hauses, als fein gebildete Jüdin, voll gepfefferter Bosheit und schlagfertigem Geiste war der starke Magnet, der sowohl Einheimische als zugereiste Gäste an den Teetisch am Siegestor lockte. Carry Brachvogel hatte es nicht nötig, mit der geschmacklosen Aufdringlichkeit von Berliner Emporkömmlingsgattinen Berümtheiten meuchlings anzufallen und in ihren Salon zu schleifen. [...] Frau Carry vergewaltigte niemanden, obwohl sie selten einen mit ihrer Bosheit verschonte. Ihr Trick bestand einfach darin, Widerspruch herauszufordern, dann platzten alle Geister ganz von selbst aufeinander. [...] Im Salon der Brachvogel langweilte man sich niemals.[3]

Auch Rainer Maria Rilke pries ihre »geistvolle Bosheit und deren treffenden Witz«[4]. Schlagfertig musste man schon sein bei ihr, einstecken können und etwas zu sagen haben. Aber das war für Carry Brachvogels Gäste kein Problem.

Schreibend überleben

Nach dem Tod ihres Mannes lebte Carry Brachvogel ganz unkonventionell: Sie heiratete nicht wieder, denn »Eine Ehe ist ein zu schwieriges Ding, als daß man in sie hineingeht wenn man nicht wenigstens

Das Haus Ludwigstraße 17b (heute Nummer 33, an der Ecke zur Akademiestraße)
steht direkt am Siegestor, weshalb der Salon von Carry Brachvogel auch »Teetisch
am Siegestor« hieß.

glaubt, daß sie ein Paradies sein kann. Sie ist ja selbst dann in den
meisten Fällen keines.«[5] Sie arbeitete, pflegte ihren großen Freundeskreis sowie ein berufliches Netzwerk und konnte ein selbstbestimmtes Leben führen. Ihr Erfolg als Schriftstellerin verschaffte ihr eine
Einkommensquelle und sie konnte ihre Kinder alleine beziehungsweise mit der Hilfe ihrer Mutter aufziehen. Diese Unterstützung, zu
der eventuell auch eine materielle Sicherheit durch ein väterliches Erbe
kam, sollte bei aller Achtung vor Carry Brachvogels Lebensleistung
nicht übersehen werden.

Ihr Werk ist umfangreich: 25 Romane, 7 Biografien, 8 Novel-
len- und Erzählbände, 1 Schauspiel, 1 Komödie, 50 Zeitungsartikel,
1 Vortrag, 1 historische Abhandlung, 2 Übersetzungen aus dem Französischen sowie Aufsätze und Vorträge. Vor allem die Romane und
Erzählungen sprachen die zeitgenössischen Leser, Männer und Frau-
en, an. Schauplatz ist München oder Oberbayern, die Heimat spielte für Carry Brachvogel eine wichtige Rolle. Sozialkritik ist immer
dabei, aber ohne den berüchtigten Zeigefinger; so sind die Texte gut
lesbar, spannend, ironisch und doch ernsthaft. Die Figuren besitzen

eine große Authentizität, psychologisch und sprachlich. Josephine Graf-Lomtamo, die Kollegin aus dem Schriftstellerinnenverein (siehe S. 110), konstatiert 1924:

Sie schreibt wie mit beflügelter Feder, mit einer anmutigen Leichtigkeit, die scheinbar mühelos durch die Jahrhunderte schweift, zugleich jedoch mit einer fast sezierenden Beobachtungsgabe, welche die Eigenart, vor allem die Schwächen, das »Menschliche, allzu Menschliche« [...] erspäht und lächelnd bloßlegt. So gelangt sie zu ihren haarscharfen Menschenanalysen.[6]

Und Ingvild Richardsen urteilt 2013: Sie durchleuchtet »[...] in ihrer Prosa die Frauenwelt [...] in all ihren Facetten, Gewohnheiten, Stärken und Schwächen. Sie untersucht die Position der Frau in der Ehe, in der Gesellschaft, in der Literatur [...]«.[7]

Gleich der erste Roman »Alltagsmenschen« machte Carry Brachvogel bekannt. In ihm schildert sie das Leben einer jungen Frau, die von der Ehe mit ihrem »Adler« desillusioniert ist, sich langweilt, fremdgeht und schwanger wird. Üblicherweise würde ihr Mann sie nun verstoßen, ihr – von einem moralischen Defekt ausgehend – die Befähigung zur weiteren Erziehung des Kindes absprechen, und sie dürfte es nie wieder sehen (siehe »Effi Briest« von Theodor Fontane oder Henrik Ibsens »Nora«.) In diesem Roman aber ist der Mann bereit, die Mutter zum Wohl des Kindes weiter in der Familie zu dulden.

Nach den »Alltagsmenschen« folgten ganz unterschiedliche Werke: Neben Erzählungen und Romanen aus der sogenannten guten Gesellschaft Münchens schrieb Carry Brachvogel Monografien über historische Frauen, die ein selbstbestimmtes Leben führten oder es versuchten. Launige Feuilletontexte widmete sie unter anderem unbekannten Frauen wie Kellnerinnen, »Aufklaubfrauen« oder der Trambahnritzenreinigerin. Ganz anders war ihr Ton als politische Autorin.

Frauenpolitik

Carry Brachvogel führte ein ganz und gar frauenbewegtes Leben, als Schriftstellerin wie als politisch engagierte Frau. Die Freiheit, die sie besaß, wünschte sie ihren Geschlechtsgenossinnen: »Das Frauenschicksal jenseits der Hochzeitsnacht schien keinen Menschen zu interessieren, ja, es schien überhaupt nicht vorhanden.«[8] Frauen waren im 19. Jahrhundert noch völlig abhängig von einem Ehemann oder der Familie und hatten kaum eine Chance, »jenseits der Hochzeitsnacht« – und vorher schon gleich gar nicht – auf eigenen Füßen zu stehen. Wenige Ausnahmen bestätigten die Regel, aber die waren hart erkämpft. Das wollte Carry Brachvogel ändern.

Aus diesem Grund gründeten die Frauenrechtlerinnen Anita Augspurg und Sophia Goudstikker 1894 den »Verein für Fraueninteressen«. 1903 wurde Carry Brachvogel Mitglied und nahm bald wichtige Positionen ein. Zusammen mit ihrer Freundin Emma Haushofer-Merk gründete sie zudem 1913 den »Verein Münchner Schriftstellerinnen« (siehe S. 110). Daneben blieb noch Zeit für jährlich einen Roman, Sachbücher, Vorträge und Zeitungsartikel. Im Vortrag »Hebbel und die moderne Frau« (1911) stellt sie das Ideal der hehren Liebe im klassischen Drama an den Pranger und ruft der nun angesagten »modernen Frau« zu:

Modernsein heißt für die Frau ja nicht etwa, nur einen Beruf zu haben, zu promovieren oder an Wahltagen einen Stimmzettel abgeben zu wollen. Nein, Modersein heißt für die Frau, ihr Leben nicht ausschließlich auf die Liebe festzulegen, heißt, dem Manne nicht die Gewalt zu binden und zu lösen, zuzugestehen. Modernsein heißt für die Frau, ein eigenes Gesetz in der Brust zu tragen, dessen Erfüllung ihr vielleicht nicht banales Glück, gewiß aber das höchste Glück der Erdenkinder gewährt, die Persönlichkeit.[9]

Im Buch »Eva in der Politik« (1920) umreißt sie die politische Tätigkeit der Frau; in der Passage »Ausgesperrt« prangert sie mit knallharter Logik und viel Ironie die Dominanz der Männer in der Gesellschaft an, thematisiert aber ebenso die Verantwortung der Frauen, das durch Unterwürfigkeit zugelassen und nie geändert zu haben. Darüber diskutieren wir heute immer noch …

Dem Ersten Weltkrieg stand Carry Brachvogel wie die meisten ihrer Landsleute zunächst euphorisch und patriotisch gegenüber. Der Krieg bestimmte nun die politische Arbeit: Sie leitete bis 1918 die Nähstube für Bedürftige im Verein (dafür erhielt sie das Bayerische Ludwigskreuz). In dem Vortrag »Die Frau in Waffen« (29. Januar 1915) stellte sie die Situation in der Heimat für die Frauen dar: »Während der Mann im Feld mit uniformierten Feinden streitet, bekämpft sie daheim [...] die inneren Feinde, die den äußeren zu Hilfe kommen möchten: Arbeitslosigkeit, Hunger und Not.«[10] Der Roman »Schwertzauber« (1917, neu aufgelegt 2014) schildert, wie sich der Krieg auf das Leben auswirkte und wie sich die Einstellung der Menschen dazu veränderte.

Ab 1933 nur noch Jüdin

Religion scheint für Carry Brachvogel kein wichtiges Thema gewesen zu sein. Rückschlüsse kann man allerdings nur über ihre Texte ziehen, denn sie gab wenig Privates preis. Carry Brachvogel hat sich vor der Hochzeit nicht taufen lassen, ihren Sohn und die Tochter konfessionslos erzogen. In einer Umfrage zur »Lösung der Judenfrage« 1907 sprach sie sich eindeutig für eine Assimilierung durch Mischehe und Taufe aus. Zu einer Religion, egal welcher, konnte sie sich nicht bekennen, zu konvertieren hätte sie aber als unehrlich empfunden, eben weil sie an keine Religion geglaubt hätte.[11]

Am Ende war es trotzdem existenziell, jüdisch zu sein. Ab 1933 wurde Carry Brachvogel aus dem öffentlichen Bewusstsein beseitigt. Die Kolleginnen im Schriftstellerinnenverein entzogen ihr den Vorsitz und teilten ihr das in einem Brief mit. Ein Berufs- und Publikationsverbot durch die Nationalsozialisten trat in Kraft, auch für ihren Bruder Siegmund Heilmann, Historiker und Dozent. Der zog verarmt zu Schwester und Nichte, die mittlerweile in der Herzogstraße 55 lebten. Im Juli 1942 verkündete man den beiden Geschwistern die Beschlagnahmung des Vermögens und die Deportation am folgenden Tag. Nach vier Monaten in Theresienstadt starb Carry Brachvogel, Siegmund Hellmann zwei Monate später.

Carry Brachvogel heute

Ein »Comeback« der Schriftstellerin hat sich schon vor einigen Jahren angedeutet. Immer mehr ihrer Werke werden wieder aufgelegt. 1992 wurde ein Raum in der Münchner Seidl-Villa nach ihr benannt. Seit 2012 gibt es in München die Carry-Brachvogel-Straße und der Bayerische Rundfunk erinnerte 2013 mit einer Filmdokumentation an sie.

CͰ ЖↃ

CARRY BRACHVOGEL, Schriftstellerin, Frauenrechtlerin. * 16. Juni 1864 in München. Vater: Heinrich Hellmann (1819–1880), Kaufmann. Mutter: Zerline, geborene Karl (1838–1923). Ein Bruder. 1887 Hochzeit mit Wolfgang Brachvogel (1854–1892), Journalist. Zwei Kinder. † 20. November 1942 in Theresienstadt.

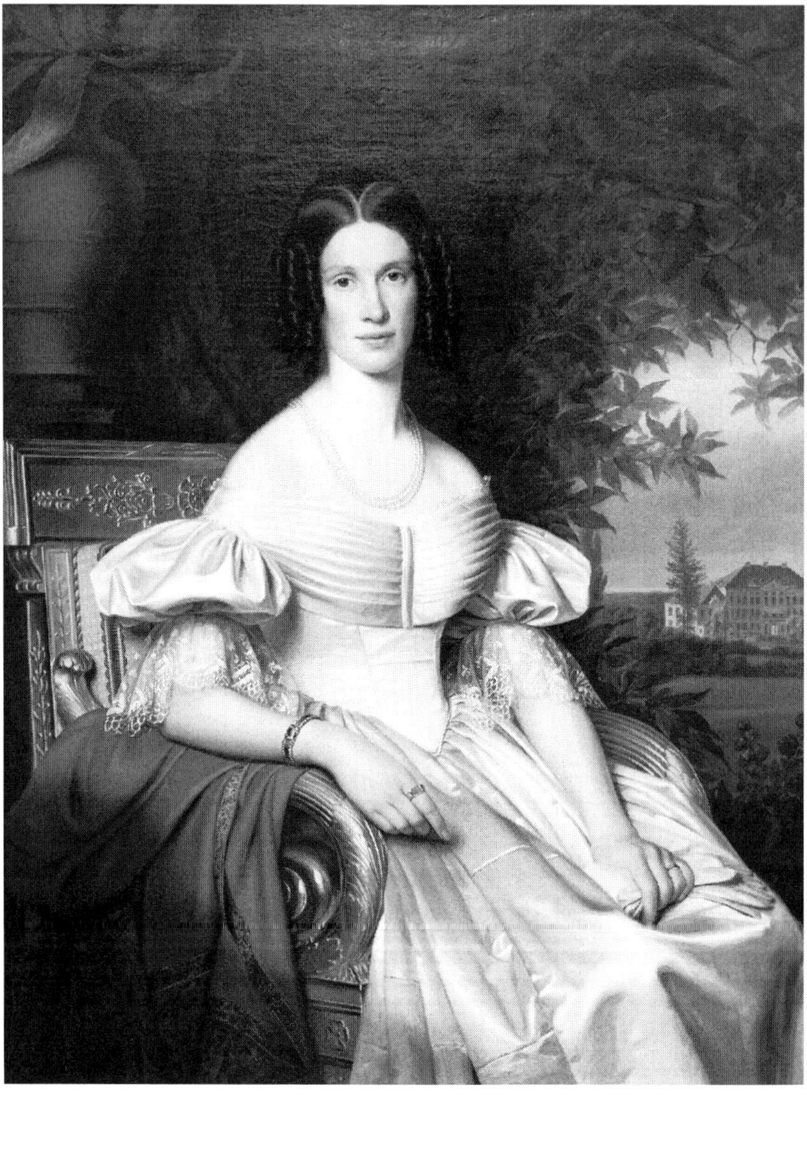

Viktorine von Butler-Haimhausen
(1811–1902)

Soziales Engagement und Tatkraft

Eine Gräfin und Gutsbesitzerin, die mit Sozialkritik – auch an ihrem eigenen Stand – nicht hinterm Berg hielt: Viktorine von Butler-Haimhausen prangerte Missstände an, aber sie beließ es nicht dabei, sondern versuchte, Abhilfe zu schaffen. 1880 schreibt sie: »Der mobile Kapitalismus herrscht, er schafft, er hält die heutige Wirtschafts- und Gesellschaftsordnung aufrecht.«[1] Und weiter: »Was die besitzenden Klassen verbrochen, das müssen sie wieder gut machen.«[2] Daran hat sie während ihres ganzen langen Erwachsenenlebens gearbeitet.

Aus gutem Hause

Victoria Xaveria von Ruedorffer (ihr Mann nannte sie gerne Viktorine oder Victoire) war Tochter eines Bankiers und Handelsherrn und kannte daher den Kapitalismus von klein auf. Die Familie lebte am Rindermarkt. Zwei ihrer drei Brüder wurden Bankiers wie der Vater. Nach erstem privatem Unterricht zu Hause besuchte Victoria bis zu ihrem 15. Lebensjahr die Klosterschule der Salesianerinnen in Indersdorf bei Dachau, eine der besten Töchterschulen in Bayern. Sie wollte Klosterfrau werden, das erlaubten die Eltern aber nicht. Ihre Töchter sollten gute Partien machen. So lebte Victoria nach der Schulzeit als Haustochter, sozusagen im »Wartestand«.

Das änderte sich bald, denn sie war selbst eine gute Partie mit der Aussicht auf ein Erbe von 100 000 Gulden. Der Beichtvater der jungen Frau pries sie der zukünftigen Schwiegerfamilie regelrecht an, sowohl im Hinblick auf Fleiß als auch in ihrer Charakterstärke. Es wurden »zufällige« Treffen mit den Grafen Butler-Haimhausen aus Würzburg arrangiert. Mit 17 entschied sich Victoria, den acht Jahre älteren Theobald von Butler-Haimhausen zu heiraten.

Graf und Gutsbesitzer Theobald von Butler-Haimhausen

Das Adelsgeschlecht der Butler-Clonebough stammte aus dem katholischen Irland. Im frühen 18. Jahrhundert siedelten sich Familienmitglieder in Bayern an. Theobalds Vater war königlich-bayerischer Generalmajor, seine Mutter Maria Anna von Gaugreben Palastdame und Trägerin des Theresienordens. Theobald war darauf angewiesen, eine Frau mit Geld zu heiraten, denn er hatte das hochverschuldete Gut Haimhausen im Landkreis Dachau in der Nähe von München und, damit nicht genug, die Schulden seines Großvaters geerbt.

Als Gutsbesitzer war Theobald von Butler auch in der Lokalpolitik aktiv. Er war Mitglied und zeitweise Präsident des Landrats von Oberbayern und saß in dessen Finanzausschuss. Er war ein für die Obrigkeit unangenehmer Politiker; es hieß, er sei ein Opponent gegen die Regierung, ein »staatswirtschaftlicher Kritiker«. Und weiter: »[...] er gehöre zu den jungen Adeligen, die eine Erhaltung des Adelsstandes von dessen Einsatz für das Volksinteresse abhängig sahen.«[3] Die politische Arbeit Theobald von Butlers trug sicher zum sozialen Engagement seiner Frau bei. So wie er für Probleme der kleineren Leute da war, war er es auch für die Familie. Obwohl Theobald selbst jeden Gulden dringend benötigte, um sein Gut auf Vordermann zu bringen, stand er immer für die Schulden seines Bruders in Ungarn gerade und verbrachte dort viel Zeit, um ihn zu unterstützen. Ebenso half er 1841 den Konkurs seiner Schwäger, die er nicht besonders schätzte, zu bewältigen, indem er 36000 Gulden von ihren Schulden übernahm. Nichten, die ihre Mutter verloren hatten, kamen selbstverständlich in Haimhausen unter.

1831 wurde Theobald von Butler Kammerherr König Ludwigs I., dadurch hatte auch Viktorine Zugang zum Hof – das war wichtig für ihre spätere soziale Arbeit.

Gut Haimhausen – eine stete Sorge ums Geld

Schloss und Gut waren ziemlich heruntergekommen, als die Butlers nach der Hochzeit einzogen. Theodor von Butler schreibt:

Es hat nicht leicht jemand so ein total zerrüttetes Vermögen, eine so herabgekommene Gutsverwaltung übernommen, mit so wenig

Ahnung des wirklichen Standes, dabei ohne jede sachliche Wirt-
schafts- u. Verwaltungskenntnis als ich. Aber ich brachte Arbeitslust,
Arbeitskraft, Fleiß u. unermüdliche Tätigkeit mit in das Geschäft u.
war dabei unterstützt von einer vortrefflichen Frau, meiner lieben
Viktoire, die, obwohl jung, doch alle Grundlagen einer tüchtigen
Hausfrau, Fleiß, unermüdliche Tätigkeit, Häuslichkeit und Einfach-
heit, verbunden mit tiefer, wahrer Religiosität in sich trug u. liebend
mir zur Seite stehend in langen sorgenvollen Jahren Freud u. Leid
mit mir teilte u. eine ebenso ausgezeichnete pflichtgetreue Mutter un-
serer Kinder wurde.[4]

In den folgenden Jahren erwarb Theobald einige Brauereien in der
Münchner Altstadt sowie Immobilien in Haimhausen. Die Bierkra-
walle 1844 und 48 ruinierten die Butler'schen Brauereien, Viktorine
verlor dabei einen Großteil ihres Vermögens. Durch die Abschaffung
der Grundherrschaft 1848 gingen weitere Einnahmequellen verloren.
Die drohende Zwangsversteigerung des Guts konnte abgewendet
werden, da es auf Viktorine überschrieben war.

1867 wurde das Gut an den ältesten Sohn Moritz, der eben geheiratet hatte, übergeben. Viktorine und Theobald sen. zogen ganz nach
München, wo sie bisher nur »die Saison« verbracht hatten. Moritz gelang es nicht, den Besitz zu halten, er verkaufte ihn 1892.

Familienleben

Nach der Hochzeit 1829 lebte das Ehepaar Butler auf dem Gut Haimhausen und bekam in 20 Jahren zwölf Kinder, zwei Babys starben bei
der Geburt oder bald danach.

Die Sommer verbrachte man in Haimhausen. Es gab viel zu tun:
die Ländereien bewirtschaften, die Gebäude herrichten, 65 Bedienste-
te beaufsichtigen und koordinieren, daneben kam häufig Besuch von
Familienmitgliedern und Adeligen aus der Umgebung. Und nicht zu
vergessen die Kinderschar! Oft genug war Theobald wochen- oder
monatelang in Ungarn, um auf den Gütern seines Bruders Alexander
nach dem Rechten zu sehen und dessen Schulden in Zaum zu halten,
dann musste Viktorine den Laden alleine schmeißen.

Während der Wintermonate zog die Familie in die Stadtwohnung in
der Brienner Straße und nahm am gesellschaftlichen Leben teil.

Krankheiten blieben nicht aus und Sorgen um die Kinder, vor allem die Söhne: Alkohol, Glücksspiel, Schlendrian waren die Konfliktpunkte. Ein Sohn fiel 1870 in Frankreich. Zwei Töchter wurden Nonnen, wie die Mutter sich das als junges Mädchen für sich gewünscht hatte.

Nach 43 Jahren Ehe stellte Theobald von Butler fest: »[...] was das junge Mädchen in diesen Briefen [der Brautzeit] aussprach, hat sie innerhalb von mehr als 40 Jahren treu und fest gehalten und wurde die feste unerschütterliche Grundlage meines Lebensglücks in frohen, und was nie ausbleibt, trüben Tagen.«[5] Und zur Silberhochzeit notierte er in seinen Erinnerungen:

Jeder Tag dieser langen Zeit ließ mich erkennen, welchen Schatz ich mit ihr in mein Haus gebracht habe, wie sie mit Liebe, unermüdlicher Tätigkeit, gekräftigt durch ein tiefes religiöses Gefühl, unermüdet und zu jedem Opfer bereit, jeder Pflicht als Gattin, Hausfrau und Mutter genügte. Durch die Unglücksfälle mit dem Münchner Brauhaus war ihr Vermögen zugrunde gegangen, doch hörte ich nie einen Vorwurf von ihr. Sie blieb sich stets gleich in Liebe und Herzlichkeit.[6]

Das klingt nach einer guten Ehe, nach einer gleichberechtigten Partnerschaft, in der beide harmonisch zusammenarbeiteten.

Das soziale Engagement

Schon während der häufigen monatelangen Abwesenheiten ihres Mannes beschäftigte sich Viktorine »viel mit dem Gedanken, zum besten der leidenden Menschheit, insbesondere der armen verlassenen Kinder zu wirken. Alle ihre nach Ungarn an mich gerichteten Briefe beinhalteten mehr oder minder diesen Gedanken, der sie aus vollster Seele erfüllte.«[7] 1854, da war das jüngste Kind fünf, setzte sie diese Gedanken zum ersten Mal in die Tat um. Im Verwalterhaus gründete sie ein »Asyl für verwahrloste Kinder, und zwar solche, die von der Gemeinde zu erhalten waren und die meisten in elendem Zustand [...].«[8] Für die Betreuung, Schulbildung und Erziehung von 16 bis 25 Kindern sorgte sie mit zwei ihrer Töchter. Schnell wurde das Asyl zu klein, auch die Unterstützung durch zwei Barmherzige Schwestern reichte nicht mehr aus. 1856 konnte Viktorine das seit 20 Jahren unge-

Schloss Haimhausen ging 1793 an die Grafen von Butler-Clonebourg über. Seit 1997 ist es Sitz der »Bavarian International School«.

nutzte Kloster Indersdorf pachten. Dort kamen bis zu 130 Kinder unter. Ihr Aufruf zur Gründung eines Frauenvereins zur Finanzierung von Erziehungsanstalten fand großen Zuspruch; das Ergebnis war der Marienverein, dem viele prominente Bürger angehörten.

In den folgenden 25 Jahren legte Viktorine von Butler-Haimhausen ein unermüdliches soziales Engagement an den Tag: Sie initiierte, gründete, unterstützte und finanzierte Einrichtungen und Vereine für bedürftige Menschen – immer selbst am Rande des finanziellen Abgrunds. Viele Projekte hat sie angestoßen und musste sie dann anderen überlassen oder sie wurden ihr aus der Hand genommen, sei es, weil das Projekt sie nicht mehr brauchte, ihr die Probleme über den Kopf wuchsen, sie aus dem Projekt gedrängt wurde oder weil andere beteiligte Personen mehr Durchsetzungsvermögen besaßen als sie. So sah das jedenfalls ihr Mann, der sie übrigens in allem finanziell und moralisch unterstützte:

Mit staunenswertem Mute und Ausdauer bei der Gründung solcher Anstalten konnte sie es doch nicht vermeiden, dass sie durch die beigezogenen geistlichen Berater allmählich von denselben beiseite geschoben und das von ihr Beabsichtigte geändert wurde. Die geistlichen Herren, sowie geistliche Cooperatoren sind selbst nur da zufrieden, wo

sie allein herrschen und befehlen können. Victoire konnte ein Lied da-
rüber singen. So verständig und tüchtig sie ist, so hat sie doch bei ihrer
unendlichen Herzensgüte, die alle Menschen nach sich selbst beurteilt,
zu wenig Menschenkenntnis um nicht den Machinationen jener Kreise
wehrlos unterliegen zu müssen.[9]

1881 war Viktorine 70 Jahre alt, hatte einige Krankheiten überstan-
den, ihr Mann war gestorben und vielleicht war sie desillusioniert –
sie trat jedenfalls kürzer, gründete keine Anstalten mehr, sondern
engagierte sich »nur« noch durch Aufrufe und Versammlungen. Zur
Gründung des »Vereins Arbeiterinnenheim« zum Beispiel, des ersten
in Deutschland, riefen Viktorine, fünf weitere Frauen und der Medi-
zinprofessor Johann Nepomuk von Nußbaum 1889 auf und binnen
kurzer Zeit konnte man 300 Mitglieder begrüßen. Der Verein bot Un-
terkunft, finanzielle Hilfen, einen Mittagstisch, Arbeitsvermittlung
sowie Näh- und Kochkurse an.

Michael Georg Conrad, der Literat und Journalist, bewunderte ihre
Tatkraft und sagte 1891 bei einem Vortrag:

Wir haben das Beispiel solcher Jugendlust im Alter hier unter uns –
ich nenne Ihnen nur die seltene Gräfin Viktorine Butler-Haimhausen,
deren Unverwüstlichkeit in sozialen Hilfsschöpfungen uns der Sinn-
spruch enträtselt: Wie kommt's, daß du trotz achtzig schweren Jahren
so jugendfrisch geblieben? / Das läßt sich mit zwei Worten offenbaren;
Durch Anteil und durch Lieben![10]

Politisches Schreiben

Diverse Krankenlager nutzte Viktorine von Butler zum Verfassen politischer Texte wie »Ueber Armenpflege und Hülfeleistung, im Sinne
socialer Selbsthülfe« (1880) oder »Mahnworte« (1894). In der »Armenpflege« erarbeitet sie ein neues Konzept der Fürsorge und schreibt:
»[...] gesichert – durch Besitz – lernte ich Besitz schätzen, und ihn [...],
wie für mich, so für Andere wünschen.«[11] Sie trat ein für Hilfe zur
Selbsthilfe; so forderte sie, Besitz zu schaffen für Besitzlose, mit dem
diese dann wirtschaften und unabhängig von Wohlfahrt werden
könnten. Sie erkannte darüber hinaus die Möglichkeit, dass durch die
karitativen Einrichtungen sinnvolle und standesgemäße berufliche

Tätigkeiten entstehen würden, die auch Frauen aus bürgerlichen und adeligen Kreisen ausüben können. Dazu schreibt sie:

Die neue Armenpflege richtig durchdacht, richtig durchgeführt [...] eröffnet edlen Frauen und Töchtern der gebildeten Stände einen neuen, einen schönen, einen erhabenen Beruf. Nicht jedes practisch und edel gebildete weibliche Wesen kann und will sich ins Kloster begeben, wenn die Aussicht auf eheliche Versorgung geschwunden ist; die neue Armenpflege bedarf ihrer; sie können die Mütter, die Freundinnen, die Erzieherinnen, die Verpflegerinnen der Armen werden![12]

Das führte zu ihrem Engagement in der Frauenbewegung, die sie in hohem Alter unterstützte. Als 1894 die »Gesellschaft zur Förderung der geistigen Interessen der Frau«, der spätere Verein für Fraueninterressen, entstand, war Viktorine als eine der ersten dabei. Im September 1896 tagte der Internationale Kongress für Frauenrechte und Frauenbestrebungen in Berlin. Viktorine konnte mit ihren 85 Jahren nicht mehr teilnehmen, aber sie schrieb ein Grußwort, das Anita Augspurg unter großem Applaus der Teilnehmerinnen vortrug:

Ich alte Frau, ich Greisin, die auf ein langes Leben der Rechtlosigkeit und der nicht immer freiwilligen Selbstentäußerung zurückblicke, ich rufe Euch ermuthigend und warnend zu: Helft Euch selber, so hilft Euch Gott! [...] Wachet auf und bedenkt, was Ihr Euren Kindern, der Menschheit, den nach Euch Kommenden schuldig seid. Ziehet ein neues Geschlecht von Männern auf, das seine Mütter und Töchter achtet, und das seine Frauen nicht für Untergebene, sondern für Seinesgleichen erkennt. [...] Das weibliche Geschlecht muß sich sammeln, sich vereinigen, muß Rechte fordern, Pflichten üben [...].[13]

Doch nicht ganz vergessen

Der Name Viktoria von Butler und ihr unermüdlicher Einsatz für arme und benachteiligte Menschen sowie für die Frauenbewegung sind zwar im historischen Gedächtnis nicht mehr präsent. Das gilt aber nicht für einige Einrichtungen, die auf ihrem Engagement basieren, wie das Franziskuswerk Schönbrunn in der Gemeinde Röhrmoos, Landkreis Dachau, das sich um Menschen mit Behinderung kümmert, sowie das Kreszentia-Stift in München, ein Alten- und Pflegeheim. In Schönbrunn wurde 2015 die Viktoria-von-Butler-Stiftung gegründet und sie konnte gleich 2016 einen schönen Erfolg einfahren: die Ersteigerung zweier Ölgemälde von Viktorine und Theobald von Butler, die in New York aufgetaucht waren. Gemalt hat sie 1838 Joseph Bernhardt, Hofmaler von Ludwig I. Nach der Restaurierung wird man sie hoffentlich irgendwo in Schönbrunn betrachten können.

Interessanterweise sind die beiden Personen in ungewöhnlicher Umgebung abgebildet: Viktorine auf einem goldenen Sessel, hinter sich Schloss Haimhausen – also die Herrin –, Theobald in einem Raum am Schreibtisch, in häuslicher Atmosphäre.[14]

℘ ℴ

Viktorine von Butler-Haimhausen, Gutsbesitzerin, Sozialreformerin, Frauenrechtlerin. * 8. Dezember 1811 in München. Vater: Franz Xaver von Ruedorffer, Bankier. Mutter: Caroline, geborene Edle von Aindlinger. Vier Geschwister. 1829 Hochzeit mit Theobald Graf Butler-Clonebough von Haimhausen (1803–1879). Zwölf Kinder, zwei Pflegekinder für vier Jahre. † 3. Februar 1902 in München.

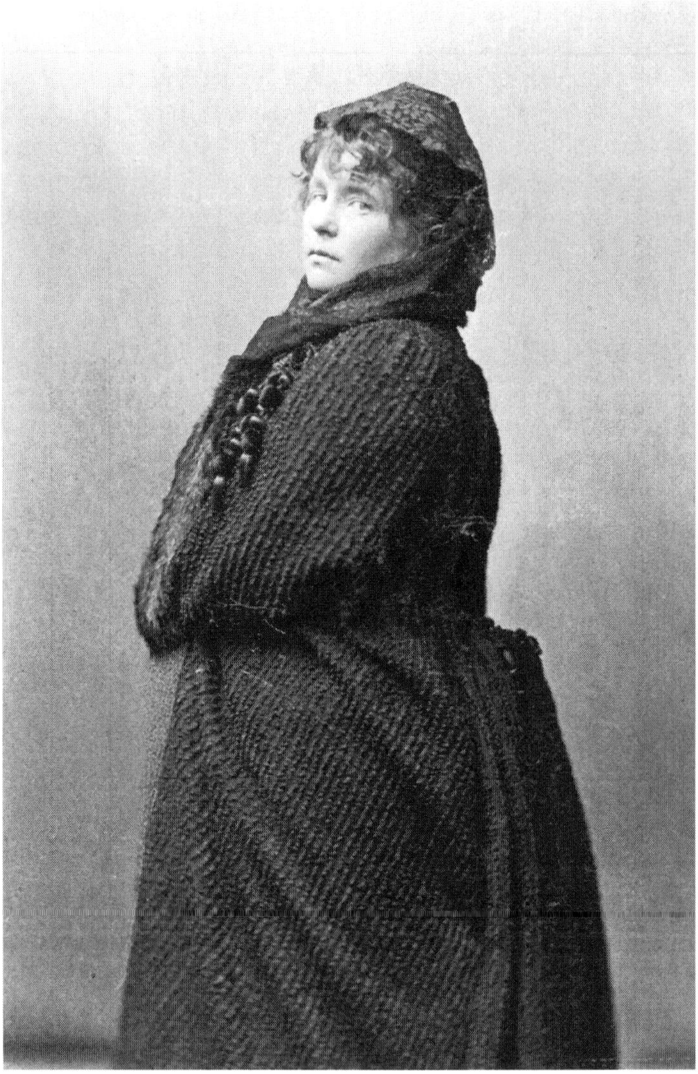

Marie Conrad-Ramlo
(1848–1921)

Viel Ehr' und kein Geld

Als Schauspielerinnen konnten Frauen im 19. Jahrhundert oftmals ein autarkes Leben führen, zu dem sie aufgrund ihrer Lebensumstände sonst keine Chance gehabt hätten. Das ist auch Marie Ramlo gelungen. Äußerst erfolgreich, war sie aber zu bescheiden und zu wenig kämpferisch, um sich neben Ruhm auch finanzielle Reichtümer zu erwerben.

Der peinliche Vater

Die Familie von Marie Ramlo war groß und arm. Ihr Vater hatte ein distanziertes und strenges Wesen, von der Mutter, die aus einem Tiroler Bauerngeschlecht stammte, hatte sie wohl die »Knorrigkeit«, die man ihr nachsagte. Die Lebensumstände haben sie anscheinend lange belastet, denn Marie schrieb als junge Frau, dass sie bei Proben »immer weinen muß, wenn ich an unsere Verhältnisse zu Hause und an die vielen Kinder denke, von denen ich das älteste bin«.[1] Jedes Kind musste bei den Ramlos zusehen, so rasch wie möglich zum Familieneinkommen beizutragen oder, besser noch, auf eigenen Füßen zu stehen. Marie wählte das Theater, wenn auch ohne große Begeisterung. Sie erhielt eine minimale musikalische Ausbildung und Unterricht bei der Schauspielerin Marie Denker. Nach ersten Engagements in Kaiserslautern und Heilbronn sprach sie im Februar 1868 am Münchner Hoftheater vor. Ihr Vater war dabei, zu ihrem großen Leidwesen, denn sie fand sein Betragen peinlich.

»Sie hat die Berta von Bruneck im Tell gespielt«, sagte mein Papa. Das ärgerte mich, weil ich doch für diese Rolle gar nicht passe. Und Baron Perfall sagte auch richtig: »Dazu scheint sie aber doch nicht zu passen, sie ist ja so klein.« [...] »Sie hat entschieden Talent«, sagte

mein Papa. »Und Fräulein Denker, ihre Lehrerin, sagt das auch. Sie studiert ihr jetzt wieder Rollen ein.« Der Intendant lächelte. »So, so, Fräulein Denker ist Ihre Lehrerin?« Es scheint, als ob er die gar nicht recht mochte. […] ich ärgerte mich über Papa, weil er sagte, die Denker studiert mir noch Rollen ein. Ich will jetzt doch nicht mehr für eine Schülerin gelten.[2]

Sie wusste, was sie wollte und was wirkte! Marie Ramlo erhielt eine Zusage vom Residenztheater. »Die Denker kann mir jetzt meinetwegen ein Buch an den Kopf werfen so oft sie will, oder mir Püffe geben so viel sie will, danach frage ich jetzt gar nichts mehr. […] Ich erzählte ihr, daß Herr Richter gesagt hätte, ich sei affektiert. Das hat sie furchtbar geärgert.«[3] Schon im April durfte sie ein paar kleine Rollen spielen. Und im Mai als Prinz in »Heinrich IV.« konnte sie zeigen, was sie unter »echt« verstand, denn echt wollte sie immer sein. »Wenn man Buben so anschaut [ihre Brüder Ferdinand und Franz], dann sieht man's, daß sie ganz anders sind als die auf dem Theater, wenn sie von Damen gespielt werden. Auch der rauhe Ton, der immer überschnappt, gelingt mir. Wenn ich das alles nur zeigen dürfte.«[4] Als Prinz »habe ich gezeigt, wie man sich als Knabe bewegt, geht und spricht. Das hat mich sehr gefreut. Ich kann doch auch schon was, was andere nicht so können.«[5]

Am Hoftheater

Zum 1. Juni 1868 erhielt Marie Ramlo ein festes Engagement am Hoftheater, an dem sie bis zum Tod spielen sollte. Damit gewann sie endlich Unabhängigkeit von der Familie. »Wir ziehen in die Hildegardstraße und da bekomme ich ein eigenes kleines Zimmer, ganz für mich allein. Das sperre ich dann immer zu.«[6] Immer wieder klingt ihre Kindheit durch! Auch ihre alte Lehrerin hatte sie noch nicht ganz hinter sich gelassen, denn Adolf Christen, Schauspieler und Regisseur, soll gesagt haben: »Die alte Denker sind wir gottlob los und jetzt haben wir eine junge.«[7] Er riet ihr, alles über Bord zu werfen, was sie gelernt hatte, und nie mehr an die Denker zu denken.

Zunächst erhielt Marie Rollen als Naive sowie Hosenrollen. Sie war klein und zierlich, fast kindhaft. Ihre tiefe Stimme konnte sie je nach Figur verändern. Der Theaterkritiker Max Bernstein schwärmte von ihr:

[...] das Geschöpfchen besitzt eine außerordentliche Beweglichkeit. Bald zirpt's in dieser Ecke der Bühne, bald summt es in jener, bald steht's lächelnd am Souffleurkasten, bald schmollend an der Türe. Aber nicht nur in seinen Füßen, auch in seinem Gesicht und in seinen Gebärden ist keine Ruhe und Stetigkeit. Wie die Löckchen fliegen! Wie die Augen zwinkern! Wie die Händchen mit dem Batisttaschentuch spielen! Und dabei seufzt es und kichert, und singt, und springt und benimmt sich so unartig wie möglich und fliegt auf der Bühne umher und den Leuten ins Gesicht wie'n Gummiball – [Und das] mit einem ruhigen Gesichte, das aber mit einer leisen Veränderung der Miene tiefe seelische Vorgänge zu zeigen vermag; mit stillen Augen, die aber ohne Hilfe der Worte zürnen und schmeicheln, bitten und trotzen, lachen und weinen können; mit einer klaren, glockenreinen Stimme, die wie ein treffliches Instrument die feinsten Töne jener Musik des Herzens, welche man Gefühl nennt, vernehmen läßt.[8]

Als sie dann das Gelernte abgelegt und einen eigenen, natürlicheren Stil gefunden hatte, in Darstellung und Sprache, konnte sie sich am Münchner Hoftheater als Schauspielerin entwickeln.

1876 heiratete Marie Ramlo den Hofdichter Ludwig Schneegans und hatte mit ihm zwei Töchter, Therese und Eva. Eine Affäre 1882 mit dem Kollegen und Theaterdirektor Ernst von Possart zog einen Skandal und genüssliches Blätterrauschen nach sich. In einem offenen Brief am 13. September 1883 griff das Skandalblatt »Das Bayerische Vaterland« Marie persönlich an und forderte das Publikum zu Demonstrationen gegen sie auf. Marie musste in der Presse die Verleumdungen zurückweisen; Possart forderte den Herausgeber zum Duell, was dieser ablehnte. Die Zeitung entschuldigte sich schließlich und Possart wurde entlassen.[9]

Ein Jahr später war das Ehepaar geschieden. Marie verlor jedes Recht auf ihre Mädchen, der Vater zog mit ihnen in die Schweiz, wenig später nach Wien. Der Kontakt zu den Töchtern riss fast komplett ab. Das brach Marie fast das Herz. Sie versuchte immer wieder, Kontakt zu ihnen aufzubauen, aber vor allem Therese war unversöhnlich. Sie schrieb 1913 an ihre Schwester Eva: »Die fremde Frau [!] spielte auch an diesem Abend, aber nur eine kleine Rolle in dem gräßlichen Stück von Thoma ›Magdalena‹. Das ist viel zu erschütternd, als daß ich es hätte ansehen können.«[10]

Der Philologe und Schriftsteller Michael Georg Conrad versuchte noch 1886 zwischen Marie und ihrem Exmann zu vermitteln – mit einem vermutlich nicht geplanten Ergebnis: Marie wurde von Conrad schwanger, im Oktober 1887 feierten sie Hochzeit, der Sohn Erwin kam ein halbes Jahr später zur Welt. Jetzt hatte Marie einen modernen Mann an der Seite. Er war Mitbegründer der »Gesellschaft für modernes Leben«, eines Literatur- und Theatervereins, und Herausgeber der Zeitschrift »Die Gesellschaft« (die »realistische Wochenschrift für Litteratur, Kunst und öffentliches Leben«), das wichtigste Sprachrohr des Naturalismus in Deutschland.

Blick auf die Isar und die Steinsdorfstraße 7. Hier, zwei Häuser nördlich der Lukaskirche, lebte das Ehepaar Conrad. Das Gebäude steht heute nicht mehr.

Die Autorin

Nach der Hochzeit begann Marie zu schreiben. Schon 1886 hatte sie unter dem Pseudonym L. Willfried Theaterkritiken in der »Gesellschaft« veröffentlicht. Echte Menschen forderte sie, im Leben wie auf der Bühne, »Menschen von Fleisch und Blut, Kerls, die reden, empfinden und handeln wie Menschen – nicht wie Schablonenhelden, Schmachtlappen, oder Kladderadatschfiguren!«[11] Zwei Theaterstücke, die sie mit Michael

Conrad zusammen verfasste, hatten keinen Erfolg, auch ihre Romane und Novellen, die zwischen 1891 und 1899 erschienen, konnten nicht an den Erfolg ihres Mannes heranreichen, geschweige denn an ihren Ruhm als Schauspielerin. Interessant ist am ehesten die Novellensammlung »Passionsblumen« (1891), denn in der Erzählung »Warum« versuchte sie ihr persönliches Trauma, den Verlust der Töchter, zu verarbeiten: Maries Alter Ego widerfährt dasselbe Schicksal wie ihr. Es herrschte ja – zumindest in der bürgerlichen Gesellschaft – die Ansicht, dass eine Frau, die ihren Mann verlässt oder ihm untreu ist, an einer Art »moralischem Defekt« leidet und deshalb ihre Kinder nicht weiter erziehen kann. Das ist Marie Ramlo so geschehen, das thematisierten zum Beispiel Carry Brachvogel in ihrem Roman »Alltagsmenschen« (siehe S. 46) und Henrik Ibsen in dem Stück »Nora oder ein Puppenheim«.

Nora – wie im eigenen Leben

Ist es Zufall, dass ausgerechnet Ibsens Nora zur Paraderolle für Marie Conrad-Ramlo wurde? In dem Theaterstück hat Nora, eine naiv auftretende, kindlich gebliebene Frau, eine Unterschrift gefälscht, um ihrem Mann einen Erholungsurlaub finanzieren zu können. Jahre später fliegt der Betrug auf, sie wird erpresst. Der Erpressung kann sie nicht nachgeben, also gesteht sie ihrem Mann alles. Auch Nora läuft Gefahr, den Mann und die Kinder zu verlieren. In der ersten Reaktion verstößt ihr Mann sie auch, will sie dann um der Kinder willen »begnadigen«. Nora aber, die zuerst Selbstmord begehen wollte, verlässt die Familie, weil sie mit solcher »Gnade« nicht leben möchte.

In München wurde »Nora oder ein Puppenheim« als deutsche Uraufführung 1880 gespielt, erstmals nicht mit Happy End, sondern mit dem ursprünglichen Schluss. Für Ibsen, der von 1875 bis 1891 in München lebte, war Marie eine der genialsten deutschen Vertreterinnen dieser Rolle. Sie habe sich durch schmucklose Natürlichkeit in ihrer Darstellung ausgezeichnet, fand er. »Die Frau Ramlo sollte auf Reisen gehen, damit man auch anderwärts ihre große ehrliche Kunst bewundert. Sie ist wirklich einzig in ihrer Art. Wer sie einmal gesehen hat, der versteht, was ich mit meiner Nora wollte.«[12]

Und tatsächlich verhalf die Figur Nora der Schauspielerin Marie zum Durchbruch, zum Wechsel ins Fach der Charakterrollen. Keine wurde in dieser Rolle so berühmt wie sie. Max Bernstein sprach ihr umstandslos Genie zu. König Ludwig II. verlieh ihr die Goldene Medaille für Wissenschaft und Kunst. Bei Marie Conrad-Ramlo bedauert man ganz besonders, dass es damals noch keine Filmaufnahmen gab, denn Fotos können die Ausstrahlung, die sie wohl besaß, nicht wiedergeben.

An der Hofbühne ein Leben lang

Nach 1900 spielte Marie ihrem Alter entsprechende Rollen: Mütter und komische Alte in Dramen von Hauptmann, Hebbel und Kotzebue zum Beispiel, Figuren, die erst mit dem Naturalismus entstanden. Außerdem schrieben Ganghofer, Anzengruber und Thoma jetzt Stücke, in denen sie in Dialektrollen glänzen konnte. Marie spielte schlicht und ergreifend, weil sie das Leben spielte und keine Rolle, kein Pathos, das bis dahin so angesagt gewesen war. »Ich gestalte die mir zugeteilte Rolle immer erst im Augenblick des Spiels: vorher lerne ich nur fleißig auswendig«[13], erzählte sie dem Kritiker Arthur Rößler.

Ihr Leben lang blieb Marie Conrad-Ramlo am Münchner Hoftheater. Sie gab keine Gastspiele und um ihr Gehalt zu kämpfen lag ihr auch nicht. »Ich gehöre immer zu den kleinen Dieben, die gehängt werden«[14], schrieb sie 1913 an die Intendanz. Nach 40 Jahren Berufstätigkeit erhielt sie nur eine winzige Rente. Da verwundert es nicht, dass sie eine dringend notwendige Operation aus finanziellen Gründen hinausschob, bis es zu spät war. Am 1. Oktober 1921 starb Marie Conrad-Ramlo mit 71 Jahren an Krebs. Nach einer bescheidenen Feuerbestattung im Ostfriedhof wurde sie in Gnodstadt, dem Heimatort ihres Mannes, beigesetzt.

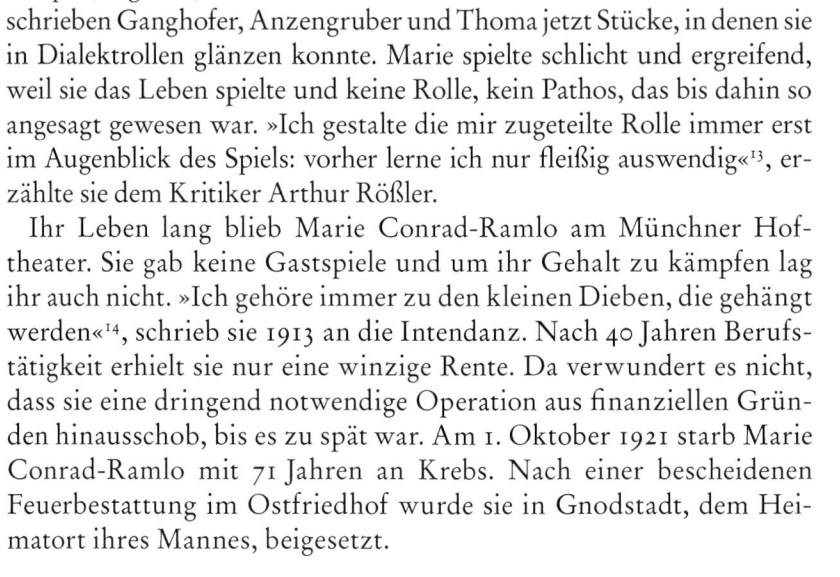

MARIE CONRAD-RAMLO, Schauspielerin, Schriftstellerin. * 8. September 1848 in München. Vater: Joachim Ramlo, Gerichtssekretär. Mutter: unbekannt. Viele Geschwister. 1876–1883 Ehe mit Ludwig Schneegans (1842–1922), Autor. Zwei Töchter. 1887 Hochzeit mit Michael Georg Conrad (1846–1927), Schriftsteller. Ein Sohn. † 1. Oktober 1921 in München.

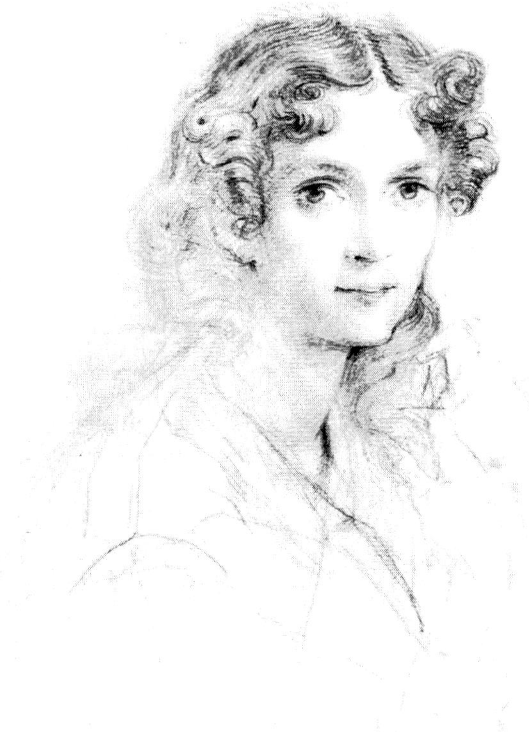

Maria Electrine von Freyberg
(1797–1847)

»Vom Kind an die Staffelei«

D eutsche Malerinnen, die im 19. Jahrhundert erfolgreich und bekannt waren, kann man an einer Hand abzählen. Maria Electrine
Freifrau von Freyberg, geborene Stuntz, gehört dazu. Ihr Vater, Johann Baptist Stuntz, Maler und Lithograf, glaubte an ihre Begabung
und sorgte dafür, dass sie eine Ausbildung erhielt und ihr Talent nicht
für ein konventionelles Frauenleben brachliegen ließ. Sie schaffte
dann sogar, beides zu vereinen: Kunst und Familie.

Jung und erfolgreich

Im Jahr 1808 kam die Künstlerfamilie Stuntz aus Straßburg nach
München. Electrine war elf Jahre alt und das dritte von zwölf Kindern. Um 1810 richtete Johann Baptist Stuntz mit den Zeichnern und
Druckern Johann Nepomuk Strixner und Ferdinand Piloty am Un-
teren Anger eine Steindruckerei ein. Electrine konnte bereits sehr gut
zeichnen und lernte jetzt auch noch das Lithografieren. 1812 erschienen die ersten drei ihrer zwölf Hefte von »Mes leçons de Mythologie«,
hergestellt im Tondruckverfahren. Die erst 15-Jährige erntete sofort
großes Lob, wenn auch mit den Wermutstropfen der männlichen Be-
wertung: »Auf die erste Ankündigung dieses Unternehmens mochte
wohl Mancher tadelnd über dasselbe, als nicht vereinbar mit weibli-
chem Sinn und weiblicher Sitte, die Achseln gezuckt haben [...].«[1]
    1813 wurde Electrine als Elevin (und als zweite Frau überhaupt)
in die Königliche Akademie der Bildenden Künste aufgenommen
und studierte dort Historienmalerei. Die Akademie war, auf einem
Vorläufer aus dem 18. Jahrhundert aufbauend, 1808 gegründet
worden. Für Frauen war ein Studium eigentlich nicht vorgesehen,
aber auch nicht verboten. So waren Ausnahmen (noch) möglich:
Maria Ellenrieder studierte schon seit vier Monaten hier und Luise

Wolf schrieb sich am selben Tag wie Electrine ein. Ab 1839 bis 1920 wurde dann keine Frau mehr an der Akademie zugelassen. Für die Aufnahme von Electrine sprach neben ihrem Talent sicher auch die Freundschaft zwischen ihrem Vater und dem Akademiedirektor Johann Peter von Langer; er und sein Sohn Robert von Langer wurden ihre Lehrer.

Der Mitstudent und spätere Bildhauer Josef Ernst von Bandel schreibt in seinen Lebenserinnerungen:

In der Akademie zeichneten und malten auch Damen mit, denen wir jungen Künstler nicht sehr gewogen waren, da wir ihnen überall die besten Plätze überlassen mußten. [...] Auch Elektrina Stuntz, uns später als Freifrau von Freiberg sehr befreundet, eine in jeder Hinsicht liebenswürdige und ausgezeichnete Künstlerin, zeichnete, bewacht von ihrem Herrn Papa, eine kurze Zeit unter uns. Den Bewachenden mochten wohl lose Burschen geneckt haben, und [deshalb] entzog uns dieser die Freude an der Mitschülerin.[2]

Electrine studierte nur drei statt der üblichen sechs Jahre, der Vater nahm sie 1816 wieder aus der Akademie. Schon 1814 hatte sie so großen wirtschaftlichen Erfolg, dass sie für 7000 Gulden das »Gipsmühlenanwesen« in Thalkirchen von Joseph Graf von Rechberg, Kunstliebhaber und Electrines Förderer, kaufen konnte. Jener Graf Rechberg vermittelte auch ihr Bild »Der Englische Gruß« an Fürst Ludwig von Oettingen-Wallerstein mit den Worten:

In meinem Vorzimmer hängt seit 8 Tagen die Annunciation der Mlle Electrine Stunz. Wenn schon einige Fehler miteingeschlichen sind, so macht dieß Stück großen Eindruck. a[sic]lle Kenner und Künstler finden es hinsichtlich auf das Colorit das beste, was in München noch gemacht worden ist.[3]

1820 beteiligte Electrine sich mit diesem Gemälde an der Ausstellung der Königlichen Akademie in Berlin und erhielt dafür großes Lob. Genauso berühmt wurde ihre »Madonna mit Kind« (1829), das sich heute im Eigentum der Bayerischen Staatsgemäldesammlungen befindet.

Wilhelm – eine Liebe mit Hindernissen

Im Frühjahr 1818 kreuzten sich die Wege von Maria Electrine Stuntz und Wilhelm Freiherr von Freyberg, seines Zeichens königlich-bayerischer Stallmeister und Kammerherr. Es muss Liebe auf den ersten Blick gewesen sein, denn schon im August verlobten sie sich. Allerdings heimlich, und das für lange Jahre, weil beide Väter gegen die Beziehung waren. Für Wilhelms Stiefvater und gleichzeitig Vorgesetzten, Karl Ludwig Freiherr von Kesling, sprach der Standesunterschied dagegen. Seine Mutter, Louise Dorothea, geborene Freiin von Wangenheim, dachte sicher genauso, war sie schließlich Palastdame der Königin Karoline von Bayern. Vater Stuntz befürchtete, Electrine würde als Ehefrau nicht mehr als Künstlerin arbeiten können und ihr Talent verschenken. In der Hoffnung, dass eine räumliche Trennung etwas ändern könnte, unternahm Vater Stuntz mit seiner Tochter längere Studienreisen; die erste führte 1818 / 1819 nach Paris. Nach drei Monaten waren sie zurück in München. Electrine arbeitete fleißig an Lithografien und Gemälden. Die Haltung der Eltern blieb gleich. Briefe und Tagebuchnotizen Wilhelm von Freybergs belegen, wie sehr das Paar unter der Situation litt. Wilhelm schreibt Electrine am 17. Dezember 1820:

Meine einziggeliebte Gefährtin!
Nur mit Anstrengung kann ich dir schreiben – fast entsinkt die Feder meiner Hand ... ich habe heute den Riesenkampf für meine Liebe bestanden – – bedenke: Ein Familien Rath, – Domprobst Stengel war auch dabey –, man stützte sich auf deinen Vater, – – kurz: man wollte, das ich dir entsagen sollte, und brachte mich bis zur ... Raserey [...].[4]

Die Zeit in Italien

Im Frühjahr 1821 ging es nach Italien. König Max I. Joseph gewährte ein Stipendium von einmal 1000 Gulden und weiteren 500 Gulden jährlich für drei Jahre. Ein Aufenthalt in Italien war ein »Muss« für Künstler, denn hier konnte man die Werke vieler großer Maler im Original betrachten. So freute sich Electrine einerseits auf diese Gelegenheit, war aber andererseits wegen der erneuten Trennung von Wilhelm bedrückt.

Die Reise begann im Frühsommer und führte, immer in Vaters Schlepptau, über Mantua, Bologna und Florenz nach Rom. Dort blieben Vater und Tochter fünf Monate lang. Hier studierte Electrine besonders die historische Architektur, kopierte die alten Meister und begegnete auf Empfehlung von Peter von Cornelius wichtigen Kollegen: dem Maler Heinrich Maria Heß und wahrscheinlich Friedrich Overbeck, die Bildhauer Berthel Thorwaldsen und Antonio Canova. Im Dezember wurde Electrine eine ganz besondere Auszeichnung zuteil: die Aufnahme als Ehrenmitglied in die Kunstakademie Accademia di San Luca.

Wilhelm war inzwischen ebenfalls nach Rom aufgebrochen. Dort trafen sich die zwei Liebenden nach vier langen Monaten – heimlich vermutlich. Als sie Ende 1822 zurück in München waren, machten dann endlich beide Familien Frieden mit der treuen Liebe und der standesunterschiedlichen Verbindung. Auf die Heiratslizenz des Königs mussten sie aber noch bis Juni 1823 warten.

Kunst und Familie – nicht leicht zu vereinbaren

Nach der Hochzeit am 1. Juli 1823 wohnten Electrine und Wilhelm von Freyberg zunächst am Promenadeplatz und bauten auf dem Thalkirchner Grundstück eine Villa. Diese wurde später zu einem beliebten Treffpunkt aller Münchner Kunst- und Kulturschaffenden. In neun Jahren kamen sieben Kinder auf die Welt. Trotz der Kinderschar gab Electrine die Malerei nicht auf, obwohl Wilhelm beruflich viel unterwegs war und Electrine ihren Tagesablauf alleine organisieren musste. »Vom Kind an die Staffelei und von der Staffelei wieder zum Kind, oder mit dem Kind in's Freie hinaus – bei all dem an dich denkend – so wechselt, lieber, guter Wilhelm, mein Leben […]«[5], schrieb sie 1825 an ihren Mann. Dennoch schaffte sie es, 1826, 1829 und 1832 an Ausstellungen der Münchner Akademie teilzunehmen. Im »Kunstblatt« rühmte Ludwig Schorn 1829 sie als

Künstlerin vom ersten Range […] *Männlicher Verstand und zarte weibliche Empfindung vereinigen sich hier mit Gediegenheit des Studiums und eminenter Fertigkeit der Ausführung … in dem, was man hier von ihr sieht, steht sie der Angelika Kauf[sic]mann, dieser gepriesensten aller Malerinnen, an Ernst der Gedanken, an Correctheit, edlem Styl und Kraft der Ausführung weit voran.*[6]

Nach 1830 änderten sich die Themen, mit denen Electrine sich künstlerisch beschäftigte. Waren es anfangs religiöse Sujets, so malte sie jetzt Porträts, besonders von ihrer Familie, Landschaften und Genreszenen. Thema war für sie auch die ländliche Arbeitswelt.

Ab 1839 stand es mit ihrer Gesundheit nicht zum Besten, sie brauchte jährlich einen Erholungsaufenthalt im Voralpenland; aus dieser Zeit sind nur noch wenige Werke bekannt. 1847 starb Maria Electrine von Freyberg an einer Unterleibserkrankung. Ihr Bruder Joseph Hartmann Stuntz widmete seine Komposition »Trauerklänge« dem »Andenken seiner unvergesslichen Schwester Electrine« und brachte sie »als Beweis inniger Anhänglichkeit Seinem Schwager Wilhelm Frhr. von Freyberg zum Namensfest« dar.

Obwohl auch Peter von Cornelius Electrine als Künstlerin höher einstufte als Angelika Kauffmann, die einzige Malerin des 18. Jahrhunderts, deren Namen heute noch viele kennen, und obwohl sie zu Lebzeiten hochangesehen war, ist sie jetzt nahezu vergessen. Dabei werden in einer Dissertation von Pankraz von Freyberg Leben und Werk der Künstlerin ausführlich behandelt und gewürdigt. Der größte Teil des künstlerischen Nachlasses von Maria Electrine von Freyberg befindet sich heute im Eigentum ihrer Nachfahren und wartet auf eine öffentliche, ihr geziemende Präsentation in Form einer Ausstellung. In München ehrt bisher kein Straßenname die außergewöhnliche Künstlerin, die Stuntzstraße ist nach ihrem Bruder, dem Komponisten, benannt.

ⳑ ⳡ

MARIA ELECTRINE VON FREYBERG, Malerin, Zeichnerin, Lithografin, Radiererin. * 24. März 1797 in Straßburg. Vater: Johann Baptist Stuntz (1753–1836), Maler, Lithograf, Kunsthändler, Verleger, Musiker. Mutter: Maria, geborene Ruëdhard (1769–1837). Vier Geschwister. 1823 Hochzeit mit Wilhelm Freiherr von Freyberg (1793–1860), königlich-bayerischer Oberststallmeister und Kammerherr. Sieben Kinder. † 1. Januar 1847 in München.

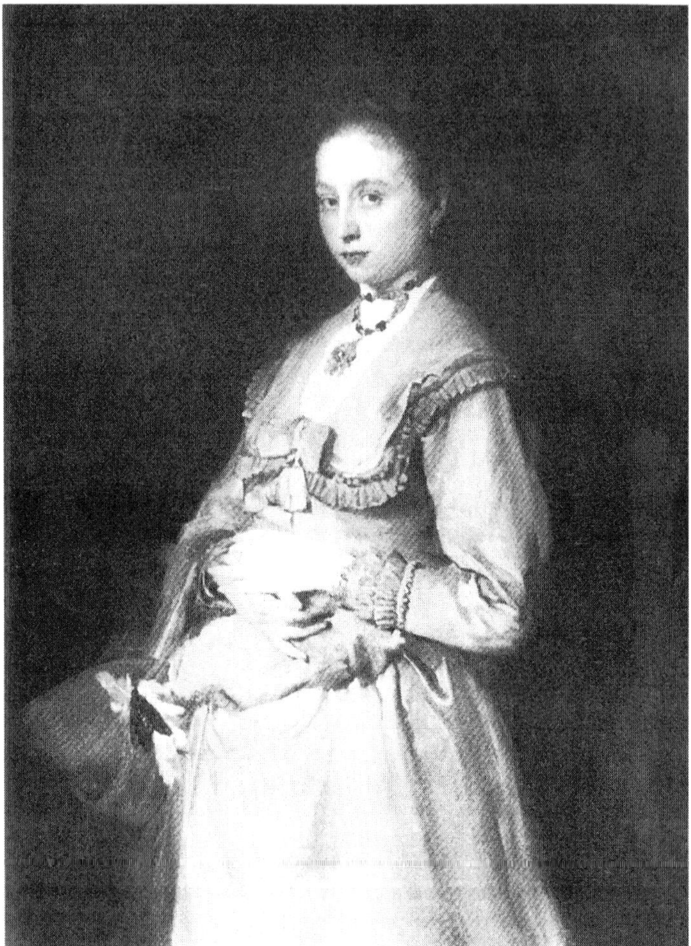

Wilhelmine »Mina« Gedon
(1849–1929)

Die Frau hinter einem berühmten Bild

W ilhelmine, genannt Mina, Böheim kam aus einer angesehenen Händlersfamilie, die ein Kolonialwarengeschäft im Ruffinihaus am Oberanger betrieb. »Wann ich meinen Mann kennengelernt habe? Schon als Kind. Sein Vater war Tandler am Oberanger. Mit meinem Bruder ging der Lorenz in die Turnstunde, da wurden sie gut Freund.«[1] Diese Freundschaft wird auch zur Liebe zwischen Wilhelmine und Lorenz Gedon geführt haben. 1896, nachdem Lorenz seine Ausbildung beendet hatte, wurde Hochzeit gefeiert. Mina zog zu Lorenz in die Schwanthalerstraße 5, wo er sein Atelier und Wohnräume hatte.

Ein berühmter Mann und ein berühmtes Haus

Schnell kam das erste Kind und schnell hatte Lorenz Gedon Erfolg. Er war ein genialer Kunsthandwerker. Er soll in dieser Biografie nicht seiner Frau den Rang ablaufen, aber auf sein Schaffen muss doch kurz eingegangen werden: Er war ein Allroundgenie, baute Villen wie die alte Schackgalerie und das Vereinshaus der »Allotria«. Er gründete eine Firma für Inneneinrichtung, die bald einen hervorragenden Ruf genoss und finanzkräftige Kunden hatte. Er besorgte die Innenausstattung von Villen wie dem Lenbachhaus, dem Kunstgewerbeverein oder Haus Wahnfried in Bayreuth. Er konstruierte Schlitten für König Ludwig II. Er rettete Denkmäler, wo immer er hinkam (in München die drei Stadttore). Er arrangierte Veranstaltungen wie die Sedanfeier, die Elektrizitätsausstellung 1882, die Trauerzeremonie für Wagner am Münchner Bahnhof oder die berühmten Künstlerfeste. Mit der Ausstellung 1876 im Glaspalast brachte er Deutschlands Kunstgewerbe nach vorne. Genial und berühmt war sein deutscher Salon auf der Pariser Weltausstellung zwei Jahre später.

Die Feste und Konzerte im neuen Gedon-Haus in der Nymphen-
burgerstraße 24 waren berühmt. Daran hatte Mina Gedon als Haus-
herrin und mit ihrer »anmutigen Weiblichkeit«² natürlich großen
Anteil. Auch außer Haus feierte Lorenz gerne. Davon erzählte Mina
nicht ohne Wehmut:

Ja, die Allotria! Sobald wir von der Hochzeitsreise zurück waren, fing
mein Mann an, abends in die »Allotria« zu gehen. Er war ein grund-
guter Familienvater, hing an mir und den Kindern, aber am Abend
bei seinen Freunden hocken, war ihm halt Bedürfnis. Und mein Stolz
war, ihn nicht zu hindern, in nichts. Was ihm nicht recht lag: Hauswe-
*sen, Geldsachen, Kindererziehung, das nahm ich ihm ab.*³

Da haben wir die Aufgaben einer Künstlergattin: dem Mann den
Rücken freizuhalten, wie man heute so schön sagt. Und: Was machte
eigentlich eine Münchnerin, wenn ihr Mann feiern ging, in eine der
»Gesellschaften«, ins Wirtshaus oder zur Seidl'schen Kegelbahn in
der Marsstraße? Lesen? Handarbeiten? Ausruhen? Elf Kinder groß-
ziehen! Doch zu den spektakulären Festen in der Stadt ging Mina
gerne mit.

Sie war die Zierde so manchen Künstlerfestes, wenn sie dort als altnie-
derländische Patrizierin oder als Rittersfrau erschien. Also solche hat
sie zusammen mit ihrem Söhnchen [Rudolf] Fritz August von Kaul-
bach festgehalten in all ihrer entzückenden Anmut. Das Bild ist anno
*dazumal durch Reproduktionen populär geworden [...].*⁴

Witwe mit fünf Kindern

Schon Ende 1883 starb Lorenz Gedon mit 39 Jahren. Erst im Juni hatte er seine Frau per Brief über den Kehlkopfkrebs und die Operation informiert, der er sich ganz alleine in Stuttgart unterzog. Danach
war ihm klar, dass er Weihnachten wohl nicht mehr erleben würde.
Tatsächlich starb Lorenz Gedon am 27. Dezember 1883. Im folgenden Jahr wurde, wie er es gewünscht hatte, seine Kunstsammlung
versteigert, um die Zukunft von Mina Gedon und den Kindern (die
zwischen acht Monaten und zwölf Jahren alt waren) zu sichern. Seine
treuen Freunde trugen kräftig dazu bei, die Erlöse in die Höhe zu

treiben, indem sie risikofreudig mitsteigerten und Verkaufsgerüchte streuten. Die Auktion dauerte fünf Tage und erbrachte 292 901 Goldmark. Zumindest in finanzieller Hinsicht brauchte Mina Gedon keine Sorgen zu haben.

Das »Bildnis der Frau Gedon«

In der Neuen Pinakothek hängt das »Bildnis der Frau Gedon«, 1869 gemalt von Wilhelm Leibl. Es »wird soviel über dieses Bild gesprochen und geschrieben«, erklärte Mina Gedon 1925, »und soviel halb Wahres, halb Falsches auch, darüber erzählt [...] daß es mich schon lange drängt, einmal selbst die Geschichte dieses Bildes zu erzählen, so wie sie in meiner Erinnerung lebt.«[5] Der Kölner Wilhelm Leibl war 1886 noch Kunststudent und holte sich wie so viele in der Gedon'schen Wohnung Anregung und Unterstützung. Bald kam der Wunsch auf, Mina zu porträtieren. Das Ehepaar Gedon war einverstanden, Lorenz erteilte ihm einen Auftrag – und beide hatten keine Ahnung, was da auf sie zukam. »In meinem Staatskleide aus heller Rohseide, einen alten Filigranschmuck mit roten Steinen um den Hals [...], mit einem kleinen, grauen Strohhute am Arme, so stand ich da und wartete der Dinge, die da kommen sollten.«[6] Die »Sitzungen, eigentlich müßte ich ja sagen ›Stehungen‹«[7] zogen sich wochenlang hin und waren äußerst mühsam, denn Leibl war ein langsamer Arbeiter.

Wenn ich nur ein wenig die Farbe wechselte, blaß oder rot wurde, dann brummte Leibl selbstvergessen unhöflich vor sich hin. Ich glaube, daß er oft vergaß, daß ich ein Mensch von Fleisch und Blut, mit Nerven behaftet und noch dazu eine junge Frau war, die ein Kind unter dem Herzen trug; für ihn war ich einfach das Bild, das seinem Geiste vorschwebte.[8]

Der Journalistin Helene Raff erzählte sie es noch genauer: »[...] bei den Sitzungen war er ein rechter Lackl, und ich habe ihn gefürchtet. ›Teufel, Teufel‹, hat er beim Malen vor sich hingesagt und grimmige Augen gemacht; und einmal hat er so wild mit dem Pinsel in das gemalte Gesicht gehauen, daß ich gemeint habe, er haut m i c h .«[9] Nach mehreren Monaten Arbeit beschloss Gedon, dass das Bild nun fertig sei, Punktum! Es bekam einen Ehrenplatz in der Wohnung. »Ich selbst lernte verstehen, daß das Bild wundervoll gemalt sei, aber ich hörte ganz gerne, wenn man es nicht für absolut ähnlich hielt, sondern offen sagte, daß das Modell hübscher sei, denn ich gefiel mir nicht sehr auf dem Bilde. Mein Spiegel schien mir liebenswürdiger zu sein.«[10] So hatte Mina nichts dagegen, dass Leibl sich sein Werk auslieh, um es 1869 auf der Internationalen Kunstausstellung im Glaspalast auszustellen. Lorenz dagegen liebte das Bild und soll geweint haben, als es abgeholt wurde. Er sah es nie wieder und Mina erst nach mehr als 40 Jahren. Das Porträt einer werdenden Mutter, das war bisher einmalig und daher ein Erfolg. Gustave Courbet hielt es für das beste Bild der Ausstellung. Leibl wurde zum Kunstsalon 1870 nach Paris eingeladen, erhielt eine Goldmedaille und verkaufte das Bild für 6000 Francs. Er versprach Mina und Lorenz Gedon, ein neues Bild zu malen, was nie geschah. Erst 1912 kam das Gemälde durch den Kunsthändler David Heinemann zurück nach München. Er überließ es für eine kleine Provision und einen Orden dem Staat. Mina bekam das Recht auf lebenslangen freien Eintritt in der Pinakothek. Darauf bestand sie, auch, als ein Aufseher sie einmal nicht erkannte. Sie soll ihn mit ihrem Regenschirm vertrieben haben und ungerührt zu ihrem Bild marschiert sein.

Als sie 80 Jahre alt geworden war, wurde das Bild noch einmal zum Thema: Die Verstimmungen, die 55 Jahre zuvor zwischen Gedon und Leibl aufgekommen waren und in Künstlerkreisen kursierten, wurden wieder wach, als Leibls bis dahin unveröffentlichte Briefe auftauchten. Mit Bestürzung las Mina Gedon, dass Leibl schrieb, Gedon habe über seine Bilder hergezogen. Sie bat ihre Tochter Stora Max, das in einem Zeitungsartikel richtigzustellen.[11]

ೞ ೞ

Wilhelmine Gedon, Gattin, Mutter. * 7. Februar 1849 in München. Eltern Böheim, Kaufleute. 1869 Hochzeit mit Lorenz Gedon (1844–1883), Bildhauer, Architekt, Kunstgewerbler. Elf Kinder. † 3. Oktober 1929 in München.

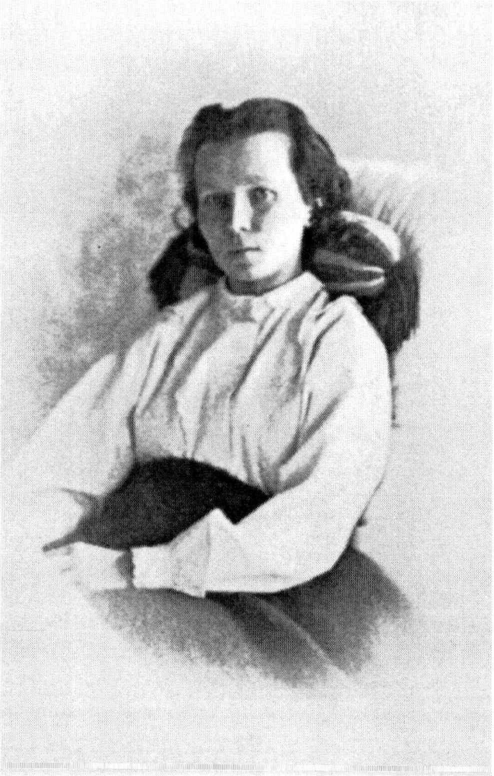

Emilie »Emmy« Giehrl
(1837–1915)

Nehmen und weitergeben, nichts behalten

Fünfzig Jahre verbrachte Emilie Giehrl wegen einer Rückenmarks-
erkrankung im Bett. Sie gab sich nicht auf, sondern wurde eine bekannte und beliebte Schriftstellerin. In ihren Erinnerungen schildert
»Tante Emmy«, wie sie sich als Schriftstellerin nannte, ihre Kindheit
und Jugend in einer wohlsituierten Münchner Familie. Ihr Werk umfasst zudem Erzählungen und Gedichte in romantisch-religiös-erbau-
lichem Stil für Tages- und Wochenblätter, Kinder- und Jugendbücher
sowie Ratgeber für junge Frauen.

Eine glückliche bürgerliche Kindheit

Emilie Aschenbrenner kam als drittes von sieben Kindern in Regensburg zur Welt, drei Geschwister sind früh gestorben. Als sie vier
Jahre alt war, zog die Familie nach München an den heutigen Marienplatz. Nach der Werktagsschule »standen meine lieben Eltern vor der
offenen Frage: Was nun? Wohin mit unserer Tochter? – Mein Bruder Ludwig mußte sich mehr und mehr mit seinen humanistischen
Studien befreunden, und so gern ich auch mit ihm Lateinisch und
Griechisch gelernt hätte, mußte ich solche Wünsche […] aufgeben,
da mein Vater eine Notwendigkeit hierfür nicht einsah.«[1] Also erhielt sie zunächst Hausunterricht in Rechnen, Lesen, Schreiben, Geschichte, Geografie, Literatur, Französisch, Englisch, Klavier; später
lernte sie auch Zither, Zeichnen, Handarbeiten. Morgens stand eine
Stunde Kirchgang auf dem Programm. Mit 13 Jahren kam Emilie in
ein Mädcheninstitut am Rindermarkt, dort lernte sie, selbstständig
zu arbeiten. »Lassen Sie nur den Herrn Gutgenug nicht Herr werden
in Ihrem Hause«,[2] lautete das Motto der Lehrerin. Nach einer fünf-
jährigen Schulzeit blieb Emilie als »Haustochter« in ihrer Familie.
Sie wird von den Menschen, die sie kannten, als fröhlich, fürsorglich,

zärtlich und opferbereit geschildert. Sie selbst sah sich als Wildfang und als ehrgeizig, dabei aber bequem.

Erziehung zu sozialem Empfinden

Wie Mädchen und junge Frauen in bürgerlichen Münchner Familien des 19. Jahrhunderts aufwuchsen, lässt sich in den Erinnerungen der Tante Emmy nachlesen: behütet, von strengen moralischen Grundsätzen geleitet, geliebt und unterstützt sowie mit der damals bestmöglichen, aber dennoch einfachen Bildung versehen.

In der sechsköpfigen Familie Aschenbrenner herrschte kein Mangel. Im Gegenteil, es war genug da, auch für Familienmitglieder, denen es nicht so gut ging. Fürsorge für Bedürftige war dem Vater ein grundlegendes Bedürfnis. Er half, wo er konnte, privat und im Rahmen seines Amtes als Finanzminister. Dazu hielten er und seine Frau Anna auch die Kinder an. So erzählt Emilie, dass sie drei Jahre lang an der Aussteuer ihrer Schwester gearbeitet habe, von Taschentüchern über Tisch- und Bettwäsche bis zu Hemden. Für jedes Stück bekam sie etwas Geld, »und von diesem Spargeld durfte ich zu Weihnachten oder sonst bei Gelegenheit arme Kinder erfreuen und beschenken [...].«[3] Das wurde auch im Institut so gehandhabt. Die Mädchen fertigten qualitätsvolle Handarbeiten und verschenkten diese an Bedürftige. Für die ärmeren Kameradinnen gaben Mädchen ihr Taschengeld, damit diese bei den Weihnachtsbescherungen auch kleine Geschenke erhielten. Nichts für sich behalten, nehmen und weitergeben, das stand als Motto über Emilie Giehrls Leben.

Auch das Kinderleben in der Familie schildert Emilie Giehrl in ihren Büchern. »Man wußte damals noch nichts von dem jetzt so allgemein üblichen Landgehen, sondern blieb jahraus, jahrein ruhig in der Stadt.«[4] Die Kinder konnten sich mit ihren Freunden in der großen Wohnung austoben. Tante Emmy schildert ausführlich, womit sie sich beschäftigten, sicher als Anregung für die kleinen LeserInnen: Sie spielten den religiösen Alltag nach; sie übten Haushaltsführung, indem sie den Bruder und seine Freunde aus der Puppenküche bewirteten; Scheibenschießen der Buben krönten ein Festmahl und von den Mädchen gebastelte Preise. Die Kinder lasen viel, handarbeiteten, musizierten und rezitierten Gedichte oder spielten kleine Schauspiele. Familienspaziergänge führten über weite Wege bis nach Sendling, Thalkirchen oder zur Menterschwaige.

Verlobung, Hochzeit und Krankheit

1856 verlobte Emilie Aschenbrenner sich mit dem Bezirksamtsassessor Rudolf Giehrl; ihre ältere Schwester Anna hatte dessen Bruder geheiratet. Erste Krankheitssymptome deuteten sich an, die Hochzeit wurde wegen einer »krankhaften Verstimmung des Nervensystems«[5] von Emilie verschoben, sie musste zur Kur. Erst am 6. Mai 1858 konnten Emilie und Rudolf Hochzeit feiern und in ein Häuschen am Altheimer Eck ziehen. Als der geliebte Vater ein halbes Jahr später starb, zogen sie in Emilies Elternhaus um. Nach drei Jahren war Emilie schwanger und glücklich. Ein Haushalt und Kinder, das war ihr Lebenstraum. Doch sie fiel während der Schwangerschaft von einer Leiter, verlor das Kind, verletzte sich vermutlich an der Wirbelsäule und musste für Monate in eine Klinik und zu Kuren. Sie wurde nie wieder richtig gesund. Ab 1863 war sie bettlägerig für den Rest ihres Lebens, »ein einfach Leben stiller Entsagung, dem nur das Leiden einige Bedeutung gibt [...]«[6] stand ihr bevor. Emilie litt an Krämpfen, an Kopfschmerzen, Atemnot, Schwindel und Ohnmachtsanfällen.

Ab 1878 lebte Emilie Giehrl in der Glockenstraße,
heute Herzog-Wilhelm-Straße 19. Das Kreuz markiert ihr Zimmer.

83

Die Laufbahn ihres Mannes verlief auf und ab: Stellenstreichung und Beförderung, Krankheit und Nervenleiden, Wiedereinstellung. Als er 1868 einen leichten Schlaganfall erlitt, lagen (laut Emilies Notizen) beide Pflegebedürftige im selben Raum. Sie, die in der Krankheit Erprobte, kümmerte sich um das psychische Wohl des geliebten Mannes. Auch nach seiner Pensionierung war sie die Stärkere und ertrug seine Launen mit Demut. Und wenn sie doch einmal die Geduld verlor, ging sie hart mit sich ins Gericht, obwohl sie selbst immer kränker wurde und oft stundenlang Todesangst litt.

Trotzdem versuchte Emilie nach der Pensionierung Rudolfs, mit Übersetzungen aus dem Französischen und Handarbeiten zum Etat beizutragen, denn sie mussten oft ihr Vermögen angreifen.

Eine berühmte Schriftstellerin

Im Januar 1877 starb Rudolf Giehrl. »Wie kann ich leben ohne ihn? Wie Tag um Tag hinbringen und immer noch da sein und nicht ihm nachsterben aus liebender Sehnsucht? Unmittelbar nach seinem Tode und später wieder war ich buchstäblich am Grabesrande; aber dennoch lebe ich [...].«[7] Emilie lebte weiter, im Bett, unvorstellbare 38 Jahre lang. Sie nahm teil an allen Schicksalen der Menschen, die sie umgaben. Das hielt sie aufrecht, ebenso wie ein tiefer Glaube und geistlicher Beistand. Ihr Seelsorger verordnete ihr zum Beispiel eine feste Tagesstruktur. Das Wichtigste aber war, dass sie jetzt begann, professionell zu schreiben. Sie fand einen Verleger in Donauwörth und veröffentlichte in Zeitschriften wie »Schutzengel«, »Monika« oder »Notburga« (einem Blatt für Dienstboten), dazu verfasste sie Übersetzungen und Bearbeitungen aus dem Englischen. Als »Tante Emmy« schrieb sie Märchen und Erzählungen für Kinder sowie Bücher und Aufsätze, in denen sie ihre Erfahrungen und Ratschläge an Ehefrauen und Mütter weitergab. Moral versteckte sie in einem sehr persönlichen Stil. Das fand großen Anklang. An ihren Redakteur richtete sie die Zeilen:

Wenn Sie mich zuweilen arbeiten sähen, wie ich keuchend und atemlos aufrecht sitze, mit dem vier- bis fünfstündigen Asthma ringend – und dazu Knittelverse mache! Zuweilen unterbricht auch eine Ohnmacht das Konzept oder, wie es jetzt mehr und mehr geschieht, ein so hefti-

ger Anfall von Kopf- und Rückenschmerz, daß ich Papier und Stift beiseite- und mich schnurstracks zurücklegen und stilliegen muß, wie festgebannt auf dem Kreuze, ohne auch nur die leiseste Möglichkeit einer Bewegung. [...] Ist der Anfall vorüber [...], dann wird wieder lustig gearbeitet, als sei nichts gewesen. Das macht die Gewohnheit, die Liebe zur Sache und – die Gnade Gottes. Denken Sie nicht auch so?[8]

Der neue Beruf entwickelte sich gut, es kam so viel Geld in den Haushalt von Emilie Giehrl und Mutter Anna, dass sie nicht nur genug zum Leben hatten, sondern auch wiedergeben konnten. Das Ersparte und »Erbettelte« ging an mehr als 50 Wohltätigkeitsvereine, in denen Emilie Giehrl zahlendes Mitglied war.

Gearbeitet wurde nachts, denn tagsüber kam Besuch. Unendlich viele Menschen wollten ihr ihre Wertschätzung zeigen. Da sind »im Laufe von fünf Jahrzehnten Königinnen, Prinzen und Prinzessinnen, Kirchenfürsten, berühmte Gelehrte, Dichter und Schriftsteller, aber auch ganz unberühmte Leute, vor allem Kinder, zu dieser Kranken gekommen [...].«[9] In einem Zeitungsartikel von 1928 erinnert sich der Autor Sch.:

Im Geiste schaue ich in ihr stilles Krankenzimmer, über dem zu allen Zeiten heilige Weihe gebreitet lag. Es war der Mittelpunkt, dem Wohltat über Wohltat entfloß, an jeden, der Rat und Trost, ideelle oder materielle Hilfe bedurfte. Niemand verließ diese Schwelle, ohne einen Sonnenstrahl der Teilnahme und Liebe im Herzen.[10]

Emilie Giehrls Haltung zum Leiden und Kranksein

Eine lebenslange Krankheit, die mit Schmerzen, Angst und großen Einschränkungen verbunden ist, nicht nur zu akzeptieren, sondern als Aufgabe anzunehmen, sogar schätzen zu lernen – das ist eine Haltung, die uns Heutigen fremd ist. Ohne eine tief verinnerlichte Religiosität kann man das sicher nicht leben. Diese spricht aus den Texten von Emilie Giehrl:

Ich liebe es, krank und schwach zu sein; mein Heiland scheint mir dann am nächsten, wenn ich am meisten leide. [...] Muß ich noch genesen? Muß ich noch einmal hinaus in die Unruhe der Welt, in den Zwang der

Toilette, der Gesellschaft? Welche Rolle würde ich da spielen? Lieber Jesus, halte mich fest an deinem Kreuze![11]

Natürlich gab es Krisen, die aber finden in »Tante Emmys« Texten höchstens nebenbei Erwähnung. Sie wollte ihrem Publikum ja Halt, Stärke und Demut vermitteln, deshalb klagte sie nicht vor ihren Leserinnen.

Die letzten Lebensjahre verbrachte Emilie Giehrl verkrümmt, spastisch und wundgelegen, geplagt von immer wiederkehrenden Perioden des Beinahe-Sterbens. Trotzdem schrieb sie noch die »Erinnerungen aus meiner Jugend. Fortsetzung der Kindheits-Erinnerungen« (1911) und das »Trostbüchlein für unsere Zeit, den Bekümmerten und Trauernden gewidmet« (1915). Zum 75. Geburtstag (und 50 Jahre Leidenszeit) verlieh König Ludwig II. Emilie die Goldene Medaille für Kunst und Wissenschaft und Papst Pius X. schickte Segenswünsche. Am 15. Oktober 1915 durfte sie gehen, zu ihrem Gott und zu ihren Lieben. Die Trauerfeier in St. Peter fand unter großer öffentlicher Anteilnahme statt, auch Königin Marie und ihre Töchter waren anwesend. Zum Begräbnis kamen Abgeordnete vieler Vereine und Institutionen, die sie unterstützt hatte, Kränze von Mitgliedern der königlichen Familie und vielen anderen Persönlichkeiten des öffentlichen Lebens wurden niedergelegt. Der Stein auf dem Familiengrab im Alten Südfriedhof spiegelt ihre damalige Bedeutung nicht annähernd wider: An der Schmalseite steht unter dem Namen ihres Mannes lapidar: »Emilie genannt Tante Emmy«.

ᚷ ᚶ

EMILIE GIEHRL, Schriftstellerin »Tante Emmy«. * 1. November 1837 in Regensburg. Vater: Joseph Aschenbrenner (1798–1858), bayerischer Finanzminister, 1850 geadelt. Mutter: Anna, geborene von Stengel († 1890). Drei Geschwister. 1858 Hochzeit mit Rudolf Giehrl († 1877). Keine Kinder. † 15. Oktober 1915 in München.

AUS DEN BERGEN.
Fröhliche Melodien

FÜR

CLAVIER
der Frau Caroline Erdl
zugeeignet
von

MARIA GÖRRES.

OP. 8.   Neue Ausgabe.   Pr. 2 ms. — 54 kr. — 15 Ngr.

Pr. 4 ms. 1.1.12 kr. — 20 Ngr.

MÜNCHEN, JOS. AIBL.

Maria Görres-Arndts
(1823–1882)

Die begabte Tochter einer großen Sängerin

M aria Vespermann war keine vier Jahre alt, als ihre Mutter, die berühmte Sängerin Klara Vespermann (siehe S. 225ff.), starb. Deren Kollegin am Münchner Hoftheater, Katharina Sigl (1803–1877), heiratete 1828, ein halbes Jahr nach dem Tod von Klara, den Witwer Wilhelm Vespermann. Sie sorgte vermutlich weiter für das Kind, als Wilhelm 1837 an der Cholera starb. Maria war ein hochbegabtes Mädchen: Die Talente zum Singen, Klavierspielen und Komponieren waren ihr quasi schon in die Wiege gelegt worden. Bereits mit zwölf Jahren trat sie öffentlich als Musikerin auf.

Frau Guido Görres

Im Haus des Malers Wilhelm von Kaulbach lernte Maria dessen guten Freund, den Schriftsteller Guido Görres, kennen und lieben. Guido war der Sohn des katholischen Publizisten und Philosophen Joseph Görres und gab die »Historisch-politischen Blätter für das katholische Deutschland« heraus. Außerdem schrieb er geistliche Lieder, die zum Teil Eingang ins Volksliedgut fanden. Bekannt waren seine »Festkalender in Bildern und Liedern« und das »Deutsche Hausbuch«. Im August 1844 heirateten die 21-jährige Maria und der 18 Jahre ältere Guido. Ihre Flitterwochen verbrachten sie in Meersburg am Bodensee bei Jenny von Laßberg, der Schwester von Annette von Droste-Hülshoff. Deren Mann, Joseph Freiherr von Laßberg, und Joseph Görres, der Vater von Guido, kannten sich von verschiedenen Gelegenheiten. Jenny (1795–1859) und Annette (1797–1848) waren nicht nur Schriftstellerinnen, sondern auch Musikerinnen – der jungen Maria also von den Interessen her nahe. Die Droste erzählte in einem Brief von der Begegnung mit dem Ehepaar Görres:

Sie ist blutjung, hat »la beauté du diable«, und nichts Bedeutendes,
aber so viel Kindliches und Neulingsartiges in Physiognomie und Be-
nehmen, daß Einem dauernd alles, was sie sagt, auch das mitunter
recht Gescheute, fast kindisch vorkömmt. Wir hatten sie gern, und ihr
schüchternes Gemüth hatte sich uns so angeschlossen, daß sie beim Ab-
schiede bitterlich weinte.[1]

Abschied – damit hatte Maria wahrlich genug Erfahrung! Hatte sie doch
schon als Kleinkind ihre Mutter und als Teenager ihren Vater verloren.

In den Jahren, die sie mit ihrem Mann Guido verlebte, komponierte
Maria mehr, als sie schrieb. Erhalten ist eine Reihe von Werken für
Klavier, für Klavier und Gesang und für Gesang ohne Begleitung.
Besonders gerne vertonte sie geistliche und volkstümliche Texte ih-
res Mannes zu »gefühlsatmenden Liedern«. Auch das erlebte Annette
von Droste-Hülshoff während der Flitterwochen:

Seltsam macht sich zu ihrem kleinen blonden Figürchen ein ausge-
zeichnetes musikalisches Talent; sie spielt nicht nur süperbe Clavier,
sondern phantasiert auch ganz hinreißend und war eben daran, eine
Sammlung sehr schöner Liedercompositionen auf Texte ihres Mannes
heraus zu geben. Sie arbeiten überhaupt gerne gemeinschaftlich; Gör-
res machte ein Gedicht auf die alte Meersburg, und nach einer halben
Stunde war ihre Komposition mit Klavierbegleitung fertig; zu einem
Gedichte, das er mir niederschrieb, setzte sie sogar in einem Morgen
die durch alle Strophen durchgehende Musik. Es ist sonderbar, daß un-
ter allen Talenten gerade die Musik, das zarteste und unkörperlichste
von allen, sich häufig bei scheinbar unbedeutenden Persönlichkeiten
einquartiert; denn so lieb und gut die Görres ist, kann ich sie doch
unmöglich für durchgängig genial halten.[2]

Guido und Maria Görres lebten mit Guidos Eltern, Joseph und Katharina von Görres, und Guidos Schwester Marie im selben Haus. Maria war Guidos »Lebensgenossin, die sein treues Wesen wohl verstand
und es vorzog, lieber mit ihm Kind des väterlichen Hauses, als Herrin
des eigenen zu sein«.[3] Bestimmt hat sie das Familienleben, das sie aus
ihrer Kindheit nicht so kannte, genossen. Josephine Kaulbach (siehe
S. 121ff.) schickte 1847 ihrem Mann ein Stimmungsbild von einem Besuch bei den Görres:

Heute war ich bei Görres im Garten. Das ist dort eine Freude. Die
ganze Familie schüttelt Äpfel und Birnen. Guido sitzt den ganzen Tag
hoch oben auf dem Baum und wirft seiner Frau Birnen in den Schoß.
Der Alte geht im Garten auf und ab, die alte Frau steht oben auf dem
Balkon und erfreut sich ihres Gartens und die Tante [Guidos Schwester Marie] *schreibt indes an den historischen, politischen Blättern und*
läßt ihren Zorn und Ärger aus.[4]

Guido Görres starb 1852. Er hinterließ Maria mit drei kleinen Töchtern. Schon wieder ein Abschied! Mutter Görres lebte noch fünf Jahre
und half vermutlich mit den Kindern.

Frau Arndts von Arndtsperg

Eine der besten Freundinnen Marias war die Schriftstellerin Bertha
Arndts (1809–1859). Möglicherweise hatte Maria sie bei Annette von
Droste-Hülshoff kennengelernt. Bertha war verheiratet mit dem Ju-
risten und Politiker Karl Ludwig Arndts von Arensberg aus Bonn, der
von etwa 1838 bis 1855 eine Professur in München innehatte, danach
zog das Ehepaar nach Wien. Schon im Jahr nach Berthas Tod, 1860,
heirateten Maria und Karl Arndts; sie lebte mit ihm bis 1874 in Wien.
In dieser Zeit lag der Schwerpunkt ihres Schaffens auf dem Schreiben. Sie publizierte zwischen 1864 und 1881 – auch unter dem (männlichen!) Pseudonym Carl Prauss – Novellen, Dramen (»Dramen für
das christliche Haus«) und das Lustspiel »Mozart als Ehestifter« nach
Eduard Mörikes »Mozarts Reise nach Prag«. Im Vorwort dazu erwähnt sie die freundliche Aufnahme ihrer früheren Texte in Deutschland und sogar in Amerika, die sie zu diesem Werk ermutigt habe. Die
Novelle »Juhschrei auf der Halseralm« (1874) ist eine Liebesgeschichte
aus dem bayerischen Gebirgsland und beschreibt das bäuerliche Leben und seine Sitten, außerdem (in leicht romantisierender Weise) den
Einfluss des königlichen Hofs von Max II. Joseph auf das Leben der
Menschen in Tegernsee. Im Vorwort nennt sie ihr Werk »einen bescheidenen Strauß kleiner, bunter Alpenblumen«, der zeigen soll, »wie
anmuthig und erquicklich es sich leben läßt im schönen bayerischen
Gebirgsland.«[5] Dabei dachte sie auch an die, die es nicht so »erquicklich« hatten:

Ach! unter den vielen heiteren Gesichtern der Fremden sieht man aber auch jedes Jahr so manche mitleiderregende von kranken Armen, welchen durch die Großmuth des Prinzen Karl von Bayern [gemeint ist Herzog Karl Theodor in Bayern, der in Kreuth eine augenärztliche Praxis führte] *eine freie Kur in Bad Kreuth gewährt ist. Ihnen, als Zehrpfennig bei der Abreise in die Heimath, ist der Ertrag dieses Büchleins gewidmet.*[6]

Eine ihrer Kompositionen soll wegen ihrer ungewöhnlichen Widmung extra erwähnt werden: 1861 komponierte Marie Arndts das »Opus 10. Hymne. Ihrer Majestät Maria Sophia Amalia, Königin beider Sicilien, ehrfurchtsvoll dargebracht von Maria Arndts, gebornen Vespermann. Für eine Singstimme mit Klavierbegleitung.« In der Fußnote bestimmte sie, dass der Ertrag den verwundeten Verteidigern von Gaeta (siehe Marie in Bayern, S. 161ff.) zugutekommen sollte.

Karl Ludwig Arndts wurde 1874 pensioniert und zog mit seiner Frau an den Ammersee; er starb 1878 in Wien. Ihre letzten Lebensjahre verbrachte Maria als Witwe in München, wo sie am 23. Mai 1882 starb.

ભ ৪৩

MARIA GÖRRES-ARNDTS, Komponistin, Schriftstellerin. * 5. April 1823 in München. Vater: Wilhelm Vespermann (1784–1837), Schauspieler, Sänger. Mutter: Klara Metzger-Vespermann (1799–1827), Sängerin. 1844 Hochzeit mit Guido Görres (1805–1852), Schriftsteller. Drei Töchter. 1860 Hochzeit mit Karl Ludwig Arndts von Arndtsperg (1803–1878), Jurist und Politiker. † 23. Mai 1882 in München.

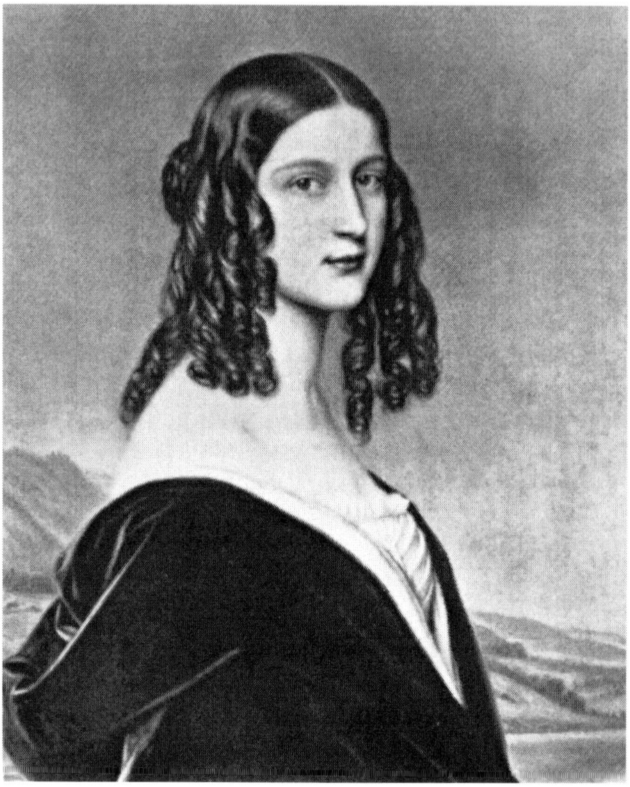

Friederike von Gumppenberg

(1823–1916)

So schön wie ihre Königin

E in Bild der Friederike von Gumppenberg ist uns aus der Porträt-
sammlung von König Ludwig I. überliefert. Die in roten Samt ge-
kleidete 20-Jährige steht vor einer Fluss- und Hügellandschaft und
schaut den Betrachter direkt an. Der Himmel glüht in dramatischen
Farben. Meist haben die Attribute in den Gemälden von Joseph Karl
Stieler (1781–1858) einen Bezug zur abgebildeten Person – hier ist es
vermutlich die Bergwelt.

Hofdame der Königin

Baronesse Friederike Victoria Mariana Ottilia von Gumppenberg war
das siebte von acht Kindern. Die Familie besaß ein großes Haus in der
Oberen Gartenstraße (heute Kaulbachstraße), die Sommer verbrachte
man gerne bei den Verwandten der Mutter in Tirol. Hier entstand eine
lebenslange Liebe zu den Bergen – eine Liebe, die Friederike mit ihrer Königin teilte. Außerdem zeichnete Friederike gerne und gut und
entwickelte eine Vorliebe für schöne Handarbeiten.

Mit 19 Jahren wurde sie Hofdame der zwei Jahre jüngeren Kronprinzessin Marie von Preußen, die gerade den bayerischen Kronprinzen Max Joseph geheiratet hatte. Ihr Dienst bei der Prinzessin
beziehungsweise Königin dauerte 15 Jahre, von 1842 bis 1857. Die
Kronprinzessin und ihre Hofdame wurden im selben Jahr, 1843, von
Stieler für die Schönheitengalerie von König Ludwig I. (siehe S. 215f.)
porträtiert.

Das Amt der Hofdame war eine der wenigen Möglichkeiten für adelige Frauen, eine standesgemäße Tätigkeit auszuüben und dabei Geld
zu verdienen. Durch das strikte Erbrecht konnten adelige Töchter
(und nachgeborene Söhne) häufig nicht heiraten, wenn die Mittel für
eine Mitgift fehlten. Mithilfe dieses Amtes und des damit verbundenen

Gehalts konnten manche Frauen dann trotzdem ein standesgemäßes Leben führen. Hofdamen waren, salopp ausgedrückt, Gesellschafterinnen einer Königin oder Prinzessin. Sie leisteten persönliche Dienste für ihre Dienstherrin und erfüllten repräsentative Pflichten.

Obwohl die Prinzessin Marie aus Preußen kam, war sie schon beim ersten Anblick der Alpen von einer so großen Liebe dazu erfüllt, dass sie zur ersten Bergsteigerin Bayerns wurde.[1] 1854 bestiegen Marie und Friederike zum Beispiel den Watzmann. Friederike schreibt darüber: »Meine verehrte Königin und ich sollten auf der Schlafstelle der Sennerin [auf der Grubenalm] liegen. Diese war jedoch gegen vorne so abschüssig, daß ich, die ich natürlich vorne lag, die ganze Nacht hindurch mich anhalten und anstemmen mußte, da die Königin immer gegen mich herabrutschte und trotzdem herrlich schlief.«[2] Im Gegensatz zu ihrer Hofdame vermutlich! Um ihre Hofdamen für die geliebten Bergtouren zu begeistern, gründete Marie 1844 den »Alpenrosenorden«, den verliehen bekam, wer mit ihr dreimal den Berg Achsel im Wettersteingebirge erstiegen hatte. Friederike von Gumppenberg war eine von drei Ritterinnen des Ordens. Der Kunsthistoriker und Journalist Georg Jacob Wolf (1882–1936) schreibt über sie: »Sie war eine der schönen und guten Feen aus dem Schweizerhäuschen von Hohenschwangau [das Königin Marie und ihr Sohn Ludwig II. so liebten und wo sie viel Zeit verbrachten], von denen Franz von Kobell schwärmte, und ihre Liebe zur Bergwelt hat auch Stieler auf seinem Bildnis angedeutet [...].«[3]

Die Journalistin Augusta von Oertzen, die sich mit den »Schönheiten« König Ludwigs I. beschäftigte, erzählt:

Die schöne Hofdame, in allen Gesellschaftskreisen geschätzt und verwöhnt, wird von Zeitgenossen als eine äußerst liebenswürdige Persönlichkeit geschildert, deren Anmut und Originalität noch bis ins hohe Greisenalter alle fesselte, die mit ihr in Berührung kamen. Ihr lebhafter Geist nahm regen Anteil an allen geistigen und künstlerischen Strömungen der Zeit, und ihr Herz war immer teilnahmsvoll den Schicksalen ihrer Mitmenschen geöffnet.[4]

1857 heiratete Friederike ihren Vetter, den Offizier Ludwig Freiherr von Gumppenberg. Den Dienst als Hofdame musste sie dafür aufgeben. Dafür wurde sie als Ehrendame in die königlichen Theresien- und Elisabethorden aufgenommen.

Die Stellung ihres Mannes als Offizier ließ keinen dauerhaften Wohnort zu, so lebte die Familie ein paar Jahre in Freising, dann in München und zuletzt in Regensburg, wo Ludwig von Gumppenberg 1883 starb.

Sie überlebte alle

Auch als Witwe hatte Friederike von Gumppenberg verschiedene Wohnorte: zunächst in Eichstätt und in Deinig in der Oberpfalz und während der letzten Lebensjahre wieder in München. Nur sechs Jahre nach dem Tod des Ehemanns verlor Friederike ihren Sohn Maximilian. Auch alle sieben Geschwister überlebte sie und musste während des Ersten Weltkriegs noch um das Leben des einzigen Enkels fürchten. Altwerden ist nichts für Feiglinge, sagt man so gerne – das hat in dem 93 Jahre währenden Leben von Friederike Gumppenberg sicher gegolten! Über die schon ältere Friederike schreibt Wolf:

So war auch ihre Schönheit nur Abglanz einer höheren inneren Schönheit, die sie sich kampflos und selbstverständlich erhielt, als die Schönheit der Gestalt längst entschwunden war. Um dieser inneren Schönheit willen floß ihr Leben harmonisch dahin, vermochten Schicksalsschläge sie nicht zu entwurzeln und nicht aus ihrer Bahn zu reißen. Um ihrer seelischen Ausgeglichenheit willen ist sie den meisten ihrer Gefährtinnen, in deren Mitte heute noch ihr Bildnis in der Residenz hängt, an hohem Frauentum und innerer Beglücktheit und Beglückung weit überlegen gewesen. [5]

Friederike war Mitglied im Katholischen Frauenbund und engagierte sich, wie so viele adelige Damen, sozial. Auch das hatte sie mit ihrer Königin Marie gemeinsam. Ihren Lebensabend verbrachte sie in einer Schwesterngemeinschaft und starb am 21. Januar 1916 in München.

ᚷ ᛒ

FRIEDERIKE VON GUMPPENBERG, Hofdame und Gattin. * 3. August 1823 in München. Vater: Franz Seraph von Gumppenberg (1780–1836), Oberberg- und Salinenrat. Mutter: Therese, geborene Gräfin von Tannenberg (1787–1836) aus Innsbruck. Sieben Geschwister. 1857 Hochzeit mit Ludwig von Gumppenberg († 1883), Offizier. Ein Sohn. † 21. Januar 1916 in München.

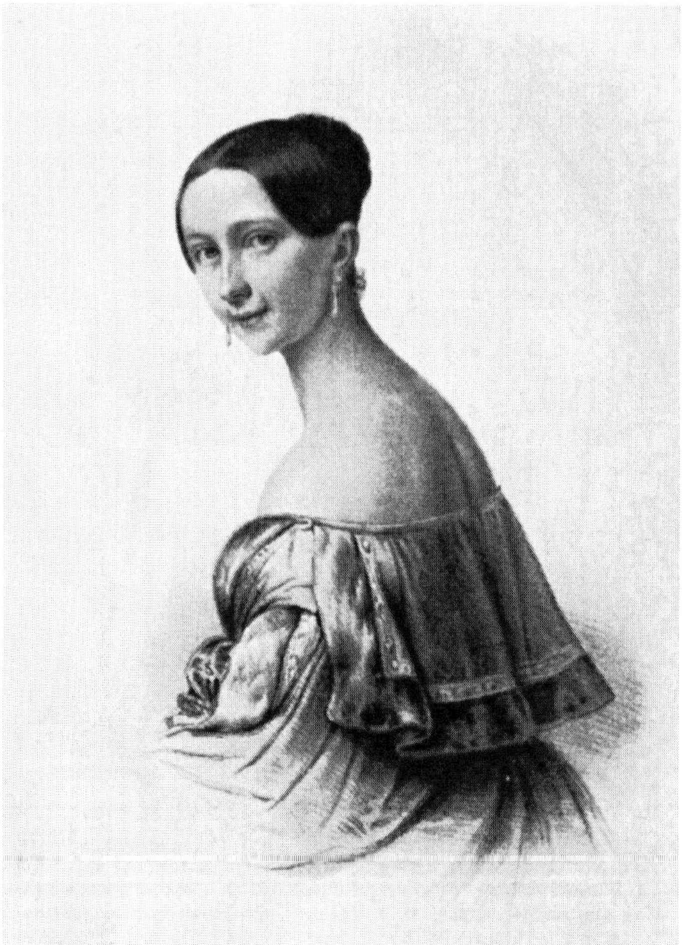

Charlotte von Hagn

(1809 –1891)

Charmant und streitbar

S elbstsicher und eitel war die Schauspielerin Charlotte von Hagn, enorm fleißig, vom Publikum geliebt, von den Kritikern nicht immer. Sie ernährte Mutter und vier Geschwister; um das leisten zu können, kämpfte sie wie eine Löwin (um nicht sagen zu müssen, wie ein Mann) um ihre Honorare. Äußerst ungewöhnlich für eine Frau – nicht nur zu ihrer Zeit!

Familienschicksal

Charlotte hieß eigentlich Karoline Josepha und war das zweite Kind der Familie von Hagn. In diesen französisch geprägten Zeiten war Charlotte einfach viel schicker als die deutschen Vornamen. Ihr Vater Karl von Hagn war Kaufmann, er handelte mit Tabak und Spezereien. 1809 kaufte er das »Rote Haus« beim Karlstor. Drei Jahre später veräußerte er seinen gesamten Besitz und zog mit der Familie nach Rottenbuch, um eine Landwirtschaft zu betreiben. Nach fünf Jahren war das Projekt gescheitert, die Familie zurück in München. Diesmal eröffnete Vater Hagn ein Geschäft im Tal. 1820 verlor er wegen dieses Gewerbes das Recht auf den Adelstitel. Das muss ein herber Schlag gewesen sein – Karl Hagn wurde depressiv und aggressiv; 1830 nahm er sich das Leben. Frau und Kinder standen mittellos da – nun musste Charlotte (wie sie sich jetzt nannte) für alle sorgen, denn sie war alt und durchsetzungsfähig genug.

Am Theater als Salondame und Liebhaberin

Im Tal, gleich gegenüber dem väterlichen Laden, gab es seit 1822 das königliche Theater am Isarthor, geleitet vom österreichischen Schauspieler Carl Carl. Was die junge Josepha / Charlotte wirklich zur Bühne führte – seien es die illustren Kunden im Laden, der Glanz der Theaterbesucher, echtes Interesse oder die Sorge ums tägliche Brot daheim –, lässt sich nicht mit Gewissheit sagen. Bestimmt war Karl Hagn schon zermürbt von den erlittenen Pleiten und konnte dem Wunsch seiner Tochter nicht genug Widerstand entgegensetzen. 1824, mit 15 Jahren, durfte Charlotte als Schülerin zu der berühmten Marianne Lang-Boudet ziehen, der Schwiegermutter des Direktors Carl. Die Schauspielerin und Opernsängerin kümmerte sich um den Theaternachwuchs, seit sie nicht mehr selbst auf der Bühne stand. Bei ihr lernte Charlotte, debütierte 1826 und erhielt gleich eine Anstellung als »Accessionistin« am Münchner Hoftheater. Voll Stolz und mit einer guten Portion Eitelkeit schrieb sie in ihrem Tagebuch über die »schönsten Knospenjahre meiner ersten Blütezeit, in denen ich so unbeschreiblich glücklich war [...], wenn die Vorübergehenden einander auf das junge, frische Mädchen aufmerksam machten, wo mich das so häufig übertriebene Lob meiner Schönheit den ganzen Tag zufrieden machen konnte [...].«¹ Marianne Lang-Boudet versuchte Charlotte vor ihrem Narzissmus zu schützen und verlangte oft, dass sie Schleier beim Spazierengehen trug. Aber die Schönheit war immer ihr Plus, Charlotte war die richtige Besetzung für Salondamen und Liebhaberinnen. Stolz und Selbstverliebtheit waren allerdings ihrer künstlerischen Entwicklung nicht unbedingt förderlich – so sahen das jedenfalls einige Kritiker, wie noch zu sehen sein wird.

Der Kampf ums Geld

Charlotte Hagn wurde 1828 in der Rolle der Thekla in Schillers Drama »Wallenstein« bekannt. Sie verstand es – außergewöhnlich für eine Frau ihrer Zeit –, ihre Interessen, auch die finanziellen, durchzusetzen. Von Anfang an trat sie bei Vertragsverhandlungen selbstbewusst und knallhart auf. Sie brauchte Geld für ihre Angehörigen. Fielen die Konditionen für ein Bühnenengagement nicht wie erwünscht aus, brachte sie die Möglichkeit einer Kündigung ins Spiel. 1831 kam es deshalb zu einem ersten Eklat mit König Ludwig I. Sie kündigte an, nach Berlin beziehungsweise Dresden zu gehen (wo sie schon einen Vertrag hatte), er drohte, sie zu entlassen und ihren elfjährigen Bruder Ludwig nicht ins Kadettenkorps aufzunehmen. Charlotte gab nach und entschuldigte sich in Berlin und Dresden mit familiären Grün-

den. Ein weiterer Streitpunkt waren die Urlaube, die sie für (gut hono-
rierte) Tourneen nutzte und die nie lang genug dauerten. »Will denn
diese Schauspielerin sich niemals mit den von ihr eingegangen worde-
nen Bedingungen begnügen!«,[2] tobte der König – und Charlotte ver-
längerte die Urlaube eigenmächtig. Weitere Entlassungsgesuche und
Verhandlungen folgten. »Diese Schauspielerin m u s s ihren Kontrakt
halten!«[3] Das nächste Druckmittel war die Verweigerung bestimmter

Im sogenannten Roten Haus (das zweite Haus links vom Karlstor) kam Charlotte
von Hagn auf die Welt. Es steht heute nicht mehr, nach einer gewaltigen Explosion
1857 wurde der gesamte Komplex umgebaut.

Rollen – Charlotte wollte vermutlich eine Entlassung provozieren. Im Januar 1833 unterschrieb sie dann einen lebenslänglichen Vertrag am Königstädtischen Theater in Berlin und ließ nach München melden, sie käme nicht zurück. Ludwig I. blieb nichts anderes übrig, als das hinzunehmen, aber er betrachtete sie »von nun an als Vaterlandsverräterin und Abtrünnige«[4]; wenn es nach ihm ginge, sollte sie zu seinen Lebzeiten nie wieder die Bretter des Münchner Hoftheaters betreten. Im Tagebuch notierte Charlotte: »Der König gleicht im höchsten Zorn dem Zeus, doch ist sein Blitzstrahl nur ein Wasserstreich.«[5] Ludwig I. soll das erfahren und geschworen haben: »Ich will beweisen, daß mein Zorn doch zündet.«[6] Erst 1845 versöhnten sich König und Schauspielerin anlässlich einer einstündigen Audienz halbwegs.

In Berlin war auch nicht alles Gold

Am Hoftheater in Berlin spielte Charlotte tragische Liebhaberinnen, sentimentale Rollen, Salondamen und Soubretten; damit kam sie beim Publikum bestens an. Sie nannte sich jetzt wieder »von Hagn«, dadurch war sie »von Familie« – ein bedeutender gesellschaftlicher Vorteil, der ihr neben den Erfolgen und ihrer charmanten, eleganten Art den Zugang zu den »besseren« Kreisen ermöglichte.

Die Streitigkeiten um den Vertrag änderten sich nicht – ebenso wenig der finanzielle Bedarf. Sogar zu einem Theaterskandal kam es. Grund war der Konkurrenzkampf zwischen Charlotte von Hagn und ihrer Kollegin Auguste Crelinger mit ihren Töchtern. Charlotte wollte endlich klassische Figuren spielen, auf die aber diese Kolleginnen abonniert waren. Doppelbesetzungen und öffentliche Diskussionen folgten. »Diese Verhältnisse waren die Ursache, warum Charlotte von Hagn inmitten ihrer Triumphe zwar bisweilen ihrer Kunst, aber nie einen Augenblick ihres Lebens froh geworden ist.«[7] Sie verspürte häufig Misere, Langeweile, Mangel an Freude. Karoline Bauer, ihre Vorgängerin in Berlin, kannte das gut und kommentierte später:

Charlotte von Hagn hat sogar Madame Stich [= Crelinger] *besiegt, die mir durch ihre Herrschsucht auf der Bühne so viel Kummer gemacht und mir fast alle dankbaren Rollen vorenthalten hatte [...] Die Hagn hat mich an der Stich blutig gerächt [...].*[8] Das empfand Karoline Bauer mit seltsam gemischten Gefühlen, [...] *hatte ich doch schon viel von*

den Triumphen meiner schönen Nachfolgerin auf der Berliner Hof-
bühne gelesen und gehört – und mir nicht ohne Bitterkeit sagen müs-
sen: Der Hagn wegen bist du in Berlin so schnell vergessen worden![9]

Charlotte von Hagn wurde vom Publikum bejubelt, von Kritikern
durchaus nicht immer. Ein Kritiker urteilte recht ausgewogen: »Sie ist
im Lustspiel unübertrefflich, denn sie ist originell darin und das sind
so wenige. Ihr Dialog ist so fein wie brabantische Spitzen gewebt. [...]
In der Tragödie ist sie nicht von Bedeutung; ihre Stimme hat neben
dem höchsten Pathos immer einen komischen Ton in der Kehle, der
zum Lachen reizt.«[10] (Vielleicht war damit ihr bayerischer Akzent gemeint?)

Charlotte arbeitete wie ein Pferd. Während der Saison spielte sie sehr
häufig, in sechs Jahren an 106 von 650 Abenden, im Schnitt zwölfmal
im Monat. Die Urlaube nutzte sie für Gastspielreisen in halb Europa. Erholung scheint sie sich nie gegönnt zu haben. So verwundert
es nicht, dass sie 1843 an ihre Freundin, die Schriftstellerin Charlotte
Birch-Pfeiffer, schrieb:

Ich bin müde und matt zum Sterben. Denken Sie sich, wie ich hier
arbeiten muß, es ist über die Kräfte. In sechs Wochen lernte und spiel-
te ich vier neue große Rollen [...] Bei Nacht weine ich, weil meine
Nerven den Kopf nicht in Ruhe lassen, an dem ich seit einiger Zeit
fürchterlich leide, bei Tage lerne ich und probiere; abends spiele ich,
14–16mal im Monat.[11]

War das schon eine erste Warnung ihres Körpers? Es wurde sogar
noch schlimmer: »[...] meine Langeweile oder Melancholie überwäl-
tigt mich oft so ungeheuer, daß ich das Joch gewaltsam abschütteln
möchte.«[12] Bis 1848 hielt Charlotte von Hagn dieses Arbeitspensum
durch. Dann nahm sie ihren Abschied als Schauspielerin.

Charlotte und die Männer

König Ludwig I. pflegte nach 1828 die Garderobe der gerade enga-
gierten jungen Charlotte von Hagn zu stürmen und ihr prächtige Blu-
mensträuße zu schicken. Ziemlich sicher hatten der König und die
Schauspielerin ein Verhältnis. Zeitgenossen und Historiker konnten

sich jedenfalls diesbezügliche Kommentare nicht verkneifen: »Unterlagen des Geheimen Hausarchivs genügen, um Schatten auf den Charakter dieser gefeierten Hofschauspielerin zu werfen«[13], schreibt beispielsweise Konstantin von Bayern.

Charlottes erste Liebe war Prinz Auguste Charles von Leuchtenberg, Auguste Amalies (siehe S. 15 ff.) ältester Sohn, erzählte man sich. Sie hat ihn wohl nicht vergessen, denn als sie 1841 in Berlin Maximilian von Leuchtenberg traf, war sie »freudig bewegt, er sieht seinem Bruder so ähnlich [...]«.[14]

Untrennbar mit Charlottes Namen verbunden ist die Geschichte der »Kussaudienz«. In ganz Europa machte die Geschichte die Runde: Sie soll in St. Petersburg auf die Frage von Zar Nikolaus I., welchen Herzenswunsch er ihr denn erfüllen könne, geantwortet haben: Sire! Durch einen – Kuß würden Sie mich hoch beglücken! Nach einer Audienz bei dem Zaren sei sie reich mit Schmuck beschenkt zurückgekehrt. Ob es auch zu Küssen kam? Das ist nicht überliefert.

Und Franz Liszt! Dem Pianisten und Komponisten huldigten bei seinen Auftritten vorzüglich die Hörerinnen gerne mit Ohnmachtsanfällen. Auch Charlotte war »liszttoll«, sie hatte 1842 eine längere Affäre mit ihm. Danach blieb sie mit ihm bis zu seinem Tod befreundet. Der letzte Mann in der Reihe war ihr Ehemann.

Leben nach der Bühne – wieder in München

1848 heiratete Charlotte von Hagn den Gutsbesitzer Alexander von Owen. Die Ehe scheiterte schnell. Schon nach zwei Jahren Ehe notierte ein Bekannter, dass Charlotte kreuzunglücklich war und sich nach der Bühne sehnte. Im Jahr darauf schrieb sie an Franz Liszt: »[...] Heirat! und ich bekam beinahe das Fieber, denn erst jetzt weiß ich, welches Übel in der Welt das größte ist, und wollte, ich hätte die tugendhafteste Handlung meines Lebens nicht begangen. – Vorbei! Vorbei!«[15] 1851 verließ Charlotte ihren Mann und bereitete ein Comeback vor. Daraus wurde allerdings nichts: 1854 erlitt sie einen Schlaganfall, der den linken Arm lähmte. Sie ging mit ihren Geschwistern Josepha und Ludwig (er war inzwischen Maler) zurück nach München. Zwei Jahre später folgte ein weiterer Schlaganfall. Dennoch war Charlotte viel auf Reisen und sie gehörte den intellektuellen Kreisen der Stadt an. Als Charlotte von Hagn 1891 starb, war sie bereits vergessen, es gab keinen Nachruf und nur ein einfaches Begräbnis auf dem Alten Südfriedhof. Lediglich die Münchner Bedürftigen, die sie immer großzügig unterstützt hatte, betrauerten sie.

 CB BO

CHARLOTTE VON HAGN, Schauspielerin. * 9. November (beziehungsweise 23. März) 1809 in München. Vater: Karl von Hagn († 1830). Mutter: Josepha, geborene Schwab. Vier Geschwister. 1848 Hochzeit mit Alexander von Oven (Gutsbesitzer). Keine Kinder. † 23. April 1891 in München.

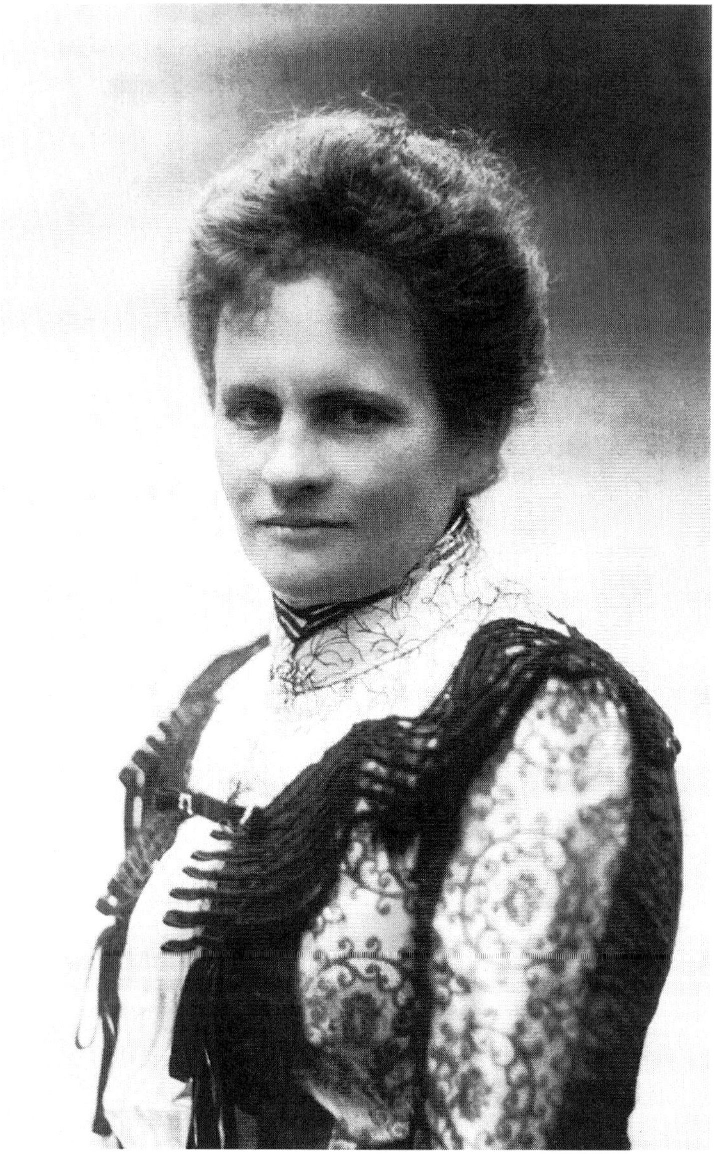

Emma Haushofer-Merk

(1854–1925)

>»An mir war doch garnichts Besonderes!«[1]

E mma Merk war das jüngste Mädchen einer wohlsituierten Künstlerfamilie aus der Münchner Maxvorstadt. Bis zum 16. Lebensjahr besuchte sie die bekannte »Höhere-Töchter-Schule« von Therese
Ascher. »Eine Musterschülerin bin ich nie gewesen«, sagte sie selbst
von sich, »obwohl ich immer gern und leicht lernte und schon als Kind
große Freude an Büchern und am Lesen hatte«.[2] Die Sommermona-
te verbrachte die Familie Merk besonders gerne und häufig in der
Künstlerkolonie auf der Fraueninsel im Chiemsee. Diese Kolonie war
nach 1828 aus dem Kreis um den Maler Max Haushofer sen. und den
Schriftsteller Franz Trautmann entstanden. In der »Künstlerchronik
von Frauenchiemsee« heißt es: »Der alte Maler Merk sitzt da hoch
oben im Turm, nahe bei der Glocke, malt eifrig die Glockenstube und
sein loses Töchterlein hat unterdessen das Glockenseil genommen und
läutet dem Papa die Ohren voll.«[3]

Das Werk: Romane und Erzählungen

Etwa 1875 erschien Emma Merks erster Text, eine Novelle. In den
1880er- und 1890er-Jahren publizierte sie viel in Zeitschriften wie »Jugend« und »Simplicissimus«. Zahlreiche Novellen widmete sie schon
damals ihrem bevorzugten Thema: Frauen und deren Beziehungen zu
Männern. Schauplätze ihrer Texte sind vorrangig das alte oder gegen-
wärtige München und seine Umgebung sowie der geliebte Chiemsee.
»Ich bin halt ein Münchner Kind und kenne so Vieles was heute keiner mehr weiß!«, zitiert Carry Brachvogel sie später im Nachruf.[4] Vor
allem aber stehen das Verhältnis der Geschlechter sowie die Rolle der
Frau im Mittelpunkt ihrer Texte. Ihr Ideal war die unabhängige Frau.
Aber die Autorin drängt sich nicht vor, schwingt nie die Moralkeule,
sondern beibt stets so liebenswürdig und dabei zurückhaltend, wie

Emma Merk sich selbst sah: »Ich habe seit Jahren für die gelesensten Zeitungen geschrieben, und wenn ich mich auch nicht zu den ›Größen‹ unter den weiblichen Autoren rechnen darf, ich bin's zufrieden daß so mancher in nah und fern meine Geschichten zur Hand nehmen und sich von ihnen eine Stunde verwöhnen lassen mag.«[5]

Das Werk von Emma Haushofer-Merk war bis vor einigen Jahren weitestgehend vergessen. Seit 2015 werden Romane und Erzählungen wieder herausgegeben und man kann mit Vergnügen ihren humorvollen und psychologisch feinen Schilderungen des Münchner Lebens folgen.

Der Roman »Lierbachs-Mädeln« (1917, neu aufgelegt 2016) spielt in den 1870er-Jahren und schildert Leben und Ehen von zwei Schwestern in den Künstlerkreisen, die Emma so gut kannte. »Es wetterleuchtete« (1922, neu 2015) wird als ihr wichtigster Roman angesehen. Besonders interessant ist der historische Bezug zu den Regierungsjahren von König Ludwig I. mit all ihren Aspekten, dem bürgerlichen Mief des Biedermeier, den Umbrüchen in Restauration und Vormärz, die Affäre um Lola Montez und die Revolution 1848.

Die »Alt-Münchner Erzählungen« (2015) sind eine Sammlung von vier Beziehungsgeschichten nebst den »Gewissensbissen des Ignatius Stupfer«, einer Erzählung um die Qual mit der Moral im 16. Jahrhundert. Sie sind in unterschiedlichen Schaffensperioden entstanden.

1913 nahmen Ludwig Thoma und der Heimatdichter Georg Queri eine kleine Erzählung von Emma Haushofer-Merk in ihre Sammlung »Bayernbuch – Hundert Bayerische Autoren eines Jahrtausends« auf. Sechs Frauen erschienen ihnen dafür würdig, neben Emma waren das Lena Christ sowie die gänzlich vergessenen Anna Croissant-Rust, Lydia Danöfen, Clara Hätzlerin und Dora Stieler.

Der Salon von Emma Merk

Ab etwa 1894 führte Emma Merk in der Von-der-Tann-Straße einen literarischen Salon. Unter vielen Gästen war auch die Schriftstellerin Helene Raff oft dabei:

Bei der Schriftstellerin Emma Merk nämlich pflegte eine Auswahl der »bewegten Frauen« am Sonntag nachmittag zusammenzukommen, Tee zu trinken und köstliche Brötchen zu verzehren, auf deren Man-

nigfaltigkeit die Bereiterin selbst trotz ihrer blauen Strümpfchen stolz war. »Heut hab' ich wieder zwei Stunden mit meinen Brötchen gespielt«, sagte sie lachend.[6]

Und die Schriftstellerin Carry Brachvogel (siehe S. 43ff.), die später dazustieß, schreibt:

Ach, die Donnerstagnachmittage bei Emma Haushofer, wie waren sie schön und gemütlich und immer anregend, ohne daß geistig am Trapez geturnt oder hohe Schule moderner Kunst geritten wurde! [...] Eine bunte Gesellschaft sammelte sich um diesen gastlichen Tisch: Schriftsteller, Künstler, gelehrte Herren und Damen, dazwischen wohl auch ein paar großindustrielle Elemente [...].[7]

Der Fokus lag nicht auf Selbstdarstellung, sondern auf Geselligkeit und guten Gesprächen.

Ein regelmäßiger Gast war Max Haushofer jr. »Seit dem Spätherbst dieses Jahres [1885] wurde mir Emma Merk eine liebe Freundin und Kameradin, nachdem wir uns schon früher ab und zu genähert und wieder entfremdet hatten. [...] Auf meine literarische Tätigkeit hat kein Mensch einen so reichen und anmutigen Einfluss gehabt als Emma.«[8] So beschreibt er ihre Beziehung in seinen Erinnerungen. Max Haushofer war Jurist, Professor für Nationalökonomie und Schriftsteller, außerdem für sechs Jahre Mitglied im Landtag. Seit 1872 war der Vater von drei kleinen Kindern (Karl, Marie und Alfred) verwitwet. Emma und Max hatten zwei wichtige Dinge gemeinsam: die Herkunft aus einer Künstlerfamilie und die Leidenschaft für das Schreiben.

Eine späte und kurze Ehe

1902 heiratete Emma ihren langjährigen Freund Max Haushofer und lebte von da an mit ihm und seiner Tochter Marie in der Königinstraße 10. (Marie Haushofer war übrigens ebenfalls bekannt als Schriftstellerin und Malerin.) 1905 erkrankte Emma schwer und das Ehepaar zog nach Gries bei Bozen. Dort starb Max Haushofer im April 1907. Den Verlust verwand Emma nur schwer. Erst nach einem Jahr begann sie wieder zu arbeiten. Es war ein großer Trost für sie, als Nachlassverwalterin sein schriftstellerisches Werk in Ehren zu halten. Sie wollte immer erwähnt wissen, dass ihr Mann ein Dichter gewesen war.[9] Aber ihr blieben noch einige Jahre für ihre eigene Arbeit als Schriftstellerin und Frauenpolitikerin. Im Juli 1925 starb Emma Haushofer-Merk an Kehlkopfkrebs. Sie ruht im Haushofer-Grab auf Frauenchiemsee. Die Kollegin Carry Brachvogel hielt einen bewegenden Nachruf unter dem Motto »Ich hatt' einen Kameraden ...« Der Schriftstellerinnenverein richtete ihr eine intime Gedächtnisfeier aus, zu der Verse von Frieda Port (siehe S. 185ff.) und der Übersetzerin Emma Klingenfeld vorgetragen wurden, außerdem Gedichte, die Emma Haushofer-Merk in ihren letzten Lebensjahren an ihren verstorbenen Mann gerichtet hatte.

Frauenpolitik und der »Münchner Schriftstellerinnen-Verein«

Ab 1896 war Emma Merk Mitglied im Vorstand des »Vereins für Fraueninteressen« (siehe S. 11). Beim ersten Bayerischen Frauentag 1899 hielt sie einen Vortrag über die Frau im Erwerbswesen. In den folgenden Jahren wurde sie ein wichtiges Sprachrohr für den Verein, als Mitarbeiterin im Rechtsbeistand, in der Abwicklung der Korrespondenz, mit Vorträgen und politischen Schriften. Eine Resolution von 1910 im Frauenverein, die endlich eine zweite städtische Töchterschule forderte, stammte von ihr. 1912/13 übernahm Emma Haushofer-Merk für ein Jahr die Leitung des Vereins, dann war sie bis 1919 zweite Vorsitzende. Im Verein lernte sie die jüngere Carry Brachvogel kennen und wurde ihr zur Freundin und politischen Wegbegleiterin. Zu Beginn des Ersten Weltkriegs rief sie 1917 die Frauen dazu auf, ihren Anteil am Dienst für die Heimat zu leisten. 1917 war sie dann allerdings völlig desillusioniert vom Versagen der »Männerkultur«, des »Männerstaats«[10] und wünschte sich, die Frauen würden sich dagegen empören.

Im Herbst 1913 gründeten Emma Haushofer-Merk und Carry Brachvogel den »Münchner Schriftstellerinnen-Verein«, dessen Zweck der »Zusammenschluss der in München lebenden Schriftstellerinnen und Journalistinnen zur Besprechung beruflicher Fragen und zur Vertretung künstlerischer und wissenschaftlicher Interessen« war. Das Ziel war nicht ein Lesekreis, sondern man wollte als gewerkschaftsähnliche Gemeinschaft die Interessen der schreibenden Frauen in politischer und wirtschaftlicher Hinsicht öffentlich vertreten. Paragraph 5 der kurzen Statuten ist besonders interessant: »Es wird

Die Mitglieder des Schriftstellerinnenvereins trafen sich gerne
im Café Isarlust auf der Praterinsel.

von den Mitgliedern erwartet und gefordert, daß sie im geschäftlichen
Verkehr Interessen und Ansehen des Standes in jeder Weise wahren,
insbesondere Arbeiten nicht zu Schleuderpreisen oder gar umsonst
abgeben, damit endlich mit dem bei vielen Redaktionen herrschen-
den Vorurtheilen gebrochen werden kann, daß Frauenarbeit billiger
entlohnt werden dürfe als Männerarbeit.«[11] Emma Haushofer-Merk
erzählte, dass sie nur ein einziges Mal »umsonst« geschrieben habe
und das auch nur, weil der Verlag in Konkurs ging, bevor er sie für
ihr Erstlingswerk bezahlt hatte. Ob sich diese Damen wohl vorstellen
konnten, dass wir Frauen 100 Jahre später immer noch um »Equal
Pay« kämpfen müssen?

Emma Haushofer-Merk war erste Vorsitzende des Vereins, Carry
Brachvogel die zweite. Der Vereinsbeitrag betrug jährlich 6 Mark. Der
Verein hatte schnell prominente Mitglieder wie Ricarda Huch, Annet-
te Kolb, Helene Böhlau, Elsa Bernstein und viele unbekannte. Im Juni
1924 wurden die runden Geburtstage der Mitglieder Carry Brachvogel,
Emma Haushofer-Merk und Frieda Port in einem rauschenden Fest
begangen, über das die »Süddeutsche Frauenzeitung« groß berichtete.
Emmas Stieftochter Marie hatte extra ein Couplet geschrieben.

Nach dem Tod von Emma Haushofer-Merk veranstaltete der Verein eine Gedächtnisfeier für sie im engsten Freundes- und Kolleginnenkreis. Carry Brachvogel übernahm von ihrer Freundin den Vereinsvorsitz.

1933 löste der Schriftstellerinnen-Verein sich auf. Das ist allerdings eine zu neutrale Umschreibung für die schäbigen Umstände, unter denen das geschah: Einige Mitglieder beschlossen im Mai in einer geheimen Sitzung den Rücktritt ihrer jüdischen Vorsitzenden und teilten ihr das in einem Brief mit. Eva Gräfin Baudissin übernahm den Vorstand, bis die Mitgliederversammlung im Oktober einstimmig die Auflösung des Vereins beschloss. Das musste Emma Haushofer-Merk glücklicherweise nicht mehr erleben.

ⓒ𝔰 ❧

EMMA HAUSHOFER-MERK, Schriftstellerin, Frauenrechtlerin. * 15. Juni 1854 in München. Vater: Eduard Merk (1816–1888), Maler. Mutter: Margarethe, geborene Schreiner († 1889). Fünf Geschwister. 1902 Hochzeit mit Max Haushofer (1840–1907), Professor, Politiker, Schriftsteller. Keine Kinder, drei Stiefkinder. † 11. Juli 1925 in München.

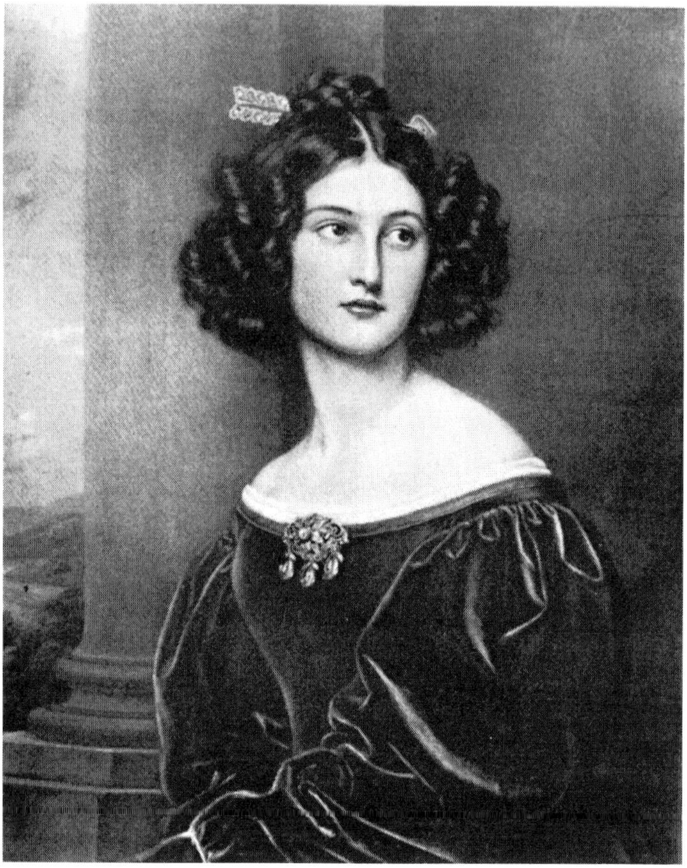

Nanette Kaula

(1812–1876)

Die schönste Jüdin Münchens

N anette Kaula war das jüngste von neun Kindern. Die Familie des
Vaters Raphael Kaula kam aus Württemberg und hatte bereits am
Stuttgarter Hof einflussreiche Positionen inne. So wirkte die Großmutter von Nanette dort als Hoffaktorin, war also eine Art Finan-
zier des Hofes. Raphael Kaula war seit 1801 Hofagent in München.
Die Familie wohnte zuerst am Rindermarkt, dann am Ruffiniturm
(dem sogenannten Inneren Sendlinger Tor, das 1808 abgetragen wurde). 1815 erhielt Kaula eine Konzession als Großhändler. Jetzt konnte
er das schöne Haus in der Salvatorgasse, ein Teil des ehemaligen Palais Minucci (heute Sitz des Kultusministeriums), erwerben. Für den
Sommer besaßen die Kaulas ein Gelände im Englischen Garten, Tivo-
li genannt. (Aus dem Gartenhaus wurde um 1830 eine Ausflugsgast-
stätte, zwischen der heutigen Hirschauer Straße und der Ifflandstraße
gelegen).

Mit 17 Jahren in der Schönheitengalerie

Der Name »Nanette« ist die französische Koseform von Anna und
Anna heißt im Jüdischen »Channah«, die Begnadete. Eine begnadete
Schönheit war Nanette auf jeden Fall. Sie wurde auf der Straße stets
für ihren Liebreiz bewundert, sie war als die schönste Jüdin der Stadt
bekannt. Wilde Geschichten kursierten über sie in den Münchner
Feuilletons um 1900. Zum Beispiel soll einer ihrer vielen Verehrer bei
einem Ausflug den ganzen Weg rückwärts vor ihr gegangen sein und
mit einer Laterne geleuchtet haben, um keinen Blick auf ihr Gesicht
zu verpassen. Der Publizist August Lewald, ein Zeitgenosse aus Kö-
nigsberg, der einige Jahre in München lebte, beschwerte sich einmal,
dass die Bälle des Herrenclubs »Museum« sterbenslangweilig seien
und noch nicht einmal »die Anwesenheit einer wahrhaft orientali-

schen Schönheit, der Tochter des Bankiers K...a, für die fehlenden Tänzerinnen nicht schadlos halten konnte«.[1]

Da blieb es nicht aus, dass sie 1829 vom Hofmaler Ludwigs I., Joseph Karl Stieler, für die Schönheitengalerie seines Königs (eine Gemäldesammlung besonders attraktiver weiblicher Landeskinder) porträtiert wurde. Er malte sie vor einer Säule (des Tempels der Aphrodite), im violetten Samtkleid mit Amors goldenem Pfeil im Haar, »pfirsichwangig, dunkeläugig«.[2]

1834 heiratete Nanette den Bankier und Großhändler Salomon Joseph Heine aus Hamburg. Das junge Paar lebte erst im Haus der Kaulas in der Salvatorgasse, dann in einem eigenen Haus an der Löwengrube 20. 1850 verkaufte Heine seine Geschäfte und zog mit Nanette nach Wien, dort starb er 1863. Nanette kehrte nach München zurück und lebte in einem Haus in der Glückstraße 1 (heute Herzog-Wilhelm-Straße).

Heine in München

In jedem Aufsatz über Nanette Kaula wird die Vermutung geäußert, ihr Mann sei mit dem Dichter Heinrich Heine (1797–1856) verwandt gewesen. Das ist möglich, denn tatsächlich war ein Onkel des Dichters der sehr vermögende Hamburger Bankier Salomon Heine: Nanettes Ehemann hatte mit diesem Onkel den Namen, die Heimatstadt und den Beruf gemeinsam ... Heinrich Heine verbrachte die Jahre 1827/28 in München. Er hatte sich um eine Professur beworben. Falls er wirklich mit Nanettes Ehemann Salomon verwandt war, mag er vielleicht gehofft haben, daraus Nutzen ziehen zu können. Doch der scharfzüngige Dichter hatte sich mit seinen öffentlichen politischen Äußerungen alle Chancen verbaut. Nachdem die Bewerbung abgelehnt worden war, hielt er mit seiner abschätzigen Meinung über Bayern und seinen König nicht hinterm Berg und verfasste spöttische Verse über ihn und die Stadt München. Bezüglich der Schönheitengalerie dichtete er zum Beispiel äußerst giftig: »Er [Ludwig I.] liebt die Kunst, und die schönsten Fraun / Die läßt er porträtieren; / Er geht in diesem gemalten Serail / Als Kunst-Eunuch spazieren.«[3]

Die alte Dame und der alte König

Ob Ludwig I. viele Jahre später deshalb so unfreundlich zu Nanette Heine gewesen ist, wie kolportiert wird? Sie sollen sich in den 1850er-Jahren in der Ludwigstraße begegnet sein, beide älter geworden, Nanette aber weniger als der Ex-König. Dazu gibt es folgende Anekdote:

[Als sie] *in einen Hofknix niederrauschte, aber zugleich den König recht vertraut anlächelte, trat Ludwig hastig und rasch, wie es seine Art war, auf die alternde Dame zu mit der Frage: »Wer sind Sie?« »Majestät«, antwortete Frau Heine, »hatten die Gnade, mich für Ihre Schönheitengalerie malen zu lassen!« Darauf Ludwig, wie aus endlichem Erkennen und Erinnern heraus: »Täts jetzt nimmer. Täts jetzt nimmer!« Und stiefelte schleunigst weiter, der alte Grobian.*[4]

Wir wissen, dass Ludwig ein Knodderich sein konnte. Aber vielleicht gibt es auch eine andere Interpretation für diese Äußerung? Man muss sie ja nicht darauf beziehen, dass Madame Heine jetzt nicht mehr schön genug war. Vielleicht meinte der alte ehemalige König, dass er sich jetzt nicht mehr dem Ärger ausgesetzt hätte, den er mit den Bildern von bürgerlichen und adeligen Schönheiten in seiner Galerie hatte ...
Nanette jedenfalls hatte auch im fortgeschrittenen Alter nichts von dem verloren, was ihre Schönheit in jungen Jahren ausgemacht hatte. Ihre Nichte, die Schriftstellerin Anna Ettlinger (1841–1934), schreibt:

Ich habe sie kennengelernt, als sie schon alt war, aber sie war immer von auffallender Schönheit: eine hohe, königliche Gestalt, ebenmäßig gebaut, mit kleinem Kopf und feingeschnittenen Zügen, schön gebildeten Händen und Füßen. Was mir am meisten an ihr auffiel, war die edle Art, wie der Kopf auf dem schlanken Hals saß. Er erinnerte an die Diana im Louvre. Die aufgesteckten Locken, [...] trug Tante Nanni in ihrem Alter nicht mehr; ihr Haar war glatt gescheitelt, und auch das stand ihr gut.[5]

Die Privatierswitwe Nanette Heine starb mit 65 Jahren. Angeblich wurde sie auf dem Alten Südlichen Friedhof beerdigt – das muss ein Irrtum sein, der sich in der Literatur seit bald 100 Jahren hält. Für jüdische Mitbürger gab es in München seit 1816 den Alten Israeliti-

schen Friedhof, der wie der Alte Südliche Friedhof an der Thalkirchner Straße liegt, aber zweieinhalb Kilometer weiter im Süden.

☙ ❧

NANETTE KAULA, »Schöne Münchnerin«. * 16. Januar 1812 in München. Vater: Raphael Kaula (1765–1832), Bankier und Hofagent.
Mutter: Josephine, geborene Pappenheimer. Acht Geschwister. 1834
Hochzeit mit Salomon Heine (1803 / 04–1862). Keine Kinder. † 28. November 1876 in München.

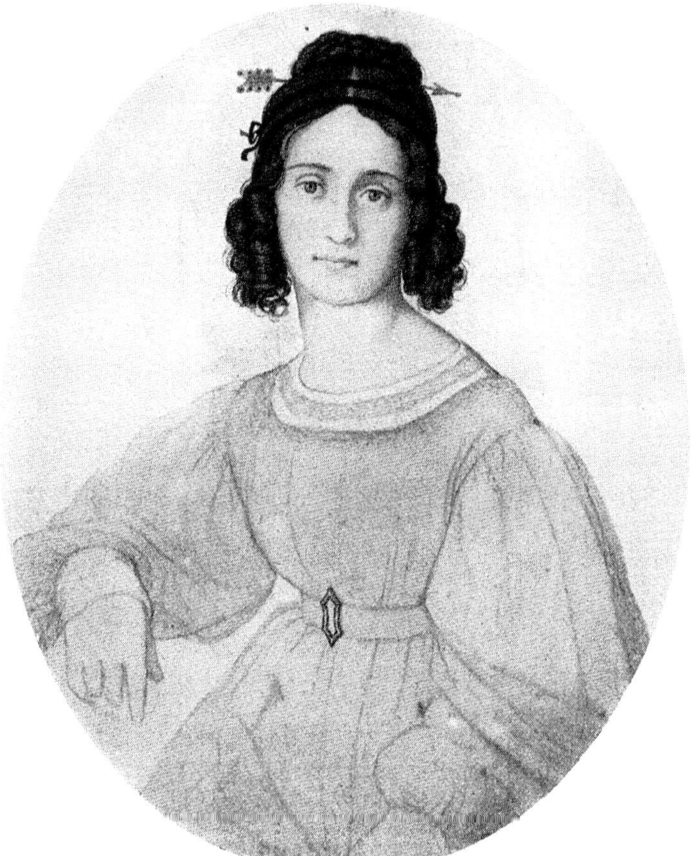

Josephine Kaulbach
(1809–1896)

»Wie sie ging und stand, ein Bild …«

Die Familie Sutner führte ein Geschäft in den Arkaden des Schrannenplatzes, des heutigen Marienplatzes. Dort verkaufte sie Posamenten zum Verzieren von Polstermöbeln, Vorhängen etc. Herr Sutner muss schon früh verstorben sein, denn im Buch von Josepha Dürck-Kaulbach, der Grundlage für diese Biografie, ist nur von der Mutter die Rede.

Eine lange Verlobungszeit

Als der angehende Maler Wilhelm Kaulbach dort ein seidenes Band kaufte, verliebten sich er und Josephine ineinander. Aber sie mussten sieben schwierige Jahre lang warten, bis sie heiraten konnten, »denn meine Mutter und die Verwandten wollten nichts wissen von einem Schwiegersohn, der – nur Maler, noch dazu ein blutarmer Maler, der nicht einmal eine Uhr oder einen Frack besitze und wenig Aussicht auf bessere Tage habe. […] Viel hatten wir zu dulden und zu kämpfen; man sperrte mich Tage lang ein, man nahm mir meine Schuhe weg, weil man fürchtete, ich könnte beim Ausgehen mich mit Kaulbach treffen, man versuchte auf alle erdenkliche Weise mich auf andere Gedanken zu bringen. […] Alles umsonst, die Liebe ist klüger, ausdauernder und zäher als die strengsten Kerkermeister.«[1] Wilhelm war nicht nur ein armer Künstler, sondern auch noch protestantisch und ein »Zuagroaster«!

Wilhelm Kaulbach schuf sich im Laufe der Jahre als Mitarbeiter an den Fresken im Konzerthaus Odeon, in den Hofgartenarkaden und in der Residenz eine berufliche Perspektive. So konnte er Josephine am 22. Juni 1833 heiraten – auch ohne Frau Sutners Einwilligung. Die Tochter Josefa Dürck-Kaulbach zitiert in ihrem Erinnerungsbuch die Schilderung der Mutter:

Eines schönen Sonntags schaut die Frau Theres Sutner (Josephinens ge-
strenge Mutter) zum Fenster in der Sendlingergasse hinaus. Sie erfreut
sich der schönen warmen Sonne und überlegt bei sich, ob man heut
nach der Meß mit dem Schorschel [dem Sohn] *und der Josefin in den*
Metgarten gehen soll, oder ins Leichenhaus, um die schönen Leichen
anzuschauen oder gar nach Sendling hinaus, wenn nur der Maler, der
Kaulbach, nicht immer um die Weg wär und dem Mädl nicht so nach-
laufen würde! [...]. [Dann] *fährt eine Chaise um die Ecke gegen das*
Sendlingertor zu. [...] *Als noch ein zweiter Wagen folgt, ist sie aber*
voller Staunen und sie ruft zur Freundin hinüber: »Ja, Frau Nach-
barin, sagn's nur grad, was ist denn heut los, daß gar so viel g'fahrn
wird?« Diese hat aber wohl nur auf das Stichwort gewartet, um mit
heller Stimme Frau Sutner anzuschreien: »Aber Frau Sutner, wissens
denn des net, daß heut Ihr Tochter, d'Fräul'n Josefin, heirat!« – Das
Fenster soll – nicht von der Zugluft – zugeschlagen worden sein, und
der nachmittägige Spaziergang fiel auch ins Wasser.[2]

Zunächst lebten Frau und Herr Kaulbach in einer einfachen Wohnung
in der Lerchenstraße (heute Schwanthalerstraße). Theres Sutner hat
sich im Laufe der Zeit wohl mit dem ungewollten Schwiegersohn arrangiert; er wurde schließlich ein angesehener, erfolgreicher Porträt-
und Historienmaler, Akademiedirektor und das erste Mitglied einer
Münchner Malerdynastie.

Tochter Josefa schildert ihre Mutter als schöne, stolze und gütige
Frau:

Sie machte in ihrer äußeren Erscheinung einen merkwürdig imposan-
ten Eindruck, der noch erhöht wurde durch ihre vornehme Art, sich zu
geben, und die, so glaube ich, nur zu oft als Hochmut ausgelegt wurde.
Auch ich, so muß ich gestehen, hatte ungeheuren Respekt, eigentlich
Angst vor ihr und war recht froh um die angenehme Weitläufigkeit
unseres Gartens, wo ich mich so manche Stunde vor dem mütterlichen
strengen Blick verstecken konnte. Obgleich aus den einfachsten Ver-
hältnissen stammend, hatte die Mutter im Laufe kurzer Jahre es ver-
standen, sich jenen hohen Bildungsgrad zu erringen, den wir so sehr an
ihr bewunderten. [...] *ich meine die gesunde Geistes- und Herzensbil-*
dung, die in unserer schnellebenden Zeit so selten geworden ist.[3]

»Sonntagskinder« im Hause Kaulbach

Um 1838 konnte die Familie Kaulbach ins vornehmere Viertel in die Gartenstraße (heute Kaulbachstraße 10) umziehen. Josefa Dürck-Kaulbach erzählt in ihren Erinnerungen, die beginnen, als sie sechs Jahre alt war, einiges über das Familienleben, von der Haltung der Mutter zu ihren Aufgaben als Gattin und Mutter:

Dabei hatte die Mutter ein Pflichtgefühl, eine Selbstbeherrschung in der Sorge um den Gatten, die etwas Großartiges, Antikes hatte, und woran sich manche junge Frau von heute, die ihren Mann mit ihren Nerven quält, ein Beispiel nehmen dürfte. [...] So hat Mama in seltener Aufopferung nur für den Gatten gelebt, gedacht und gearbeitet; ihr ganzes Denken, Empfinden und Tun ordnete sie seinem Wohle unter – da ist es beinahe natürlich, daß wir Kinder etwas nebensächlich waren und in mancher Beziehung zu kurz kamen. Dies spürten wir [...].[4]

Ein geselliges Leben, ein offenes Haus für Gäste von nah und fern, war den Kaulbachs wichtig. Diese Treffen – eigentlich Salons, obwohl sie nie so genannt wurden – im eigenen Haus waren das Gegenstück zu den Vereinen, die in dieser Zeit entstanden, zu denen aber nur die Männer Zugang hatten. Hier konnten auch die Frauen am sozialen Leben der Männer teilhaben, das ihnen sonst verschlossen war. Der Kreis um die Kaulbachs hieß bei den Freunden »Sonntagskinder«. Josephine Kaulbach kochte Kalbsbraten mit Kartoffelsalat, der bald Tradition und Berühmtheit erlangte. Maler, Musiker, Literaten, Freunde, Nachbarn und Gäste kamen zum Essen, zum Feiern, zu lehrreichen Gesprächen, Musik und Rezitationen oder »gestellten Bildern«. Auch Gäste, die ins Haus schneiten, waren willkommen, wie die Sängerin Jenny Lind (die schwedische »Nachtigall«). Sie wurde eine gute Freundin des Hauses und kam gerne wieder: »Ich glaube und hoffe gewiß, daß Sie selbst wissen, wie es einem in Ihrem Hause zumute ist, und wie glücklich man sich dort befinden muß, und wie alles bei Ihnen erquickend gemütlich ist. [...] Ich sehne mich wieder so nach Ihnen.«[5] Hans Christian Andersen stellte sich jeden Sommer ein, las mit großem Vergnügen der Kinderschar vor und war heiß geliebt. Die alte schwerhörige Schauspielerin Sophie Schröder wohnte gegenüber und deklamierte vor ihren Schülern so laut, dass die Kaulbach-Kinder die klassischen Dramen gut kennenlernten. Franz Liszt gab Konzerte. Wollte man alle »Sonntagskinder« nennen, es wäre die halbe Münchner Gesellschaft ... Auch Luise von Kobell (siehe S. 145ff.) erzählt von den Sonntagnachmittagen: »Und Josephine Kaulbach [...] war selbst ein Bild, aber nicht ein Bild ›ohne Gnade‹, wie man in Bayern eine kühle, nichtssagende Schönheit bezeichnet, sondern gewinnend liebenswürdig.«[6]

Oft genug führte Josephine das offene Haus auch ohne ihren Mann und empfing sogar Könige, die das Atelier besichtigen wollten. Denn Wilhelm Kaulbach war viel unterwegs, zu Studienzwecken in Italien und für zehn Sommer in Berlin, um die Historiengemälde zur »Weltgeschichte« im Treppenhaus des Neuen Museums zu malen. Auch die Schwangerschaften und Geburten bewältigte Josephine weitgehend ohne ihren Mann, die jüngste Tochter soll sie so nebenher auf dem Sofa bekommen haben, so wurde es jedenfalls kolportiert.

Briefwechsel zwischen Josephine und Wilhelm – Dokumente ereignisreicher Zeiten

Aus den Monaten, an denen Wilhelm nicht in München war, ist ein umfangreicher Briefwechsel erhalten und im Buch von Josefa Dürck-Kaulbach publiziert. Die Briefe veranschaulichen das Verhältnis des Ehepaars, zeugen vom köstlichen Humor Wilhelms und erzählen von den Aktivitäten Josephines in München während seiner Abwesenheit. Auch Klatsch und Tratsch sowie das Zeitgeschehen besprachen die Eheleute und das nicht zu knapp: die Affäre Lola Montez en détail nebst Meinungen von Bekannten und Freunden dazu, ein Besuch im Gefängnis in der Au, die Revolution 1848 und der aufkommende Patriotismus. Das Fest der Enthüllung der Bavaria erlebte Josephine mit, ebenso den Wagner-Hype, der München beinahe so spaltete wie Lola Montez. Sogar zur Hauptprobe von »Tristan und Isolde«, an der nur ausgewählte Gäste teilnehmen durften, war sie geladen, ebenso wie zur Taufe von Wagners (offiziell Hans von Bülows) Tochter Isolde.

Mit viel Engagement setzte Josephine Kaulbach sich 1848 für das Projekt der deutschen Flotte ein. (Man wollte eine kleine Seestreitkraft aufbauen zum Schutz der Handelsschiffe im Schleswig-Holsteinischen Krieg gegen Dänemark.) Dazu bildete sich ein Verein aus 30 gewichtigen Herren und wenigen Damen, zu denen sie zählte. Der

Die prächtige Villa in der Gartenstraße (ab 1887 nach Wilhelm von Kaulbach benannt) wurde 1889 abgetragen. Die sogenannte Kaulbach-Villa (Nummer 15) war das Wohnhaus von Friedrich August von Kaulbach.

Verein sammelte Geld und Schmuck, veranstaltete Benefizveranstaltungen und eine Bilderausstellung. Josephine bearbeitete ihren Mann, ebenfalls ein Opus zu stiften. Sogar zu einem Gespräch mit der Königin zu dieser Angelegenheit wurde sie geladen. Wilhelm hielt wohl nicht viel davon, denn er spottete im Juni 1848:

Liebe Josephine,
wie geht es mit der deutschen Flotte? [...] Sollte der Feuereifer bei euch
schon erkaltet sein? Ja, ja, so geht es – die Frauen haben wenig ur-
sprüngliches Feuer und ausdauernde Begeisterung für eine Sache [...]
wenn man glaubt, jetzt brennen sie lichterloh, – im Augenblick darauf
sind sie schon wieder erkaltet. Wehe der deutschen Flotte!![7]

Ihre Antwort lautete:
[...] *Du glaubst, unsere Begeisterung für die deutsche Flotte hat*

schon nachgelassen? […] Im Anfang waren wir nur das Gespött und Gelächter der Männer, worunter auch mein Gemahl, der sich aber jetzt rühmt, den Funken Begeisterung zu hellen Flammen angefacht zu haben. […] Daß ich Dir weniger davon geschrieben, geschah mit Absicht, denn ich war Dir böse, weil Du Dein Versprechen nicht gehalten und keine Zeichnung dazu gegeben hast.[8]

Wilhelms Replik:
Das Frankfurter Parlament hat zu überlegen, auf welche würdige Weise Ihr Damen zu belohnen seid. Am zeitgemäßesten würde es wohl sein, wenn man Euch mit einem passenden Orden, z. B. einem kleinen Kanonenboot, natürlich sehr klein und zierlich gearbeitet, an einem gewässerten Seidenbande um den Hals zu tragen, schmücken würde.[9]

Erst 1850 spendete er einen Karton (eine Vorlage für eines seiner Fresken), einen alten, schäbigen, wenn man Josephine glauben darf.

Als Wilhelm Kaulbach seine Berliner Werke fertig gemalt hatte, enden der publizierte Briefwechsel und mit ihm die Einblicke in das Leben seiner Frau.

1849 wurde Wilhelm von Kaulbach zum Direktor der Akademie der Bildenden Künste ernannt. Damit gewann der Salon der »Sonntagskinder« sicher noch mehr an Bedeutung. »Nebenbei« hat Josephine von Kaulbach vier Kinder großgezogen, eines ist früh gestorben. Johanna Kaulbach heiratete den Maler August von Kreling, Marie einen Ministerialrat im Kultusministerium. Der einzige Sohn Hermann (1846–1909) wurde wie sein Vater Maler. Die Jüngste, Josepha (1851–1936), heiratete einen Sohn der befreundeten Künstlerfamilie Dürck. 1874 starb Wilhelm von Kaulbach als eines der letzten Opfer der in München tobenden Choleraepidemie. Josephine überlebte ihren Mann bis 1896.

ↀ ↁ

JOSEPHINE KAULBACH, Gattin, Salonière. * 1809 in München. Die Eltern führten ein Posamentengeschäft am Marienplatz. Ein Bruder. 1833 Hochzeit mit Wilhelm von Kaulbach (1805–1874; 1866 geadelt), Maler und Akademiedirektor. Fünf Kinder. † 25. März 1896 in München.

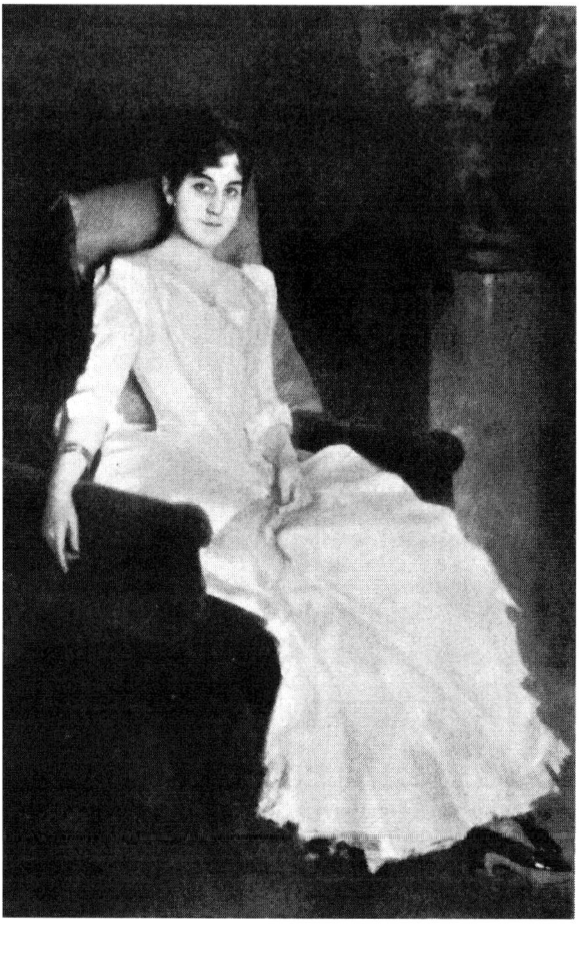

Irene von Keller
(1858–1907)

Ein schöner Skandal!

D ie Ehe von Irene von Eichthal und Albert von Keller begann mit
einem Skandal, der ganz München erschütterte. Wie und wann
sie sich kennenlernten, darin sind sich die Biografen von Albert von
Keller nicht einig. Aber sie berichten folgende schöne Geschichte:
Irene und Albert verliebten sich – sehr zum Missfallen von Irenes
Eltern. Albert von Keller konnte zwar auf den Stammbaum einer ur-
alten Zürcher Adelsfamilie zurückblicken und war auch nicht gerade
arm. Doch sein Beruf – er war Maler – sprach nicht für ihn, ebenso-
wenig wie sein Schweizer Adelstitel die Türen zur Münchner »High
Society« öffnete. Irene erhielt also Hausarrest. Nur in die Oper durfte
sie mit Tante Caroline gehen. Aber die gute Tante übersah geflissentlich, dass in der Loge Gegenstände von Irene zu Albert wanderten.
Dieser plante nämlich die Entführung seiner schönen Braut und eine
heimliche Hochzeit in London. Für ein standesgemäßes Outfit brachte Irene bei jedem Opernbesuch ein Stück ihrer Toilette mit und übergab es Albert. Als der Koffer fertiggepackt war, nahm er seine Braut
und fuhr los. Die nächste Nachricht nach München war die von der
Hochzeit. Sie stellte alle vor vollendete Tatsachen. Ein Schock für die
ganze Familie.

Die schönste Münchnerin ihrer Zeit

Irene Isabella von Eichthal kam im Familienpalais in der Brienner Straße 12 zur Welt. Leo von Klenze hatte es 1820 im Stil der Florentiner
Paläste entworfen. Eine Prachtstraße von Schloss Nymphenburg zur
Residenz war in diesen Jahren entstanden, mit zahlreichen Palais, so
prominent wie ihre Bewohner. Hier wuchs Irene auf, umgeben von
Wohlstand, Kunst und Kultur. Sie wurde als »viel umworbene Schönheit«[1] bezeichnet, als »geisterhaft apart«[2]. So kommt es auch in den Por-

träts, die ihr Mann und seine Kollegen wie Franz von Lenbach und August Friedrich von Kaulbach hinterlassen haben, zum Ausdruck: dunkle Haare, dunkle Augen, die Figur schlank, ein fast zartes und durchscheinendes Wesen. Ihr Blick, leicht von unten herauf, erinnert ein bisschen an Lady Diana. Irene wirkt zurückhaltend. Als es darum ging, den geliebten Mann zu heiraten, war sie dies allerdings nicht. Albert von Keller, 1844 im Schweizer Kanton Appenzell als Sohn vermögender Eltern geboren, wuchs ohne Vater auf und lebte, seit er zehn Jahre alt war, in München. Albert studierte zunächst Jura, dann Kunst. Er war in den 1880er-Jahren sehr angesehen als Salonmaler und Porträtist edler Damen, später schuf er sich einen Namen mit Bildern zu religiös-mystischen oder okkulten Themen. Eines seiner berühmtesten Porträts, »Chopin« (1873), hängt in der Neuen Pinakothek.

Eine Familie mit Einfluss und Geld

Die Familie Eichthal kam Anfang des 19. Jahrhunderts aus Baden-Württemberg nach München. Durch die Pacht des Salzmonopols waren die Seligmanns, wie die jüdische Familie ursprünglich hieß, zu Reichtum gelangt und standen als Hofbankiers beziehungsweise Hoffaktoren im Dienst ihrer Landesherren. Schon Kurfürst Karl Theodor nutzte die Dienste von Aaron Elias Seligmann (1747–1824), als er während des Bayerischen Erbfolgekriegs (1778 / 79) für seine Truppen mehr Geld benötigte, als sein Budget hergab. Sein Nachfolger Max IV. Josef (der spätere König Max I. Joseph) benötigte ebenfalls viel Geld für seine Reformen sowie die Reduzierung der Staatsschulden und berief Aaron Seligmann als Hofbankier nach München. Die Familie mit den zehn Kindern erhielt das unbeschränkte Bürgerrecht. Das war für Juden seit 1813 möglich. Zusätzlich verlieh Max I. Aaron Seligmann 1814 den erblichen Adelstitel der Freiherren von Eichthal. Vater und Kinder konvertierten zum Christentum, die Mutter blieb jüdisch. Die Familie besaß nicht nur ein enormes Vermögen, sondern dank einer geschickten Heiratspolitik auch bald großen Einfluss in München. Sohn Simon war Hofbankier, Staatsrat und Mitbegründer der Bayerischen Hypotheken- und Wechselbank. Er vermittelte unter anderem eine Staatsanleihe von 60 Millionen Franken an Griechenland. Die Stadtteile Gärtnerplatz- und Franzosenviertel verdanken ihm ihre Entwicklung.

Die nächste Generation, Irenes Eltern, passte gut in diese Fußstapfen. Karl von Eichthal war Hofbankier, Kämmerer und Unternehmer, außerdem Mitbegründer der Bayerischen Vereinsbank und Mitglied in deren Aufsichtsrat. Mutter Isabella kam aus einem Südtiroler Geschlecht und war als Mitbesitzerin einer Waffenfabrik in St. Blasien ebenfalls wohlhabend. Während des Deutsch-Französischen Kriegs machte diese Fabrik große Gewinne. Unter anderem investierte das Ehepaar dieses Geld in seinen Immobiliensitz, zum Beispiel in die Urbanisierung der genannten Münchner Stadtviertel. Geld und Beziehungen prägten die Familie nun schon in der dritten Generation. Die Kinder sollten diese Tradition fortführen. Irenes Geschwister Karl, Sophie und Charlotte von Eichthal heirateten entsprechend.

In der Maximilianstraße 8 (heute 27) lebten Irene und Albert von Keller.

Künstlergattin und Muse

Nur Irene, die Jüngste, tanzte aus der Reihe. Aber nachdem es nun mal geschehen war, richteten die Eltern im September 1878 in der protestantischen Markuskirche die Trauung aus. Am 26. März 1880 kam Söhnchen Albert auf die Welt; er starb während oder gleich nach der Geburt. Drei Monate später war auch der Großvater tot und Irene kam in den Besitz eines Erbes wie ihre Geschwister.

Das Ehepaar lebte in Alberts repräsentativer Wohnung in der Maximilianstraße 8, sein Atelier lag in der Kaulbachstraße. Im Gemälde »Diner« von 1881 kann man sehen, mit welchem Ambiente und Lebensstil die Kellers repräsentierten: An zwei langen Tischen, edel gedeckt und erleuchtet von zahllosen Kerzen, sitzen und stehen Gastgeber und Gäste; einige damals bekannte Personen sind erkennbar. Alle sind elegant und festlich gekleidet. Im Hintergrund bedient ein Kellner des benachbarten Hotels »Vier Jahreszeiten«.

Albert Keller (ab 1898 geadelt) entwickelte sich zum bekanntesten und gefragtesten »Salonmaler« Münchens. Vor allem die vielen Bilder – 40 an der Zahl! – von seiner schönen Frau – und vermutlich auch ihre guten Kontakte – machten ihn populär. »Irene in Weiß« (1888) war ein Riesenerfolg (das Bild hängt in der Neuen Pinakothek). Auch andere Maler, wie Franz von Lenbach, porträtierten Irene, genauso wie ihr Mann deren Gattinnen sowie die anderer prominenter Münchner malte. In den Jahren nach der Hochzeit verbrachten Irene und Albert von Keller viel Zeit in Paris, dem damaligen Kunst-Mekka.

Irene von Keller stand ihrem Mann nicht nur als Modell zur Verfügung. Sie war seine Muse, nicht im Sinn der »Frau, die ihm den Rücken freihält«, sondern indem sie bei der Entstehung der Bilder mitwirkte. Sie hatte ebenfalls einen »hochentwickelten künstlerischen Sinn und Urteil und Geschmack [...]. Ihre Ansicht war ihm wichtiger als die all seiner Kollegen«[3], urteilt der Biograf Hans Rosenhagen 1912. Albert besprach seine Projekte mit ihr. Sie konnte ihm mit ihrem Einfühlungsvermögen und ihrem Verstand viel helfen. Als er zum Beispiel mit der »Auferweckung von Jaïris Töchterlein« (1868) nicht recht weiterkam, spielte sie ihm vor, wie sich eine Frau fühlen könnte, wenn sie aus einer Ohnmacht erwacht, mit welcher Geste er ihr Desorientiertsein darstellen könne. »[...] sie machte ihm vor, wie ein graziöses weibliches Wesen ganz unwillkürlich die Hand an die Wange legt, um sich aus der Verwirrung des Denkens wieder in die Wirklichkeit hineinzufinden.«⁴ Genau diese Geste gab Albert dann der Tochter des Jaïrus – und sie besitzt durchaus Ähnlichkeit mit Irene. Ebenso wie die »Frau in Trance« (ohne Datierung).

Auf der Suche nach der Seele

Gegen Ende des 19. Jahrhunderts herrschte ein großes Interesse an psychologischen Zusammenhängen und parapsychologischen Phänomenen. 1886 gründeten der Philosoph Carl du Prel und der Arzt und Psychotherapeut Albert von Schrenck-Notzing in München die »Psychologische Gesellschaft«. Albert von Keller und andere Maler wurden schnell Mitglieder. Man war daran interessiert, den nicht fassbaren Vorgängen von Körper und Seele auf die Spur zu kommen. Dazu experimentierte man mit spiritistischen Sitzungen, Séances, medial veranlagten Menschen, versetzte Menschen in Hypnose. Auch Ausdruckstänzerinnen (zum Beispiel die Traumtänzerin Magdeleine) ließ man Gefühle und Situationen darstellen, um daraus Rückschlüsse ziehen zu können.

Albert von Keller wollte mithilfe der neuen Wissenschaft die Themen, die ihn jetzt bewegten, besser darstellen, ihnen mehr Tiefe geben können: Auferweckung, Hexenverbrennung (wie konnten Frauen das ertragen, waren sie in Trance?, fragte Keller sich), Märtyrerinnen etc. Dazu fanden Sitzungen der Gesellschaft in seinem Atelier in der Kaulbachstraße statt, zur Dokumentation fotografierte er viel.

Die medial veranlagte Irene war sicher beteiligt, auch wenn sich dafür keine Belege finden lassen, denn der gesamte schriftliche Nachlass Albert von Kellers samt Tagebüchern, Briefen und Agenden sowie seine ganze Bibliothek wurden von der Erbin vernichtet.

Monate düsterer Vorahnungen – der Tod Irenes

Aus der lebensfrohen Irene, die sich voller Mut und Widerspruchsgeist auf die Ehe mit Albert eingelassen hat, ist im Laufe der Jahre eine melancholische Frau geworden. Der Keller-Biograf Rosenhagen schreibt, sie sei 1905 in eine sonderbare melancholische Stimmung gefallen. Den Auslöser der Melancholie kennen wir nicht. Das Ehepaar kehrte nach einem Sommer in Paris und Lindau bei Verwandten nach

München zurück, da »verfinstert sich dieser heitere Lebenshimmel ohne jeden äußeren Grund [...] Sie klagt, sie glaube, unter schwarzen Schwingen und Schleiern zu wandeln, sie habe das Gefühl, dass etwas Entsetzliches geschehen werde.«⁵ Schlug ihr die Beschäftigung mit den übersinnlichen Phänomenen aufs Gemüt? Hatte ihr Mann Affären? Albert von Keller war auch als älterer Mann äußerst attraktiv, ein Womanizer, würde man heute sagen, er hatte sich sein Leben lang Frauen zugewandt. Ob diese sich nur malen ließen oder auch Abenteuern nicht abgeneigt waren? Oder quälte Irene nur eine subtile, unbegründete Eifersucht? Ulrich Linse vermutet, dass die Ehe »wohl nicht glücklich gewesen [sei]: Dazu war der Künstler ein zu lebhafter Verehrer des schönen Geschlechts und selbst ein verwöhnter Liebling der Frauen«.⁶ Wir wissen es nicht.

Jedenfalls erfüllten sich Irenes Ahnungen allzu bald. Am 31. Januar 1906 kam Sohn Hans Balthasar mit 21 Jahren ums Leben. Er war Fähnrich in einem Artillerieregiment und untersuchte eines Abends seine neue Dienstwaffe, einen Revolver. Beim Hantieren löste sich ein Schuss und traf den jungen Mann in den Bauch. Nach vier Tagen starb er an seiner Verletzung. Irene folgte ihm nach elf Monaten. Starb sie an gebrochenem Herzen? An Melancholie? Die Todesursache ist unbekannt.

C8 80

IRENE VON KELLER, Gattin. * 31. August 1858 in München. Vater: Carl Freiherr von Eichthal (1813–1880), Bankier. Mutter: Isabella Gräfin Khuen von Belasi (1826–1888). Vier Geschwister. 1878 Hochzeit mit Albert von Keller (1844–1920, ab 1898 Ritter). Zwei Kinder. † 6. Januar 1907 in München.

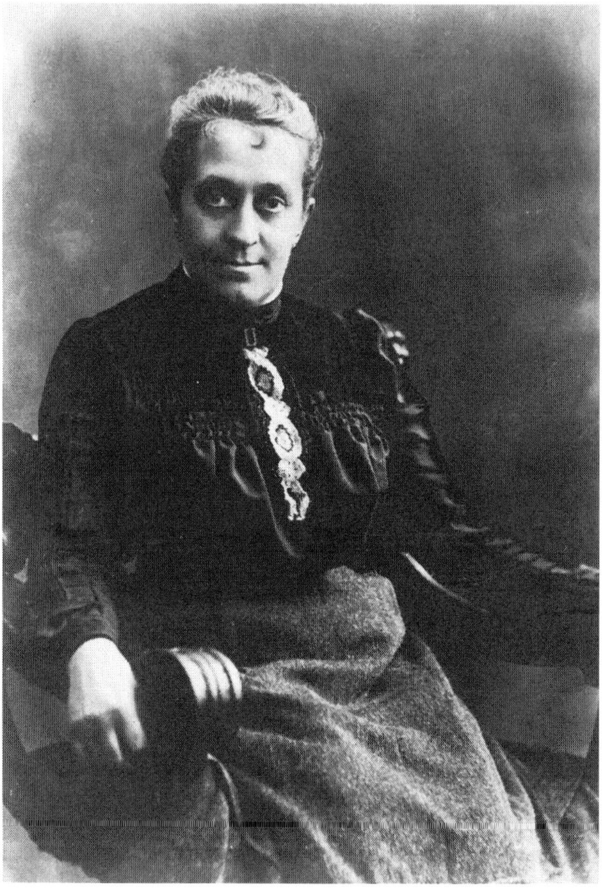

Babette Klinger-Schmid
(1859–1930)

Ein Leben für das Spiel

B abette war das jüngste Kind von Joseph Leonhard und Cäcilie Schmid. Zehn Monate vor ihrer Geburt hatte ihr Vater das Münchner Marionettentheater, sein wichtigstes »Kind«, aus der Taufe gehoben. Babette gehörte also von Anfang an zum Marionettentheater und das Theater zu ihr.

Ob meine Geburt eine besondere Freude ausgelöst hat, bezweifle ich. Wie man mir in späteren Jahren oft lachend erzählte, wollte mein damals 11 jähriger Bruder den kleinen Erdengast mit einem Besen verjagen. Warum auch mußte ich so ungerufen aus den Wolken fallen, da mein Vater, ein unermüdlich tätiger Mann neben seinem Kanzleiberuf vor kurzem ein öffentliches Unternehmen wachgerufen hatte und im Verein mit meiner Mutter, einer edlen, schlichten, herzensguten Frau in aufopfernder Weise Tag und Nacht arbeitete. Meine Kindheit ist ein wenig einsam geblieben. Vier meiner Geschwisterchen waren in kleinen Särgen auf dem damals eröffneten neuen Friedhof, im Gegenteil zum alten Südlichem so genannt, getragen worden. So ging ich eben eigene Wege.[1]

Der Bruder Carl Maria, von dem Babette hier erzählt, wurde später Musikdirektor und komponierte auch für das väterliche Theater.

Papa Schmid und Graf Pocci

Ein sturer Oberpfälzer war Joseph Leonhard Schmid, könnte man sagen angesichts der Beharrlichkeit, mit der er seinen Theatertraum wahr machte. In Amberg, wo er geboren wurde, erhielt er erst eine musikalische Ausbildung und machte dann eine Buchbinderlehre. Die Wanderjahre als Geselle führten ihn nach München. Er fand eine Stelle als Aktuar im »Bureau des Unterstützungsvereins für das Amts- und Kanzleipersonal« und arbeitete dort bis zu seiner Pensionierung. Mit einem kleinen Gehalt ernährte er die Familie mit den beiden Kindern. Schmids Leidenschaft war ein Marionettentheater, das er von Karl Wilhelm von Heideck übernommen hatte. Mit ihm führte er in seiner Wohnung gegen einen Obolus Kasperlstücke auf und träumte von einer richtigen Bühne. 1858 hatte er sie in Räumen eines Schlossermeisters in der Prannersgasse 11 endlich gefunden und mithilfe des »Kasperlgrafen« Franz von Pocci (1807–1876) ein Theater gründen können: Am 5. Dezember 1858 wurde Eröffnung gefeiert mit dem Stück »Prinz Rosenroth und Prinzessin Lilienweiß oder Die bezauberte Lilie«, das Pocci für diesen Anlass geschrieben hatte, vorher gab es einen Prolog zur Eröffnung, einen recht unsinnigen Dialog zwischen dem Münchner Kindl und dem Kasperl.

Franz Graf Pocci war ein vielbeschäftigter Mann in München: Jurist, Zeremonienmeister von König Ludwig I., Hofmusikintendant und königlich-bayerischer Oberstkämmerer. All diese Ämter schätzte er nicht sehr. Viel lieber zeichnete, komponierte und schrieb der Graf, zum Beispiel Stücke für den Kasperl Larifari. Aus diesem Grund bat Schmid ihn um Unterstützung beim Genehmigungsverfahren für das Theater. Das übernahm Pocci gerne und mit Erfolg. Und mehr noch: Er blieb den Schmids und dem Theater verbunden, schrieb viele Stücke für den Kasperl und überließ den Schmids das alleinige Aufführungsrecht.

Babette Schmid in ihren »Jugenderinnerungen«

Ihr ganzes Leben widmeten die Familie Schmid dem Marionettentheater. Vater Schmid studierte die Stücke ein, schrieb nach Poccis Tod auch selbst. Mutter Schmid nähte die Kostüme und zu allem Überfluss mussten alle paar Jahre neue Räume gefunden und eingerichtet werden. Babette erinnert sich:

Oft mußte die Stätte des im wachsenden Entstehen begriffenen Unternehmens wechseln, d. h. es mußte damit umgezogen werden, denn nirgends gab es ein Bleiben. Diesen notwendigen Umzug mußte in den ersten Jahren meine Mutter bewerkstelligen aus Gründen der Sparsamkeit. Ein kleines Wägelchen mit vier hölzernen Rädern diente als Verkehrsmittel von einem Ort zum andern. Jedenfalls war diese

schwierige Arbeit durch meine unnütze Gegenwart um ein Beträcht-
liches erschwert. Wo sollte ich bleiben? Allein konnte man mich doch
nicht zuhause lassen, also ward ich kurzer Hand in Mitten des be-
packten Wägelchens geladen und, so belastet, konnte die Fahrt durch
Münchens Straßen beginnen. Ei, das war ja für mich ganz lustig; aber
mochte nun mein erhabener Sitz nicht ganz der Bequemlichkeit ent-
sprechen oder plagte mich der Übermut, ich fing eben an, alles Er-
reichbare, mühsam aufeinander geschlichtete kurzer Hand auf die
Straße zu werfen. Arme Mutter – du vielgeplagte Frau, was war ich
für ein Kind![2]

Nach der für Mädchen üblichen sogenannten Institutsausbildung
wandte Babette »sich zunächst dem Kaufmannsberufe zu«, wie es in
einem Nachruf heißt – sie führte einen Blumenladen. Eigentlich hätte Graf Pocci ihr eine Schauspielausbildung ermöglichen wollen, aber
das wünschten weder der Vater noch sie selbst, hatte sie doch eine
Affinität zu Pflanzen:

Der Anblick der Fronleichnamsprozession verleitete mich alsbald zur
Nachahmung. Die schönen Fahnen, die da mitgetragen wurden, und
die mit frischem Grün bestreute Straße erregten meine Bewunderung.
Ich wollte auch Prozession spielen. Eine Fahne war schnell hergestellt,
der kindliche Geist ist erfinderisch. Ein Spazierstock fand sich und
ein Sacktuch wurde daran geknüpft; nun aber galt es, das Grün zu
streuen – wo das hernehmen? In der ganzen Sendlingergasse und auch
im alten Kaufmannshause, wo wir wohnten, gabs keine Wiese, kein
Stengelchen Gras – aber im hintern Zimmer, da hatte mein Vater sei-
nen großen, schönen Epheustock stehen, in Ermangelung von anderem
eigneten sich nach meiner Meinung dessen Blätter ganz gut. Schnell
rupfte und zupfte ich fleißig ab, denn es galt einen ziemlich langen
Gang zu bestreuen, der von der Wohnungstür bis zur Stiege führte,
auf dem ich entschlossen war, den Umgang zu halten. Feierlich schrei-
tend und singend, die Fahne tragend, schritt ich mehrmals hin und her.
War es mir nun doch nicht ganz geheuer oder leitete sich ein geheimes
Ahnen – ich suchte eine am Gang wohnende alte Nachbarin auf. O
weh! Bald vernahm ich zu meinem Schrecken die zornbebende Stim-
me meines Vaters, der bei seiner mittäglichen Heimkunft erstaunt den
grünen Spuren bis zum kahlgerupften Epheu folgen konnte. Angstvoll

kam meine Mutter gestürzt mit dem wohlmeinenden Rat, ich solle mich ja nicht blicken lassen, sie kannte den jähzornigen, aber trotzdem guten Mann. So schloß die Prozession damit, daß ich zitternd unter der freundlichen Nachbarin schützendem Tisch kauerte und den ersten Sturm der Empörung und nebenbei auch das Mittagessen vorübergehen ließ, ehe ich als Missetäterin wieder aufzutauchen wagte.[3]

Unternehmerin, Puppenspielerin und Ehefrau

Tagsüber Blumenladen, abends Theater. So sah wohl seit ihrem 16. Lebensjahr der Tagesablauf von Babette Schmid aus. Denn ohne ihren Einsatz hätte das Theater nicht laufen können: Sie musste Rollen lernen, Figuren ihre Stimme geben, Stücke schreiben und in Szene setzen. Sie wird beschrieben als »Charaktersprecherin« und beherrschte 304 Rollen, von denen sie mehrere in einem Stück, mit verschiedenen Stimmen, sprechen konnte. Sie galt als hervorragende schauspielerische Kraft am Theater »und besitzt die treffliche Eigenschaft, drei oder vier Rollen ständig im Sprechen zu ändern«.[4] Außerdem hat sie, vor allem, seit sie Spielleiterin war, viele Stücke für die Bühne dramatisiert: Märchen oder Erzählungen von zeitgenössischen Autoren oder eigene Märchenbearbeitungen.

Das Münchner Marionettentheater steht an der nach seinem Gründer benannten Papa-Schmid-Straße.

Mit 24 heiratete Babette den zwölf Jahre älteren Geschäftsreisenden und Prokuristen Franz Xaver Klinger. Er hatte im Krieg 1870/71 an der Front gekämpft und ein Leiden mitgebracht, an dem er bis zu seinem Tod 1893 litt. So hatte Babette innerhalb von drei Jahren den Tod der geliebten Mutter, der »edlen, schlichten, herzensguten Frau [die] in aufopfernder Weise Tag und Nacht arbeitete«[5] und den des Ehemanns zu verkraften.

Frau Direktor Puppenmutter

1899 beschloss der Stadtrat auf Anregung des Schulrats Georg Kerschensteiner, dem Theater endlich ein eigenes Gebäude an der Blumenstraße zu bauen. In der Herbstsaison 1900 konnte es die erste Aufführung feiern. Ab 1911, etwas mehr als ein Jahr vor dem Tod des Vaters, übernahm Babette Klinger-Schmid die Leitung des Theaters, zusammen mit dem langjährigen Mitarbeiter Karl Winkler. Es war ihr wichtig, das Werk ihres Vaters in Ehren zu halten und in seiner Tradition fortzuführen. Da war es nicht so gravierend, dass sich der Anspruch des Publikums nach dem Ersten Weltkrieg geändert hatte: Die Erwachsenen gingen nicht mehr ins Marionettentheater, gefragt waren nur noch Märchenaufführungen für Kinder. Dem trug ab den 1920er-Jahren das Schulreferat Rechnung, indem es Aufführungen für Schulklassen subventionierte. Auch das war in Babette Klingers Sinn. Sie wollte das Bestehende, Traditionelle bewahren und keine neuen Wege beschreiten, wie das andere Marionettentheater taten. Sie studierte in diesem Sinne mehrere Stücke neu ein, zum Beispiel »Der kleine Däumling« nach einer Erzählung ihrer Kinderfreundin Emmy Giehrl (siehe S. 81ff.), den »Rattenfänger von Hameln« von Christian Flüggen sowie eigene Stücke wie »Rumpelstilzchen«, »Dornröschen« und »Das tapfere Schneiderlein«.

Reichtümer konnte Babette Klinger-Schmid mit ihrem »Theaterchen« nicht anhäufen.

»Sie war eine von Idealen und hohem Pflichtgefühl getragene Frau. Sucht nach Geld oder Lebensgenüssen hat die Verstorbene nicht gekannt«, heißt es im Nachruf.[6] Im Gegenteil, sie hat zum Beispiel dazu beigetragen, dass die Stephanskirche eine neue Orgel bekam, wofür sie eine Sondervorstellung ansetzte. Um jemals eine Ehrung zu erfahren, war sie zu bescheiden. Erwähnt wurde sie nur, als sie 1925 ihr 50-jähriges Bühnenjubiläum mit einem Festakt feierte. Und drei Jahre später das 70-jährige Bestehen des Theaters. Am 16. April 1930 starb Babette Klinger. Bei der Trauerfeier wurde auch folgendes Gedicht verlesen, das ihre Bedeutung für das Märchenspiel in München schildert: »Du sätest viele lange Jahre in Lieb' und Treue ohne Ruh', / und für der lieben Kleinen Herzen schlossest Du zu früh die Augen zu. / Du gingst; doch was Du einst geschaffen mit jedem Märchen, das Deinen Namen trägt, / das wird in diesem Hause leben, solang ein frohes Kinderherz noch schlägt.«[7]

Karl Winkler, der schon als Kind zum Theater gehört hatte, übernahm es von Babette. Seine Tochter schenkte sämtliche Puppen der Puppentheatersammlung des Stadtmuseums.

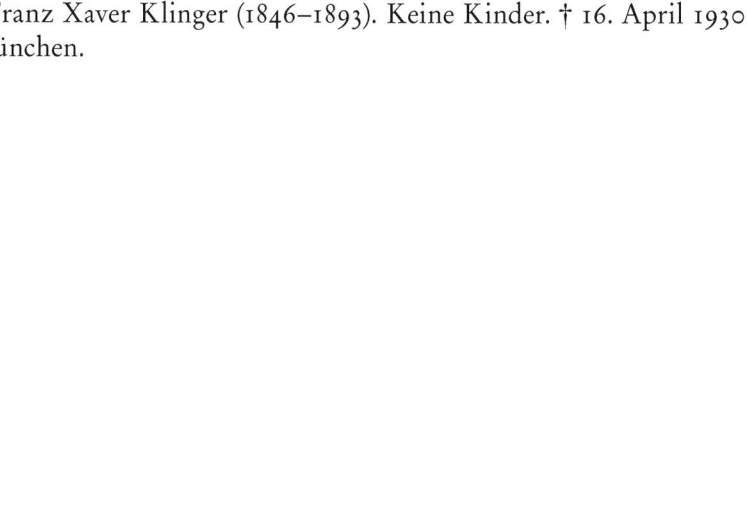

BABETTE KLINGER-SCHMID, Kauffrau, Mitglied und später Direktorin des Münchner Marionettentheaters. * 9. Oktober 1859 in München. Vater: Joseph Leonhard Schmid (1822–1911) aus Amberg, Gründer und Leiter des Münchner Marionettentheaters. Mutter: Cäcilia, geborene Betz aus Augsburg (1816–1890). Ein Bruder. Hochzeit mit Franz Xaver Klinger (1846–1893). Keine Kinder. † 16. April 1930 in München.

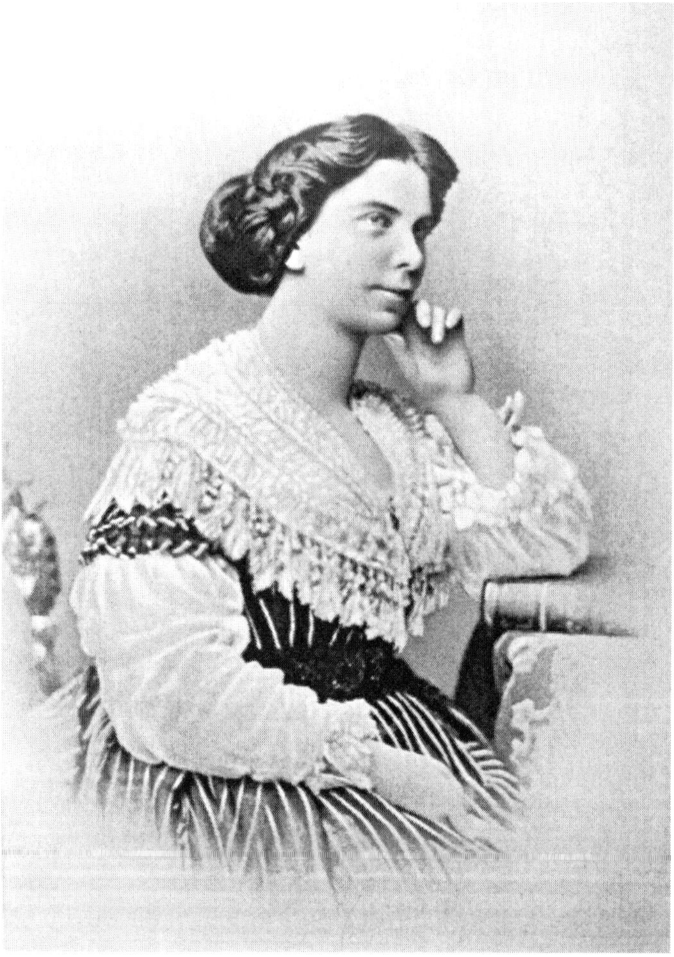

Luise von Kobell-Eisenhart

(1828–1901)

Ein Jahrhundert Geschichtsschreibung

L uise war die älteste Tochter von Franz und Karoline von Kobell. Die Künstlerfamilie stammte ursprünglich aus Mannheim und übersiedelte 1794 nach München. Ihr Vater (er war der Verfasser der Erzählung »Der Brandner Kaspar«) und seine Frau waren Enkel von Ferdinand von Kobell, dem Direktor der kurpfalzbayerischen Gemäldegalerie. Luise trat in die Fußstapfen ihres schreibenden Vaters. Vor allem ihr Hauptwerk »Unter den ersten vier Königen Bayerns« (1894) ist immer noch lesenswert. »In einer Mischung aus Zeitchronik, Autobiographie und Anekdote schildert sie das gesellschaftliche Leben am Hofe und den Münchner Bildungsalltag, wobei sie auf die Schilderungen und Aufzeichnungen ihres Vaters zurückgreift und politische Details ausklammert. Für die Geschichtsschreibung wurde [es] zu einer unerlässlichen Quelle über Bayern im 19. Jahrhundert [...].«[1]

Zeugin der Gesellschaft

Franz von Kobell war ein bedeutendes Mitglied der hohen Münchner Gesellschaft und auch bei Hof bestens eingeführt. Luise und ihre Schwestern Marie und Emma wuchsen in engem Kontakt mit allen Mitgliedern dieser Kreise auf. So konnte Luise später als Zeitzeugin nicht nur über Historisches berichten, sondern auch bestens das höfische und gesellschaftliche Leben in München wiedergeben. Nachmittagstees bei Thierschs, Salons bei Hornstein und Dönniges, Vorlesungen bei Professor Liebig bestimmten den Alltag der Familie. In der Schilderung der Besuche bei der Verwandtschaft, den Schilchers in Dietramszell, wird die gesellschaftliche Vernetzung der Kobells deutlich:

Die Familie Schilcher, bei welcher ich meine halbe Jugend verbrachte, war grundverschieden. Bei Thiersch's kam mehr das norddeutsche, bei

*Schilchers mehr das süddeutsche Wesen zum Ausdruck. Mein Onkel Joseph v. Schilcher [Schwiegersohn von Wilhelm Kobell] war Gutsbesitzer in Dietramszell. [...] Der Sohn, Willy von Schilcher (später Reichsrat), und seine Freunde, Karl von Moy (königlicher Oberstzeremonienmeister), die Barone Max von Gumppenberg (General), Rudolf von der Tann (der Bruder Ludwigs, gestorben als Generallieutenant), von Speidel (Hofmarschall bei Sr. königl. Hoheit Prinz Luitpold), von Perfall (Intendant der kgl. Theater), Otto von Lerchenfeld (Oberstallmeister bei Sr. Majestät dem König Ludwig II.), Oskar von Schanzenbach (Arzt) und endlich der talentvolle, liebenswürdige und zu früh verstorbene Louis von Klenze, waren stets willkommen.[2] [...]
Beim Sommerleben in Dietramszell führte Tante Schilcher ein strenges Regiment. Vormittags hatten die weiblichen Wesen sich ihr und ihren Arbeiten zu widmen. [...] Da saßen die Gräfinnen Minucci, Louise von Krempelhuber, Leo von Klingensberg, Elise und Ernestine von Moy, Toni Schlichtegroll, Marie von Roppelt, Mathilde Angstwurm, meine Schwestern, jede mit einer Handarbeit versehen, [...] und hatten der Lektüre der Tante zu lauschen. [...] Mittags dinierte man »in Toilette« gemeinsam mit den Herren und nachmittags wurde eine Spazierfahrt [...] gemacht oder eine der Höhe im Dietramszell bestiegen.[3]*

Auch Max Graf Arco Zinneberg sowie Herzog Max in Bayern zählten zu den gern gesehenen Gästen der Familie. Weilte man in der Stadt, sah das gesellschaftliche Leben nicht anders aus:

Professor Thiersch und seine Frau, die 3 Söhne und 3 Töchter waren von seltener Gastlichkeit. Fast jeden Abend empfingen sie Bekannte, die zwanglos in dem »roten Haus« an der Ecke der Karls- und Arcisstraße aus- und eingingen; wegen Thiersch' Verdiensten um Hellas war auch die sogenannte »griechische Kolonie« dort heimisch. [...] Zur Teestunde, abends 7 Uhr, waltete die zweite Tochter Mathilde des Samovars, Louise und die älteste Tochter machten die »honneurs« bei Tische. [...] Das Gespräch beherrschte der Hausherr. [...] Nie hätten die Töchter und ich gewagt, seine Rede durch die unsrige zu stören. Wir lauschten aufmerksam und lernten auf diese Weise »zuhören«.[4]

Luise erlebte die legendären Künstlerbälle oder die ebenso berühmten Feste im Herzog-Max-Palais, die Affäre um Lola Montez und die Revolution sowie drei bayerische Könige, davon Ludwig II. »hautnah«, und beschreibt diese offiziellen Events und politischen Ereignisse mit derselben leichten Hand wie das Private.

Familienleben in der Residenz

Die Familien Kobell und Eisenhart lebten in der Karlstraße. Luise erzählt, dass man sich immer beim Blumengießen von Fenster zu Fenster sah – die Liebe gedieh dabei und bei geselligen Abenden. August Eisenhart war Jurist, Luise und er heirateten 1857 in Miesbach. Zwei Jahre später wurde er als Assessor nach Freising befördert. Luise fand es dort kleinstädtisch und war froh, als ihr Mann 1862 eine Stellung als Richter in München erhielt. Er machte schnell Karriere und wurde zehn Jahre später Kabinettschef von Ludwig II., eine anstrengende Aufgabe in der vermittelnden Position zwischen König und Ministern. Über die große Dienstwohnung in der Residenz freute sich die ganze Familie. Luise wandelte dort durch die langen, düsteren Gänge, und manchmal begegnete sie auf dem Weg in die Oper dem König.

Wohl noch in Freising musste sie sich einer lebensgefährlichen Operation an der linken Seites ihres Gesichtes unterziehen, die teilweise gelähmt blieb. Luise notiert dazu:

Als ich nach der Operation zum ersten Mal wieder in den Spiegel sah, durchrieselte es mich. Denn ich war ganz verändert. Die Eitelkeit und die Freude, daß ich hübsch sei, wie es mir oft gesagt worden ist, mußte ich mit einem Schlag aufgeben. […] Wenn Scheffel sagt: »ich habe vom Tod mehr gelernt als vom Leben«, so sage ich dies von meiner damaligen Krankheit.[5]

Der Historiker Karl Alexander von Müller sah sie als Bub auf der Straße und war fasziniert von ihrer Gesichtslähmung. Sein Vater mahnte ihn: »Du mußt nicht an das Unglück dieser Lähmung denken, […] wenn du später wieder ihren Namen hörst, sondern du mußt daran denken, daß die Kobell ein ganzes Jahrhundert unserer bayerischen Geschichte ehrenvoll begleitet, ja mitgestaltet haben […].«[6] Rosalie Braun-Artaria, Schriftstellerin wie Luise, sagte dieser nach, sie besitze »die souveräne Unbekümmertheit der gefeierten Häßlichen«. Gleichzeitig aber beschreibt sie sie als geistvoll, sehr humoristisch, höchst originell und von so viel »drolliger Gutmütigkeit, daß niemand ihre oft erstaunlichen Offenherzigkeiten je übelnahm«[7]. Luise von Eisenhart war eine gute Beobachterin und wenn sie so liebenswürdig war, wie sie schrieb, kann man diese Charakterisierung gut nachvollziehen.

Die Schriftstellerin als Zeitzeugin

Irgendwann in den 1870er-Jahren – die Kinder waren groß genug – begann Luise zu schreiben. Bis etwa 1900 erschienen neben den schon erwähnten Kulturbildern über die bayerischen Könige auch solche über Persönlichkeiten, die sie gut kannte sowie über kunsthistorische und andere Themen. In persönlichem Ton porträtierte sie ihren Vater (1884), den Theologen Ignaz von Döllinger (1891) und den guten Freund ihres Mannes Viktor von Scheffel sowie dessen Familie (1901). Auch ein Schauspiel, »Salvoisy«, hat sie aus dem Französischen übersetzt, das Ludwig II. 1872 in einer seiner berühmten Privatvorstellungen aufführen ließ. Luise und ihr Mann waren dazu eingeladen, »mit freier Wahl der Plätze« (das Theater war sowieso leer). Als Anerkennung fand die Übersetzerin nach der Vorstellung in der Wohnung »eine Fülle der herrlichsten Blumen [im November!] und einen reizenden Schreibtisch«[8] vor.

Im Mai 1876 wurde August von Eisenhart von Ludwig II. entlassen. Damit enden auch Luises Aufzeichnungen in »Unter den ersten vier Königen Bayerns« und gleichzeitig die Informationen über ihr weiteres Leben. In ihren anderen Werken schrieb sie nicht über Persönliches. Ihr Mann hätte sicher aufschlussreiche Erlebnisse aus seiner Tätigkeit unter Ludwig II. notieren können, aber er blieb loyal und hat es unterlassen, ebenso wie seine Frau. August von Eisenhart verfasste nach seiner Pensionierung 240 Artikel für die Allgemeine Deutsche Biographie (ADB). Vielleicht hat ja an manchen seine Frau mitgearbeitet? Sie widmete sich nach den »Königen« anderen Themen, wie schon oben dargestellt, und dem Nachlass ihres 1882 verstorbenen Vaters. 1890 wurde ihr für ihre zeitgeschichtliche Arbeit die Goldene Medaille für Wissenschaft und Kunst verliehen. Luise von Kobell starb 1901, mitten im literarischen Schaffen.

ରେ ଓ

Luise von Kobell-Eisenhart, Schriftstellerin. * 13. Dezember 1828 in München. Vater: Franz von Kobell (1803–1882), Mineraloge und Dichter. Mutter: Karoline von Kobell (1801–1846). Zwei Schwestern. 1857 Hochzeit mit Johann August von Eisenhart (1826–1905, 1871 geadelt), Jurist und Staatsbeamter. Zwei Kinder. † 28. Dezember 1901 in München.

I. K. H. Frau Prinzessin Rupprecht v. Bayern

Photogr. F. Grainer, München.

12

Marie Gabrielle von Bayern

(1878–1912)

Ein unbarmherziges Schicksal

Sie wäre eine wunderschöne Königin auf Bayerns Thron gewesen, die erste Königin mit bayerischen Wurzeln, vom Volk verehrt. Ein früher Tod vereitelte diesen Traum und auch Kronprinz Rupprecht, Maries Mann, wurde wegen der politischen Entwicklungen nach dem Ersten Weltkrieg nicht König. Engelbert Huber, ein geistlicher Vertrauter der Prinzessin, schrieb gleich nach dem Tod der Prinzessin aus Zuneigung ein »Erinnerungsbuch«. Marie Freiin von Redwitz (1856–1933) war viele Jahre lang Hofdame aller herzoglichen Töchter und erlebte das Leben und Leiden der Prinzessin aus erster Hand.

Außergewöhnliche Eltern

Der Vater von Marie Gabrielle war Herzog Karl Theodor in Bayern, genannt Gackel, der jüngere Bruder von Sisi, der Kaiserin von Österreich. Er hatte – ganz in der Tradition der Wittelsbacher – zunächst die Offizierslaufbahn gewählt, dann aber schon Ende der 1860er-Jahre den aktiven Dienst quittiert. Er wollte der Menschheit in anderer Weise dienen und studierte Medizin. Nach der erfolgreichen Promotion zum Dr. med. 1880 praktizierte er als Augenarzt in München, Bad Kreuth und Meran. Sein größtes Anliegen war, auch »unbemittelte« Augenkranke zu behandeln, und so operierte er unter anderem Tausende von Patienten, die am grauen Star litten, ohne Entgelt. Maria José von Portugal, seine Ehefrau, ließ sich im Operations- und Pflegedienst ausbilden und war ihrem Mann eine unverzichtbare Unterstützung. Nach dem Tod seines Vaters Herzog Max in Bayern im Jahr 1888 erbte Karl Theodor dessen Besitz und Titel. 1895 gründeten Karl Theodor und Maria José eine Augenklinik in Nymphenburg, die bis heute einen erstklassigen Ruf genießt.

Kindheit und Jugend

Marie Gabrielle kam als viertes Kind von Maria José und Karl Theodor auf Schloss Tegernsee zur Welt und verlebte dort schöne, unbeschwerte Sommer. Die Wintersaison verbrachte die Familie in München im Palais von Großvater Herzog Max in der Ludwigstraße 13. Marie hatte einen schweren Stand gegenüber ihren älteren Schwestern. Amélie (* 1865), die Tochter von Sophie von Sachsen, der mit nur 22 Jahren an der Grippe verstorbenen ersten Frau Karl Theodors, war beinahe erwachsen und lebte schon in einer anderen Welt. Sophie (* 1875) und Elisabeth (* 1878) waren lebhafter und burschikoser als die träumerische Marie. »Schon als kleines Mädchen versprach sie eine Schönheit zu werden«[1], schreibt Engelbert Huber. Er schwärmt von ihren großen braunen Augen und den dichten rotblonden Haaren, »ein Diadem, gleichwertig einer Königskrone; diese ganze Schönheit blieb ihr bis auf das Totenbett charakteristisch«[2]. Die älteren Schwestern hielten sie für kokett, denn sie mochte schöne Kleider, spielte mit Puppen und weigerte sich, Kröteneier anzufassen. Blumen oder ein Sonnenschirm trugen sich einfach schöner als Kröten in der Tasche, fand Marie. So wie sie auch schöngeistige Literatur und Musik mehr schätzte als herumzutoben. Sie ertrug diese Sticheleien mit Heiterkeit.

Die zwei jüngeren Brüder, Ludwig (* 1884) und Franz (* 1888), verbrachten vermutlich nicht viel Zeit mit den Schwestern, sondern waren in Ausbildung.

Die Kinder liebten ihre Eltern sehr. Sophie, verheiratete Törring-Jettenbach, erzählte dem Biografen des Vaters, Richard Sexau, rückblickend: »Wir Kinder haben in unserem Elternhause nur Schönes erlebt. Wenn man zum Vater gerufen wurde, so war es, als käme man in die Sonne. [...] Würde der liebe Gott mit ihm gestritten haben, wir hätten zu Papa gehalten.«[3]

Karl Theodor sorgte dafür, dass seine Kinder im Elternhaus ernsthaften, regelmäßigen Unterricht bekamen. Mit etwa zwölf beziehungsweise 14 Jahren kamen Marie und Elisabeth in die Klosterschule der Salesianerinnen nach Zangberg (zwischen Haag und Mühldorf gelegen). Die Mädchen sollten dort selbstständig werden und lernen, sich in einer Gemeinschaft anzupassen. Für Marie Gabrielle wurde das Kloster, in dem sie sechs Jahre verbrachte, ein wichtiger Ort, zu dem sie immer wieder zurückkehrte, in Freud und Leid. In den Ferien und nach Ende der Schulzeit begleiteten die Mädchen oft den Vater auf seinen Visiten oder die Mutter, wenn sie die Kranken in der Umgebung aufsuchte. So wurde für Marie die »Teilnahme an dem menschlichen Elend, das Helfen und Stützen«[4] noch wichtiger als die Musik und die Blumen, die sie ausgesprochen liebte.

Eine glückliche Ehe

Die Töchter des Herzogpaares hatten ein Privileg, das ihren Tanten, den Schwestern des Herzogs, noch verwehrt gewesen war: Sie mussten nicht in einer arrangierten Ehe dynastischen Interessen dienen, sondern durften ihren zukünftigen Ehemann selbst wählen.

1899 begann Kronprinz Rupprecht von Bayern sich ernsthaft für Marie Gabrielle zu interessieren. Er war der älteste Sohn von Ludwig III. und Maria-Theresia von Österreich-Este und Enkel des Prinzregenten Luitpold. Marie von Redwitz, Hofdame von Elisabeth und Marie Gabrielle, hält in ihrer »Hofchronik« fest: »[...] niemand hatte bis jetzt daran gedacht, in ihm einen Freier zu sehen. Er bewunderte wohl nur ihre Schönheit, denn diese Verbindung konnte ihm wenig Vorteil bringen und weder die Hoheiten noch die Jugend machten sich Gedanken darüber.«[5] Marie war nicht unbedingt eine »gute Partie«, denn ihre Familie war nicht reich und ihr Stand als Herzöge in Bayern in der höfischen Hierarchie weit unten. Aber bald wurde klar, dass der Prinz doch ein Freier war:

Anfang Juli sagte sich Prinz Rupprecht zu Tisch an mit dem Bemerken, er wolle Photographien seiner indischen Reise zeigen, d. h., man nahm an, er komme, um sich die beiden Erzherzoginnen [Töchter von Erzherzogin Karl Ludwig] anzusehen. [...] Bei Tisch sah es gar nicht so aus, als ob ihn die Erzherzoginnen interessierten. Er sprach nur mit Marie Gabrielle [...].[6]

Er kam noch mal und wollte »Ansichten von Indien zeigen (er scheint deren viele zu haben) und er beschäftigte sich nach Tisch nur mit Marie Gabrielle. Da er kein Courmacher war, schien sein Benehmen nur erklärlich, wenn er ernste Absichten hegte.«[7] Ende Februar 1900 bat er Marie Gabrielle um ihre Hand. Sie war sich unsicher und bat um Bedenkzeit. Ihre Tante, Herzogin von Parma – eine Schwester von

Maria José –, fuhr mit Marie Gabrielle und Elisabeth nach Kloster Zangberg, um nachzudenken und die Angelegenheit mit der Schwester Oberin zu besprechen. Das Ergebnis: Marie Gabrielle wünschte sich ein Treffen mit Prinz Rupprecht ohne die Eltern und an einem neutralen Ort. Im März reiste sie mit zwei Tanten nach Verona. Prinz Rupprecht folgte, er ließ vorsorglich verbreiten, er müsse sich im Süden erholen.

In Florenz erhielt er in einer romantischen Mondnacht auf einem Balkon und nach einem Ständchen das ersehnte Jawort. Der Dämpfer folgte in München. Rupprechts Vater und Großvater waren nicht angetan, sie hatten sich eine andere, politisch und finanziell lukrativere Gattin für den Thronfolger erhofft. Rupprecht aber war entschlossen, eher gar nicht zu heiraten als eine andere. Seine Mutter und Therese von Bayern, seine Tante und Patin, mussten im Hintergrund kräftig die Fäden ziehen, bis es zu einem Happy End kam.

Karl Theodor verkaufte den Herzogpark in Bogenhausen, den er von seiner Mutter geerbt hatte, für 4 Millionen Mark, um Marie Gabrielle eine angemessene Aussteuer geben zu können. Das Offizierssalär des Kronprinzen reichte nämlich für einen repräsentativen Lebensunterhalt nicht aus. Laut Ehevertrag brachte sie 20000 Mark als Nadelgeld (also für ihren privaten Verbrauch) und 40000 Mark für den Haushalt mit.

Über die Hochzeit von Prinzessin Marie Gabrielle mit Prinz Rupprecht wurde viel hin- und hergesprochen. Man legte es den Brauteltern nahe, die Trauung in Possenhofen oder Tegernsee zu halten, denn der Regent [Luitpold von Bayern] *schien keine Lust zu haben, seinem Enkel die Hochzeit auszurichten. Schließlich stimmten ihn doch einflußreiche Persönlichkeiten um, indem sie betonten, es würde im Volke übel aufgenommen werden und so wurde die Trauung für Mitte Juli angesetzt und sollte in der Residenz stattfinden.*[8]

Im Juli 1900 fanden die Trauung in der Allerheiligenhofkirche und eine Feier in der Residenz statt. Ihr kostbares Brautkleid schenkte Marie Gabrielle anschließend den Schwestern von Zangberg, sie sollten ein Messgewand daraus machen.

Sein erstes Heim bezog das Paar im Schloss von Bamberg. Rupprecht diente dort als Offizier. Schnell wurde aus den beiden eine Familie:

Im Mai 1901 kam Luitpold zur Welt. Im September des folgenden Jahres wurde Irmingard in Kreuth geboren.

Schicksalhafte Weltreise

Rupprecht und Marie Gabrielle liebten das Reisen und die weite Welt. Nach einer großen Tour durch Italien und Griechenland im Herbst 1901 planten sie für 1903 eine Weltreise – eine Entscheidung mit gravierenden Folgen für das Leben der Prinzessin.

Ostasien, China, Japan und die USA standen auf dem Programm. Am 24. Dezember 1903 schiffte sich das Ehepaar mit Gefolge in Genua ein. Die Kinder blieben in Tegernsee bei der Großmutter Maria José. Schon auf Java infizierte sich die Prinzessin mit Malaria und musste auf einige Expeditionen verzichten. Auch an mehreren Visiten in China konnte sie nicht teilnehmen. In der Stadt Pao-Ting-fu aber wurden sie und Gräfin Montgelas von der »Kaiser-Regentin« von China empfangen. Als sie in ihre Zimmer in Peking zurückkehrten, fanden sie eine Unzahl von Geschenken vor, unter anderem einen kleinen schwarzen Zwerghund namens »Fu«, der zum geliebten Begleiter der Prinzessin wurde.

In Tokio wartete eine schreckliche Nachricht: Die gerade einmal sieben Monate alte Irmingard war am 21. April in Tegernsee an Diph-

Im Herzog-Max-Palais in der Ludwigstraße 13 verbrachte die junge Marie Gabrielle glückliche Zeiten.

155

terie gestorben. »Die arme junge Mutter soll vor Erschütterung tage-
lang nicht gesprochen haben, wurde krank und mußte lange liegen.
Es war immer charakteristisch für sie, nie über das zu sprechen, was
ihr nahe ging und nie über ihre Leiden zu klagen«,[9] schreibt Marie
von Redwitz. Zu der grenzenlosen Trauer kam noch eine Blinddarm-
entzündung, die Marie Gabrielle während der weiteren Reise durch
die USA ertragen musste, denn man traute sich nicht, sie im fremden
Land zu operieren. Bis zur Rückkehr in München im August dauerte
die Sorge um ihre Gesundheit, dann wurde Marie Gabrielle sofort
operiert. Eine anschließende Venenentzündung machte ihr noch lange
zu schaffen und wegen der Gefahr einer Thrombose musste sie sich
ihr Leben lang schonen.

Schwere Jahre in München

Im Dezember 1903 wurde Prinz Rupprecht nach München versetzt
und die Familie zog von Bamberg ins Leuchtenberg-Palais am Odeonsplatz 4. Marie von Redwitz, inzwischen Hofdame von Marie José,
besuchte Marie Gabrielle in den folgenden Jahren oft. »Sie war lieb,
gemütlich und amüsant, erzählte von ihren interessanten Erlebnis-
sen, aber von allem Traurigem sagte sie kein Wort.«[10] Im Gegenteil,
in ihrem Schmerz hatte sie noch Mitgefühl für die Menschen in ihrer
Umgebung.

1905 kam Sohn Albrecht zur Welt, ein Jahr später erlitt Marie Gabrielle eine Totgeburt und wurde wieder schwer krank, es war die Rede
von Kindbettfieber oder einer Nierenerkrankung. Die Ärzte glaubten
nicht, dass die Prinzessin überleben würde. Das Volk stand in Scharen
vor dem Palais, um die neuesten Bulletins zu erfahren. Marie Gabrielle
kam nach monatelanger Pflege durch, aber sie wurde nicht mehr richtig
gesund. Trotzdem übernahm sie repräsentative Pflichten, wann immer
es ihr möglich war, auch wenn diese stets Rückfälle und Phasen der
Schonung nach sich zogen. Trotzdem wurde sie noch einmal schwanger und gebar 1909 ihr »Fliederkind« Rudolf. Sie nannte ihn so wegen seines Geburtsdatums am 30. Mai. Verschiedene Kuren in Italien,
in Ägypten und an der Nordsee, das Schonleben im Nymphenburger
Schloss oder im bayerischen Oberland prägten von nun an ihr Leben.
Eine Winterkur in Ägypten lehnte sie ab, sie wollte diesmal nicht so
lange von den Kindern getrennt sein. Als hätte sie etwas geahnt!

1912, ihr letztes Lebensjahr, verlief unfasslich tragisch, sie verlor drei Familienmitglieder: Im Mai ihre Schwester Amalie von Urach nach der Geburt des neunten Kindes, im Juni den gerade einmal dreijährigen Sohn Rudolf (er litt an Diabetes) und im September den Bruder Franz Joseph, der mit 24 an Kinderlähmung starb. Ein Kleidchen ihres Söhnchens ließ sie in ein mit Sternen und Lilien besetztes Ziboriummäntelchen für Kloster Zangberg umarbeiten. Sie beschrieb das selbst in einem Brief:

Der Kleine, Süße war noch ganz in weiß und blau gekleidet – wie alle meine Kinder der Mutter Gottes geweiht. Ein kleines, blaues Atlaskleidchen, in dem ich ihn besonders gerne sah – er war so recht das kleine, himmelblaue Marienengelchen darin – möchte ich so gerne dem Maialtar gewidmet wissen und zwar dahin, wohin mich mein Herz immer wieder zieht – nach meinem lieben Zangberg [...] und so auch ein Leintüchlein, das wir dem kleinen sterbenden Engel unter das Lockenköpfchen gelegt haben. [...] Es ist mir ein sehr lieber Gedanke, zu meinem Brautkleide diese kleine irdische Leidenshülle unseres Engels dem Zangberger Kloster weihen zu dürfen. Es ist, wie wenn der Kleine ein Stückchen ›Himmelsblau‹ zum Andenken zurückgelassen hätte.[11]

Den Nonnen schrieb Marie Gabrielle dazu: »Am 4. reise ich nach Neapel ab [...]. Beten Sie für mich, aber fest – bitte – ich weiß nicht, warum, ich ahne, daß ich es immer notwendiger brauche.«[12]

Tod in Sorrent

Im Oktober 1912 sollte Marie Gabrielle sich in Sorrent erholen. Aber kaum war Prinz Rupprecht abgereist, erlag sie am 24. Oktober 1912 einem Nierenversagen. Ihr Leichnam wurde nach München transportiert und in der Gruft der Theatinerkirche beigesetzt. Marie von Redwitz, die sie so gut kannte, verfasste eine Liebeserklärung an die Prinzessin:

Wie wenig herzlich war Prinzessin Marie Gabrielle als vierte Tochter willkommen geheißen worden, und wie schmerzlich wurde sie betrauert. [...] Sie schien die Prinzessin aus dem Märchenland, von

Duft und Vornehmheit umgeben, so liebenswürdig, so liebreizend an-
zusehen und so abgeklärt und gütig. Nie gab es bei ihr eine Klage, sie
verbarg stets alles Unangenehme. Man konnte kaum glauben, daß ein
solch starker Charakter in der zarten Hülle wohnen könne. Sie war als
Mutter und Frau unvergleichlich, und ging man von ihr, fühlte man
sich erfrischt und erhoben, soviel Harmonie strömte ihr Wesen aus. In
ihr sah das Volk eine künftige Königin, wie es eine zu sehen wünschte,
und dennoch kannten sie nur wenige genau, denn das Paar hielt sich
sehr zurück.[13]

1914 starb Luitpold, der älteste Sohn von Marie Gabrielle und
Rupprecht, mit 13 Jahren an Kinderlähmung. Von der einst so hoff-
nungsvollen Familie blieb dem Prinzen Rupprecht nur sein Sohn Albrecht. Im September 1914 schreibt Rupprecht an seinen Freund, den
Bildhauer Adolf von Hildebrand, er sei froh, dass seine Frau das nicht
mehr erleben musste. Erst 1921 heiratete er wieder und bekam noch
einmal sechs Kinder. Eine Tochter nannte er Marie Gabrielle ...

CB EO

MARIE GABRIELLE VON BAYERN, Kronprinzessin. * 9. Oktober 1878
in Tegernsee. Vater: Herzog Karl Theodor in Bayern (1839–1909), Augenarzt. Mutter: Maria José von Bragança, (1857–1943), Infantin von
Portugal. Fünf Geschwister. 1900 Hochzeit mit Kronprinz Rupprecht
von Bayern (1869–1955), Offizier. Fünf Kinder. † 24. Oktober 1912 in
Sorrent.

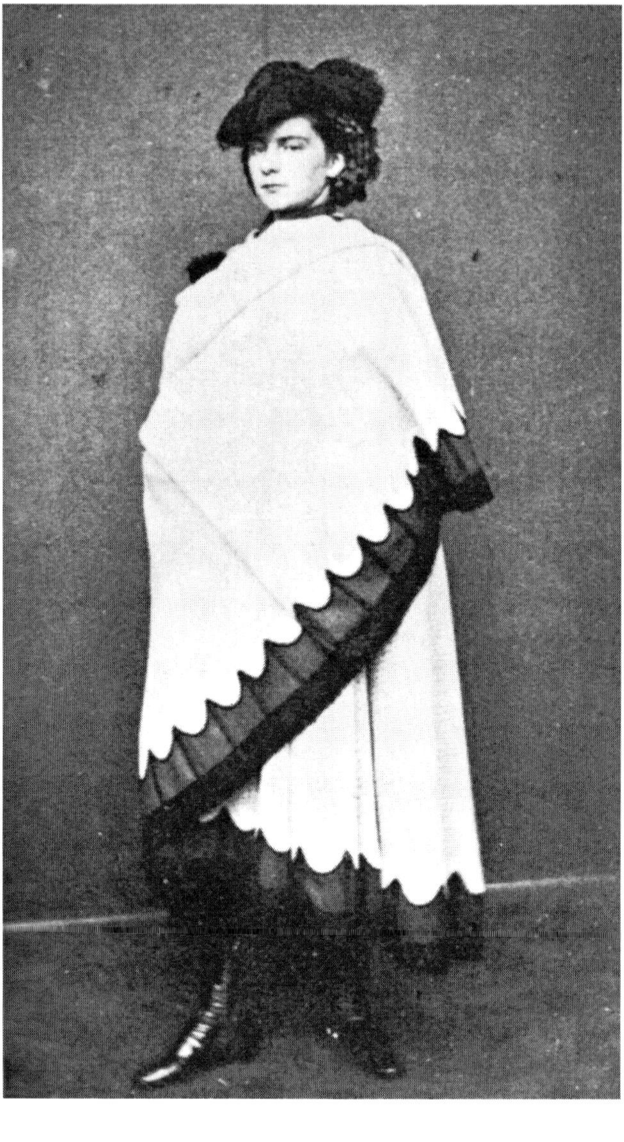

Marie Sophie in Bayern
(1841–1925)

Sisis kleine Schwester auf den Barrikaden

Jeder kennt Sisi, die zur Legende gewordene bayerische Prinzessin und spätere Kaiserin von Österreich-Ungarn – ihre Schwester Marie fast niemand. Zu Unrecht, war sie doch ebenso schön, ebenso jung verheiratet und ihr Leben wäre ebenfalls eine Verfilmung wert gewesen. Marie war sanft, fügsam und wohlwollend, wie ihre Mutter Ludovika sie pries, und – noch viel außergewöhnlicher: Sie besaß den Mut, sich in den Kanonendonner von Gaeta zu stellen und die Demut, ein langes Leben im Exil zu ertragen. Dazu kam: »[…] von allen fünf [Schwestern] war ich von Natur am meisten dazu veranlagt, mein Leben zu genießen.«[1] Vielleicht war es das, dank dem sie ein langes Leben ohne Eskapaden leben konnte?

»Einen Mann zu heiraten, den man garnicht kennt«

Marie Sophie Amalie war das sechste Kind von Herzog Max in Bayern und seiner Frau Ludovika. Die Familie lebte fern von höfischen Zwängen auf Schloss Possenhofen am Starnberger See, die Winter verbrachte man im väterlichen Palais in München. 1857 hielt das Königshaus beider Sizilien um die Hand von Marie Sophie für den Thronfolger Francesco an. Damit war es mit der Gemütlichkeit vorbei: Marie musste auf die Schnelle »thronfit« gemacht werden: Italienisch lernen, Französischkenntnisse verbessern, Konversation üben, höfischen Benimm trainieren. Marie mit ihren 16 Jahren war nicht erfreut. »Einen Mann zu heiraten, den man garnicht kennt, wäre doch sehr hart. […] Zum Glück ist an die Hochzeit noch gar nicht zu denken und hoffentlich noch recht lange nicht«[2], schreibt sie ihrer Cousine Auguste. Der bayerische Vertreter in Rom warnte vor der Ehe, auch Maries Vater Max riet per Telegramm ab, weil er den Heiratskandidaten für einen Trottel hielt.

Die Verhältnisse in Neapel waren zu der Zeit nicht einfach: König Ferdinand II. beider Sizilien war todkrank und seine Frau, Königin Maria Theresia, eine Habsburgerin, konnte man als einen schwierigen Charakter bezeichnen. Kronprinz Franz Maria Leopold hatte sich unter dem Einfluss von Stiefmutter und Kirche zu einem entscheidungsunfähigen, obrigkeitshörigen und verschlossenen jungen Mann entwickelt. Außerdem hatte er ein »kleines Problem« (eine Phimose), die er bisher nicht hatte operieren lassen. Politisch kündigten sich bereits gravierende Veränderungen in Italien an: Durch die vom Norden ausgehende Einigungsbewegung und die Aufstände im Süden war das Königreich beider Sizilien bedroht. Genau deshalb warben die Bourbonen um Marie: Sie hofften auf die Unterstützung eines zukünftigen kaiserlichen, österreichischen Schwagers; da fiel die kleine Mitgift der Braut nicht ins Gewicht.

Bilderbraut und -bräutigam

Dass Franz nicht attraktiv war, war auf dem Medaillon, das an seiner Stelle München und die zukünftige Braut erreichte, nicht zu sehen. Er sei eigentlich ganz schön, fand Marie und fügte sich in ihr Schicksal. Am 8. Januar 1859 fand in der Münchner Residenz die Trauung »per procurationem«, also in Abwesenheit des Bräutigams, statt. Fünf Tage später brach Marie zu ihrem Ehemann auf, mit einem Zwischenstopp in Wien, wo die zukünftige Königin Kaiser Franz Joseph I. offiziell vorgestellt werden musste. Kaiserin Elisabeth bereitete ihrer Lieblingsschwester noch einige schöne Wochen vor dem endgültigen Abschied. Am 1. Februar 1859 übergab Maries ältester Bruder Ludwig Wilhelm seine Schwester in Triest an die neapolitanische Abordnung, die mit ihr per Schiff nach Bari in Apulien weiterreiste. Das einzige Lebewesen, das die frisch gebackene Ehefrau aus der bayerischen Heimat mitnehmen durfte, war ihr Kanarienvogel Hansi.

Königin für ein Jahr

In Bari erwartete die ganze königliche Familie Marie. Diese konnte ihr Entsetzen kaum verbergen: Franz war klapperdürr, übergroß und dabei unscheinbar, die Königin herablassend, der König konnte seine Schwiegertochter nur auf dem Krankenlager empfangen. Die Hochzeitsnacht nach einem rauschenden Fest muss schrecklich gewesen sein, egal, welcher Version man glaubt. Nur eines ist bekannt: Die Ehe konnte wegen der Phimose nicht vollzogen werden.

Nach vier Wochen zog der Hof nach Caserta, der Hauptstadt der heutigen Region Kampanien. Dort starb König Ferdinand II. am 22. Mai 1859. Franz und Marie waren nun König Francesco II. und Königin Maria Sofia. Franz stand seiner neuen Aufgabe genauso hilflos gegenüber wie dem Ehebett und die Königin(stief)mutter tat alles, um das Heft in die Hand zu bekommen. Marie aber war anders gestrickt als ihre Schwester Sisi: Sie stellte sich den Problemen, kämpfte gegen das Regiment der Schwiegermutter und versuchte, ihren Mann aus seiner religiösen »Wolke« zu holen und zu politischem Handeln zu bewegen. Außerdem bemühte sie sich, ihrer neuen, absolutistisch regierten Heimat eine Verfassung zu geben. Das Konzept, das sie mit Regierungschef Carlo Filangeri erarbeitete, lehnte Franz aber rigoros ab. Er glaubte nach wie vor an das Gottesgnadentum seiner Regentschaft.

Im März 1860 kam es in Sizilien zu Revolten. Marie bedrängte Franz: »Besteige ein Pferd! Ich werde mit dir kommen.«[3] Er aber konnte nicht über seinen Schatten springen. So war die Landung des »Zugs der Tausend« unter der Führung des Revolutionärs Giuseppe Garibaldi (1807–1882) auf Sizilien nicht aufzuhalten. Im Sommer floh Exkönigin Maria Theresia mit ihren Kindern nach Gaeta nordwestlich von Neapel. Im August marschierte Garibaldi nach Kalabrien, einen Monat später floh auch das Königspaar Franz und Marie mit den wenigen verbliebenen Getreuen nach Gaeta.

Die Heldin von Gaeta

Die Festung Gaeta war das letzte Bollwerk des Königreichs beider Sizilien. Die Stadt wurde von zwei Feinden belagert: dem Königreich Sardinien-Piemont und den Truppen Garibaldis. Beider Ziel war die Einigung Italiens (»Risorgimento«) in einem unabhängigen Nationalstaat. Gaeta stand unter heftigem Beschuss und Marie wurde schnell zur Symbolfigur des Widerstands der Königstreuen. Sie versteckte sich nicht im Palast, sondern besuchte die Kasernen, die Arbeiten an den Barrikaden, die Bevölkerung. Sie half bei der Versorgung der Verwundeten und Sterbenden. Auf den Rat hin, seine Frau in Sicherheit zu bringen, antwortete Franz: »Sie will mit mir bis zum Ende mein Geschick teilen und sich durch die Leitung der Verwundeten- und Krankenpflege in den Spitälern aufopfern. Vom heutigen Abend an gibt es in Gaeta eine barmherzige Schwester mehr«[4], zitiert ihn Arrigo Petacco und meint, »Franz hätte besser daran getan, wenn er geschrieben hätte, daß es in Gaeta ›einen Soldaten mehr‹ gab, denn dies war die genaue Beschreibung der heroischen Königin«.[5] Der französische Journalist Charles Garnier war vom ersten bis zum letzten Tag in Gaeta dabei. Im Dezember 1860 schreibt er in sein Tagebuch: »Die reizende Königin der beiden Sicilien hat Heldenblut in den Adern. Sie ging heute auf den Batterien spazieren; die Kugeln schlugen von Zeit zu Zeit in ihre Nähe; sie lächelte bei ihrem Pfeifen.«[6] Eine Seeblockade im Januar, Typhus in der Stadt und der zunehmend effektive Beschuss forderten viele Opfer unter Bürgern und Soldaten. Am 13. Februar kapitulierten die Königstreuen und zogen unter dem Geleit des Volkes und der Soldaten zum Hafen. Unter Ehrenbezeugungen gingen Marie und Franz am 14. Februar auf das französische Schiff »Mouette«, das für sie bereitstand. Bei der Abfahrt »salutirte die Hafenbatterie den Monarchen mit 101 Kanonenschüssen; eine große Flagge, welche auf der Bastion aufgehißt war, neigte sich dreimal langsam und verschwand von dem Walle«[6], schildert Garnier. »In der Erinnerung dessen, was ich gesehen, entblöße ich mein Haupt mit einer Ehrfurcht, welche ich nicht vor dem Thron des mächtigsten Cäsaren empfinden würde.«[7] In Terracina empfing eine französische Garnison die Majestäten und ihr Gefolge und brachte sie nach Rom.

»Die zürnende Adlerin aus Bayern«[8]

Ganz Europa nahm Anteil am Schicksal des jungen Königspaars und bewunderte Marie für ihren Mut. Von überall her erhielt sie Ehrungen, Tausende von Briefen erreichten sie: ein goldener Lorbeerkranz, ein Ehrendegen und eine silberne Tafel mit den eingravierte Versen: »Ein Heldenherz in zarter Frauenbrust – ein Heldenschwert in Frauenhand – Ein Heldengeist, der keine Schrecken kennt – schwebst du, ein Lichtbild, über Raum und Zeit.«[9] Dichter verfassten Hymnen auf sie, die schon 1861 einen Band mit 120 Seiten[10] füllten – die späteren hat vermutlich noch niemand gezählt. Franz Grillparzer, Marcel Proust, Gabriele d'Annunzio und Benedetto Croce dürften die bekanntesten sein, die Marie verherrlichten. Am schönsten gelang dies dem Dichter und Liedermacher Ferdinando Russo 1919 auf neapolitanisch, in sage und schreibe 50 Strophen:

E 'a Riggina! Signò! ... Quant'era bella! – [...] *nn'erano nnamurate tuttuquante! cu chillo cappellino 'a cacciatora, vui qua 'riggina! chella era na Fata!* [Sie ist die Königin! Herrschaften! ... Wie schön war sie doch! – [...] Alle waren in sie verliebt mit ihrem Jägerhütchen! war sie nicht nur Königin! Sie war eine Fee!][11]

Maria Arndts (siehe S. 89ff.) komponierte die »Hymne Ihrer Majestät Maria Sophia Amalia, Königin beider Sicilien, ehrfurchtsvoll dargebracht von Maria Arndts, gebornen Vespermann. Für eine Singstimme mit Klavierbegleitung. Wien 1861«, mit der Fußnote: »Der Ertrag ist für verwundete Vertheidiger von Gaeta bestimmt.«[12]

Der Historienmaler Ferdinand Piloty reiste im Auftrag von König Max II. 1863 nach Gaeta, um ein heroisches Gemälde der Königin unter Soldaten und Kanonen anzufertigen.[13] Und selbst für einen modernen Kriminalroman war die Exkönigin Marie interessant.[14] Gedenkmünzen wurden herausgegeben, als die Gebeine der königlichen Familie nach Neapel umgebettet wurden und nochmals im Gedenkjahr 2001 zu »150 Jahre italienische Einheit«. Und das ist nicht alles ...

Exiljahre in Rom

Mit dem Abzug aus Gaeta war das Königreich beider Sizilien Teil des neuen italienischen Staats. Der Hof blieb neun Jahre in Rom, unter dem Schutz des Papstes. Marie hasste alles dort und reiste im April 1861 völlig verzweifelt nach Possenhofen, wo sie verkündete, sie würde sich scheiden lassen, ins Kloster gehen – egal was, alles besser als Italien! Aber sie musste vernünftig sein. Wenigstens kam jetzt auch ihre Schwester Mathilde nach Rom – sie heiratete im Juni 1861 Luigi Graf von Trani, einen Stiefbruder von Franz. Die Schwestern machten sich im Rahmen ihrer Möglichkeiten ein vergnügtes Leben in Rom: Ausritte mit den Schwägern, das prächtige Haar dabei offen wehend, Schwimmen im Meer, Schießübungen, Spaziergänge mit den großen Hunden, Fotografieren, Gespräche mit dem Volk und Liaisons. Das war schon genug Stoff für Aufregungen, aber es kam noch ein ausgewachsener Skandal dazu. Marie war zur Symbolfigur des »Legitimismo« geworden, der Überzeugung, dass ein Herrscherhaus nicht abgesetzt werden kann. Deshalb vermutlich wollte man ihr schaden und lancierte 1862 angebliche Nacktfotos von ihr in den Zeitungen. Vor Gericht stellte sich heraus, dass der Fotograf Maries Kopf auf den Körper seiner Geliebten montiert hatte. Ein Makel blieb dennoch an Marie hängen.

Geschichten, die nun mal passieren

Auch Liebesbeziehungen gehörten zu den Vergnügungen der Schwestern. Prompt wurde Marie schwanger. Von Franz konnte das Kind (immer noch) nicht sein, über den tatsächlichen Kindsvater weiß man nichts. Im Juni 1862 reiste Marie unter strengstem Inkognito wieder nach Possenhofen, eine Krankheit vortäuschend. Man versteckte die Schwangere in einem Kloster bei Augsburg, wo sie im November ein Mädchen gebar. Es wurde sofort weggegeben, das Schicksal des Kindes ist unbekannt. Im Kloster schweigt man noch heute dazu. Marie Louise Gräfin von Larisch-Wallersee, die Tochter von Maries Bruder Ludwig, spann daraus Jahrzehnte später eine abenteuerliche Geschichte.[15] Nichts davon ließ sich aber nachvollziehen.

Nachdem Marie den Skandal, die Geburt und die Trennung von ihrem Kind verarbeitet hatte, war sie wieder bereit für ihren Ehemann. Sie gestand ihm in einem Brief die ganze Geschichte. Er reagierte mit Größe und bat sie zurückzukommen. In Rom hatte sich nichts verändert. Ihr Leben blieb langweilig und unerfreulich und im Sommer 1863 floh Marie wieder, dieses Mal nach Wien zu ihrer großen Schwester. Elisabeth nahm jetzt Maries Leben in die Hand, bevor diese gänzlich in einer Depression versank. Sie überredete Franz zu einer Operation an seinem »kleinen Problem« und versprach Marie eine Überraschung in Rom. Es war ein prunkvolles Ehebett! Im April 1869 war Marie schwanger – diesmal von Franz – und brachte an Weihnachten eine Tochter zur Welt. Maria Pia Christina starb tragischerweise schon nach drei Monaten. Ein weiteres Kind verlor Marie 1872 während der Schwangerschaft.[16]

München — Karlsplatz.

Im Hotel »Bellevue« am Karlsplatz, dem späteren »Königshof«, verbrachte Marie ihre letzten Lebensjahre.

Im Exil: Reisen und Verschwörungstheorien

Im Mai 1870 mussten Marie und Franz Rom verlassen. Die italienischen Truppen waren in den Vatikanstaat eingedrungen, damit waren sie dort nicht mehr geduldet. Marie und Franz erwarben das Schloss Garatshausen am Starnberger See und lebten von nun meist in Paris, aber auch in Bayern. Maries Familie lernte Franz als einen gebildeten, liebenswürdigen Mann schätzen. Er lebte sehr zurückgezogen, oft auch ohne Marie. Die Winter verbrachte er gerne in Arco am Gardasee, dort starb er 1896 mit 58 Jahren an Diabetes.

In Paris lebte Marie im Vorort Neuilly. Sie baute eine Pferdezucht auf und betrieb eine Stickerei. Ihre Schwestern Sophie Charlotte d'Alençon und Mathilde von Trani mit Familien lebten ebenfalls in Frankreich. Man sah sich oft und bekam viel Besuch. Marie Gräfin Festetics de Tolna, die Hofdame von Kaiserin Elisabeth, lernte die Exkönigin im September 1872 in Bayern kennen:

Sie ist schön, wunderschön mit den mandelförmig geschnittenen Samtaugen. Etwas um den Mund gefällt mir nicht, ist nicht im Einklang mit den melancolischen, sanften, wundervollen Augen! Sie erinnert sehr an die Kaiserin. Die Schwestern scheinen überhaupt bestrebt zu sein, ihre Ähnlichkeit zu pflegen. Gestalt, Schleier, Frisur, Toilette, Gewohnheit [...].[17]

Aber sie hatte eine schlechte Meinung von Marie: »Spitze Nase, spitzes Kinn, da sitzt der Teufel mitten drinn.«[18] Marie sei ein »beunruhigendes Element«[19] für Sisi, Festetics bezeichnet sie als »kleinen bösen Dämonen«, der Elisabeths Unzufriedenheit schüre, weil sie so gänzlich frei lebte.

Auch in England, wo sie ein Jagdschloss besaß, hielt Marie sich mehrmals auf. Hier konnte sie ihre Passion, das Reiten, ausleben. Parforcejagden ritt sie gerne zusammen mit Elisabeth. Intrigen um einen attraktiven Reitlehrer und ein hässlicher Streit entzweiten aber die Schwestern, sie versöhnten sich nicht mehr.

Es wird häufig behauptet, Marie habe all die Jahre im Exil Anarchisten unterstützt, um das verlorene Königreich wieder zu installieren, sogar in die Ermordung von König Umberto I. im Jahr 1900 sei sie involviert gewesen. Vor allem Arrigo Petacco, der 1994 eine große, aber nicht unbedingt fundierte Biografie über Marie verfasst hat, vertritt diese Ansicht, gibt aber keine Quellen an. Genauso wenig wie die zahlreichen italienischen Journalisten, Institutionen, Websites und Blogs, die sich immer noch mit Marie, der letzten »Königin des Südens«, beschäftigen. Belegt ist nur die lebenslange emotionale Bindung Maries an Italien.

Die letzten Jahre in München

1915 wurde Marie wegen des Kriegszustands mit Deutschland aus Frankreich ausgewiesen, angeblich auch als »reine aux anarchistes«[20], und sie zog nach München. Da ihr nicht mehr viele Mittel zur Verfügung standen, lebte sie zusammen mit ihrer Schwester Mathilde von Trani (sie war seit 1888 verwitwet) in einer kleinen Wohnung im Wittelsbacher Palais (ehemals Brienner Straße 18/20), zuletzt im »Hotel Bellevue« am Karlsplatz. Marie ritt noch jeden Morgen aus, beobachtete 1818 die Beschießung des Justizpalasts von ihrem Fenster aus und empfing Aristokraten, entmachtete Könige, den päpstlichen Nuntius Eugenio Pacelli sowie Kardinal Michael von Faulhaber.[22]

Am 18. Januar 1925 starb Marie Sophie, sie wurde in München beigesetzt. 1935 überführte man ihre Gebeine nach Rom zu Mann und Tochter in die Kirche Santo Spirito dei Napolitani. 1984 fanden die Überreste der Familie ihre letzte Ruhe in Neapel im Pantheon der Bourbonen-Basilika Santa Chiara. Mathilde starb nur wenige Monate nach ihrer Schwester, am 18. Juni 1925, und wurde auf dem Münchner Waldfriedhof beerdigt. Das Grab existiert nicht mehr, es wurde 1977 aufgelassen.

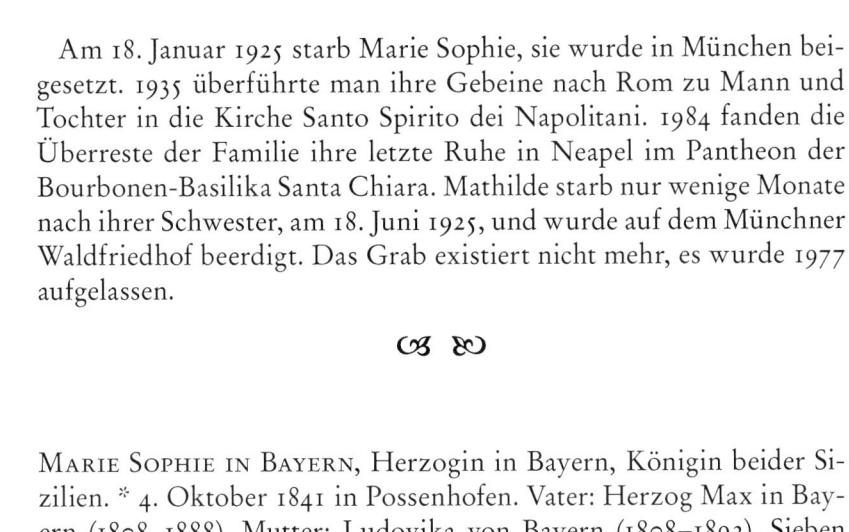

MARIE SOPHIE IN BAYERN, Herzogin in Bayern, Königin beider Sizilien. * 4. Oktober 1841 in Possenhofen. Vater: Herzog Max in Bayern (1808–1888). Mutter: Ludovika von Bayern (1808–1892). Sieben Geschwister. 1859 Hochzeit mit Franz II. von Bourbon (1836–1894). Zwei Kinder. † 19. Januar 1925 in München.

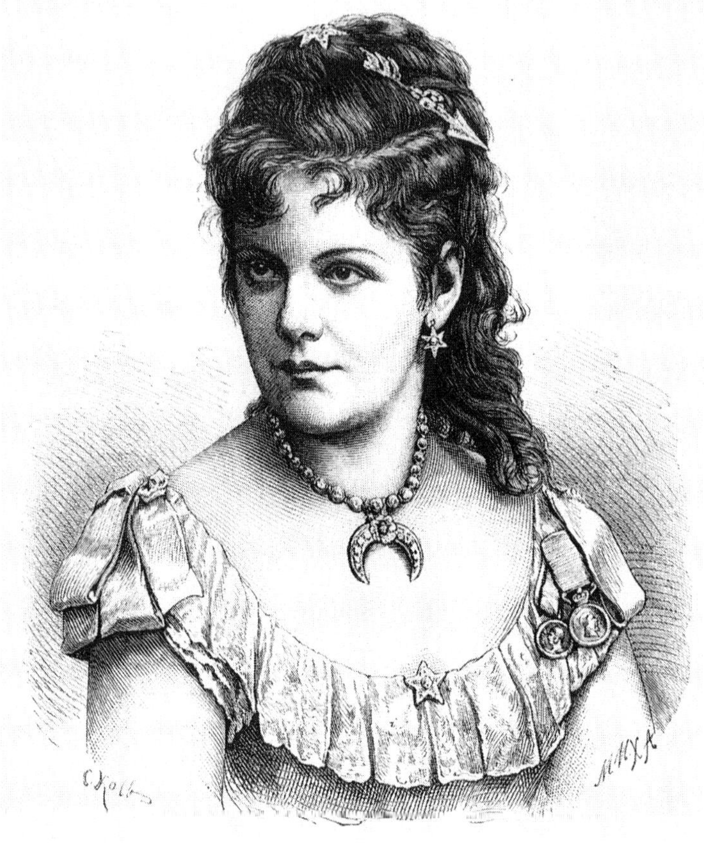

Sofie Menter
(1846–1918)

Virtuos wie kaum eine

D ie technischen Fähigkeiten der Pianistin Sofie Menter müssen schon früh großartig gewesen sein. Zu Lebzeiten war sie eine Legende und gleichzeitig Objekt kontroverser Kritiken. Darstellende Künstler geraten noch leichter in Vergessenheit als die Meister des Wortes oder des Pinsels, denn ohne die Möglichkeit, sie sich »live« anzuschauen, bleibt nicht viel von ihnen für die Nachwelt. So erinnert sich kaum jemand noch an diese Virtuosin, obwohl sogar ein paar Tondokumente existieren. Da es aber kaum Aufzeichnungen gibt und keinen Nachlass, muss vieles aus dem Leben von Sofie Menter im Dunkeln bleiben.

Das Klavier, eine frühe Liebe

In der Familie von Sofie (eigentlich Sophie, aber sie bevorzugte das »f«) Menter wurde Musik großgeschrieben. Sowohl die Eltern, Joseph und Wilhelmine, als auch einige Geschwister waren Musiker. Sofie konnte schon mit vier Jahren nach dem Gehör auf dem Klavier spielen. Vielleicht hat sie sich das bei ihren älteren Schwestern abgeschaut – die jedenfalls gaben ihr den ersten Unterricht. Mit sieben kam sie dann zu professionellen Lehrern und mit zehn an die Musikschule, wo sie rasch große Fortschritte machte. Am 24. November 1861 debütierte sie bei einem Konzert der Musikalischen Akademie unter Hofkapellmeister Franz Lachner mit einem Stück von Carl Maria von Weber. Es folgten Konzerte in München und Konzertreisen. In Leipzig feierte sie 1867 die ersten großen Erfolge mit Franz Liszts hochvirtuosem Stück »Franziskus über die Wellen schreitend«. Der Liszt-Schüler und Pädagoge Carl Tausig wurde auf Sofie Menter aufmerksam, bei ihm in Berlin studierte sie zwei Jahre und gewann als seine Meisterschülerin die musikalische Reife. Gleichzeitig hatte sie eine Stelle als Hofpianistin des Fürsten von Hohenzollern-Hechingen in Löwenberg / Schlesien. An dieser fürstlich Hechingen'sche Kapelle hatten schon Sofies Eltern und ein Großvater gespielt. Hier lernte Sofie auch den Cellisten David Popper aus Prag, ihren zukünftigen Mann, kennen.

Leben auf Achse

Nach der Hochzeit 1872 lebte das Ehepaar Popper in Wien, ab 1877 im österreichisch-ungarischen Pest. Sofie und David Popper gaben gemeinsame Konzerte, unternahmen aber auch zahlreiche Konzertreisen als Solisten. 1886 ließ sich das Ehepaar scheiden, über das Schicksal der 1876 geborenen Tochter Celeste ist nichts bekannt.

Sofie war eine der berühmtesten Pianistinnen ihrer Zeit, gefragt vor allem als Solistin, sie gab aber auch Konzerte mit Kammermusikensembles. Zwischen 1879 und 1882 führten mehrere Gastspiele sie nach Russland. 1883 übernahm sie für vier Jahre die Klavierklasse am Konservatorium von St. Petersburg. Dort gab sie 1890 ein Konzert, das sogar die Ordnungsmächte auf den Plan rief. Das Publikum folgte nämlich der Künstlerin applaudierend bis auf die Straße. Die Polizei vermutete eine »Nihilisten-Affäre«, also einen Aufstand, und schritt ein.[1]

Nach 1886 lebte Sofie Menter im Sommer, wenn keine Auftritte im Terminplan standen, auf Schloss Itter in Tirol, das sie von einem Münchner Unternehmer gekauft hatte. 1888 zog sie ganz dorthin und unternahm von dort aus ihre Konzerttourneen. Ab 1889 musste Sofie Menter ihre Auftritte reduzieren. Sie kränkelte schon immer leicht, jetzt war die Rede von einem Nervenleiden und von Asthma. 1902 traten erste finanzielle Probleme auf. Sofie Menter musste das Schloss verkaufen, ebenso ihre kostbare Sammlung von Notenhandschriften, und zog nach Berlin. Dort gab sie Klavierunterricht und trat nur noch selten öffentlich auf. 1911, als die Musikerkarriere endgültig beendet war, kehrte sie nach Bayern zurück und lebte in Stockdorf nahe München. Ein letztes Konzert ist für 1912 in der Münchner Tonhalle nachgewiesen. Über die Jahre bis zu ihrem Tod 1918 gibt es keine Nachrichten mehr. Ihr Grab liegt auf dem Alten Südlichen Friedhof in München.

Freundschaften: Liszt und Tschaikowski

Als Sofie Menter 1869 in Leipzig konzertierte, suchte Franz Liszt sie auf und sie musizierten miteinander. »[...] als sie geendet hatte, kniete er vor ihr nieder und küßte ihr alle zehn Finger, einen nach dem anderen.«² Später erzählt sie:

Den glücklichsten Moment meines Lebens bereitete mir [...] der Unvergeßliche nach einem Konzert im Redoutensaal in Pest, wo ich die Don-Juan-Phantasie spielte. Er war in der darauffolgenden Soirée [...], wo er mir vor der ganzen Gesellschaft versicherte, er habe seit Tausig keine so vollendete Leistung gehört.³

Mit Liszt verband sie eine lebenslange persönliche und musikalische Freundschaft, sein letztes Klavierkonzert ist ihr zugedacht. Gerne besuchte Liszt Sofie auf ihrem Schloss in Tirol. Man kann oft lesen, Sofie Menter sei seine Schülerin gewesen; das dementierte er selbst aber in einem Brief an die amerikanische Pianistin Amy Fay: »[...] er könne sich die Ehre ihres künstlerischen Erfolges nicht zurechnen.«⁴

Auch zum russischen Komponisten Pjotr Iljitsch Tschaikowski bestand eine gute Beziehung. Mindestens für 1892 und 1893 ist sein Aufenthalt auf Schloss Itter dokumentiert.

Pianistin, Komponistin und Pädagogin

Als Pianistin hat Sofie Menter eine ganze Reihe Ehrungen erhalten, unter anderem war sie kaiserliche Hofpianistin und wurde als erste Frau zum Ehrenmitglied der London Philarmonic Society gewählt. 1906 spielte sie in Leipzig Stücke auf Notenrollen für selbstspielende Klaviere ein. Dank dieser Dokumente kann man heute auf Youtube einen Eindruck von ihrem virtuosen Spiel gewinnen.⁵

Von der Komponistin Sofie Menter sind zwölf kleinere Werke für Klavier solo erhalten sowie das Klavierkonzert »Ungarische Zigeunerweisen«⁶. Über die Entstehungsgeschichte dieses Stücks diskutieren die Musikwissenschaftler allerdings: Wie viel ist von ihr, wie viel von Liszt, wie viel von Tschaikowski? Das lässt sich wohl nicht klären.

Zur pädagogischen Arbeit von Sofie Menter ist nichts bekannt, denn sie hat keine Lehrwerke hinterlassen. Auch über ihre SchülerInnen weiß man kaum etwas.

Weibliche Musik? Männliche Musik?

Die musikalischen Qualitäten der Sofie Menter wurden von den Zeitgenossen sehr unterschiedlich gesehen. Das Publikum liebte sie, der Beifall wurde nach Vorhängen gemessen. Die Kritiker aber beurteilten ihr Spiel sehr unterschiedlich. Die Meinungen reichten von genial, technisch perfekt, kraftvoll bis kalt, lau bis unsensibel. Und, wie so oft, wenn Frauen öffentlich auftraten, wurde über männliche oder weibliche Aspekte in ihrem Schaffen diskutiert.

Liszts Werke nahmen den größten Raum ein im Repertoire der Sofie Menter, damit war sie festgelegt auf ein technisch anspruchsvolles, virtuoses und kraftvolles »männliches« Spiel. Diese Musik lag ihr, außerdem bediente sie damit die »Lisztomanie« ihrer Zeit. Auch Beethovens Werke galten als männlich. Über den letzten Satz von dessen »Waldsteinsonate«, die zu seinen Lebzeiten als unspielbar galt, heißt es in der »Neuen Berliner Musikzeitung«, er könne »überhaupt nicht von Frauenfingern bewältigt werden [...] es sei denn das geniale Mannweib Sofie Menter«.[7] Im Kontrast dazu stand ihr weibliches Auftreten, das sie mit farbigen Abendkleidern, langen, offenen Haaren und viel Schmuck zelebrierte. Uns erscheint diese Diskussion heute müßig. Wir erwarten heute von allen Musikern technische Perfektion, unabhängig vom Geschlecht. Dass Frauen im Musikbetrieb immer noch unterrepräsentiert sind, hat damit nichts zu tun.

☙ ❧

SOFIE MENTER, Pianistin, Komponistin, Musikpädagogin. * 29. Juli 1846 in München. Vater: Joseph Menter (1808–1856), Cellist und Komponist. Mutter: Wilhelmine Diepold, Sängerin und Schauspielerin. Acht Geschwister. 1872–86 Ehe mit David Popper (1843–1913), Cellist. Eine Tochter. † 23. Januar 1918 in Stockdorf.

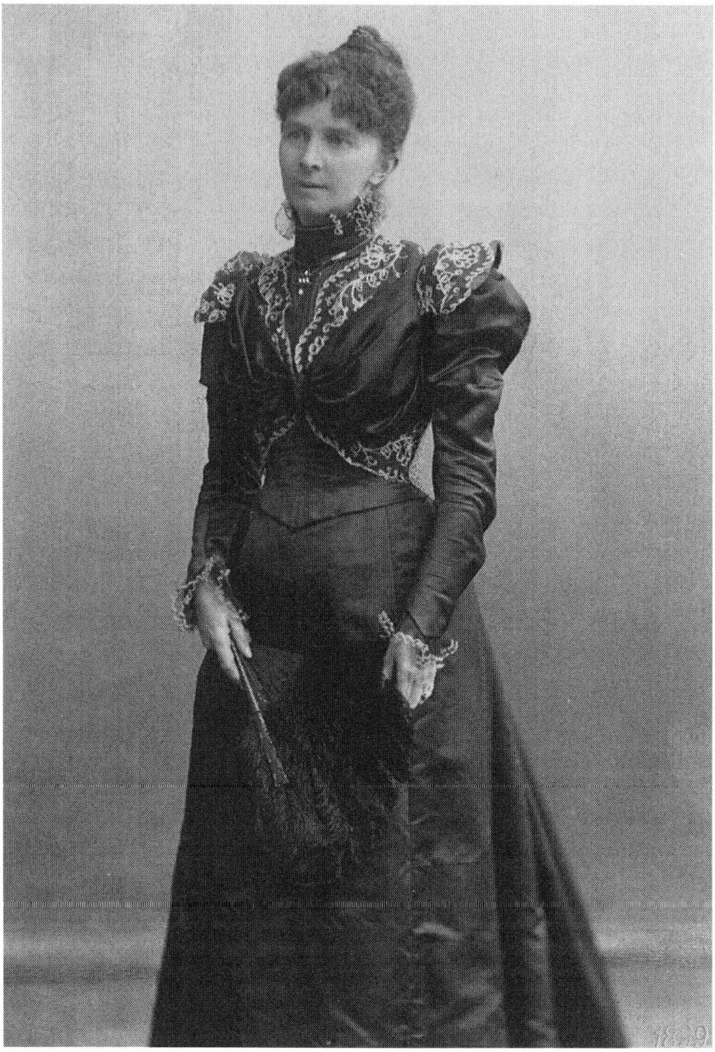

Marie von Miller
(1861–1933)

Eigentlich wollte sie malen

Die junge Marie Seitz liebte es, zu malen und zu zeichnen. Künstlerin zu werden, das hätte ihr gefallen. Sie bekam dafür Privatunterricht, denn die Kunstakademie stand Frauen bis 1920 nicht offen. Selbstzweifel blieben nicht aus: »[...] was nützt so eine Stümperin auf der Welt?«[1] Das Tagebuch der 17-Jährigen verrät, dass sie der Mut verlassen hat: »Malerin, das wird jetzt mein Beruf sein. Ich hatte mir einen süßeren eingebildet!«[2] Meinte sie mit »süßer« den Beruf der Ehefrau und Mutter? In diesem Dilemma steckte jede Frau im 19. Jahrhundert. Vom Malen hätte sie nie leben können und ob ein Ehemann eine mehr als hobbymäßige Beschäftigung akzeptiert hätte, so wie das Wilhelm von Freyberg, der Mann der Malerin Electrine, tat (siehe S. 69ff.), ist mehr als fraglich. Das war Marie sicher klar. Bis es aber soweit war mit dem »süßeren Leben«, malte und fotografierte sie weiter, vor allem auf den vielen Reisen der Familie.

Was lange währt, wird endlich – Oskar!

Schon mit 16 Jahren lernte Marie den sechs Jahre älteren Oskar von Miller kennen. Der Sohn des berühmten Erzgießers Ferdinand von Miller war mit ihrem Bruder befreundet; man sah sich beim Eislaufen am Kleinhesseloher See und verliebte sich ineinander. Oskar hatte allerdings Vorbehalte, wenn auch nicht gegen Marie. Aber er war sich wohl nicht sicher, wie sich sein zukünftiger Beruf als Ingenieur und die damit verbundenen Reisen mit einer Familie vereinbaren lassen würden und war deshalb hinsichtlich einer Heirat zurückhaltend. Dazu kam ein anderes gravierendes Problem: Marie war protestantisch und die Familie Miller streng katholisch, für sie war eine konfessionelle Mischehe unvorstellbar. Deshalb erfuhren Oskars Eltern lange nichts von der jungen Liebe. Sie erwarteten von ihrem Sohn sowieso zunächst Leistung und eine anständige Stellung, bevor von Heiraten die Rede sein konnte. Marie hatte also reichlich Zeit, um sich weiterzubilden in Geografie, Geschichte und Kunstgeschichte – was ein Mädchen eben so lernen durfte. Bevor Oskar 1881 zur Elektrizitätsausstellung nach Paris fuhr, verlobten er und Marie sich – heimlich. Und dann passierte ihm eine Freud'sche Fehlleistung: Er schrieb aus Paris Briefe an Marie und an den Bruder Fritz und steckte sie in das jeweils falsche Kuvert. Auf die Vorwürfe des Bruders antwortete er:

Ich bin überglücklich, dass du durch einen Zufall in ein Geheimnis eingeweiht wurdest, in dem ich dich längst zum Vertrauten haben wollte [...]. Ich will auch nicht [...] schon mit 26 heiraten, ich will und werde so lange warten, bis ich eine Stelle erworben habe, in der mich dieser Schritt an meinem Vorhaben nicht verhindern kann, allein die Wahl ist bei mir schon entschieden, nur die Zeit ist nicht bestimmt und diese darf noch viele Jahre sein.[3]

Anlässlich der Münchner Elektrizitätsausstellung 1882 machte Oskar seiner Marie auf seine Weise eine Liebeserklärung: Vor dem Haus der Familie Seitz installierte er eine elektrisch beleuchtete Laterne – die erste der Stadt! Es dauerte aber doch noch ein Jahr, bis er seine Familie einweihte. Vater Ferdinand von Miller war bezüglich der Religion mehr als skeptisch. Nachdem aber die Braut versprochen hatte, katholisch zu heiraten und die Kinder in diesem Glauben zu erziehen, gab er seine Einwilligung. Aber zunächst trat Oskar eine Stelle als Direktor bei der Edison-Gesellschaft (später AEG) in Berlin an und ging erst einmal für mehrere Monate auf Reisen nach Übersee. Nach seiner Rückkehr wurde dann endlich die Verlobung gefeiert.

Gattin, Hausfrau, Mutter – und noch mehr

1884 stand der Hochzeit von Oskar und Marie nichts mehr im Wege. Am 23. Februar heirateten die beiden im Neuhauser Winthirkircherl, wo schon Ferdinand von Miller seine geliebte Anna zur Frau genommen hatte. Das Paar zog nach Berlin, vier Kinder kamen dort auf die Welt. Oskar war, wie angekündigt, häufig auf Reisen. 1889 kündigte er die Berliner Stelle, um sich in München selbstständig zu machen. Marie zog mit den Kindern zu ihren Eltern, Oskar zu seinen, bis sein

Ingenieurbüro im nächsten Jahr genug Geld für eine Etagenwohnung einbrachte. 1899 konnte er ein großes Haus auf dem Gelände der väterlichen Erzgießerei bauen: zehn Zimmer, zwei Dienstbotenzimmer, eine große Küche mit allem technischen Komfort, ein Badezimmer, ein Salon, eine Zentralheizung, im ersten Stock kam das Büro mit zahlreichen Angestellten unter. Nur ein Atelier für Marie war nicht vorgesehen, sie konnte sich lediglich eine Malecke im Schlafzimmer einrichten.

Die prächtige Villa der Millers am Ferdinand-Miller-Platz 3 fiel den Bomben des Zweiten Weltkriegs zum Opfer.

In den folgenden Jahrzehnten waren beide Ehepartner voll ausgelastet. Oskar von Miller mit dem Büro und all den technischen Wunderwerken, die er auf die Beine stellte: das Deutsche Museum und das Walchenseekraftwerk, um nur die größten Projekte zu nennen. Dazu war er viel auf Reisen. Marie von Millers Leistungen sind nicht weniger anerkennenswert: Da waren viele Kinder und das große Haus zu versorgen. Dazu der zweite Haushalt für die Sommer in der Niederpöckinger Villa am Starnberger See. Feste zu jeder sich bietenden

Gelegenheit mussten ausgerichtet werden, Familienzusammenkünfte im großen Clan zu bestimmten Gedenktagen, dazu Feiern mit Freunden und Kollegen. »Bei den alljährlichen Bockfrühschoppen und am Faschingsdienstag kamen bis zu achtzig Gäste, nicht gerade zur Freude der Mutter«⁴, erzählt Sohn Hermann. Bei den regelmäßigen Dienstagsgesellschaften waren es 20 bis 30 Gäste. Wie sollte sie da noch Zeit fürs Malen finden?

1904 starb die Tochter Elisabeth mit 19 Jahren, das konnte Marie von Miller kaum verwinden. Im Ersten Weltkrieg musste sie um drei Söhne bangen. Dann endlich konnte sie die großen Reisen, die ihren Mann nach Nordamerika, nach Südostasien führten, mitmachen. Der »Oma-Tag«, an dem sich einmal in der Woche fünf Enkelkinder bei ihr versammelten, fiel dann natürlich aus.

Die Stille und der Macher

Für Oskar von Miller war der Platz seiner Frau genau definiert: an seiner Seite, die familiäre und gesellschaftliche Seite seines nicht unkomplizierten Lebens gestaltend. Marie dachte nicht anders:

[…] *dem Mann gehört der Welt, er muss ringen und kämpfen, um seinen Platz, auf den ihn der Höchste gestellt hat, recht zu behaupten. Und Gott hat ihm die Gefährtin gegeben, dass sie ihn unterstütze […] Und wenn sie ihn wirklich treu liebt, so wird ihr kein Opfer zu schwer werden, ja, es wird ihr nicht als Opfer erscheinen, frühere Gewohnheiten aufzugeben, wenn sie den geliebten Mann dadurch glücklich sieht […]. Sie erreicht ihr höchstes Ziel, wenn sie ein glückliches, frohes Heim den Ihrigen zu bereiten versteht. Denn das ist ihr Werk, ihre heiligste Pflicht! Das ist die Aufgabe des Weibes. Ihr Walten und Schaffen gehört dem Hause, der Familie, die ihre Welt und ihren Wirkungskreis bilden.*⁵

Diese Aufgabe, die noch mindestens in der ersten Hälfte des 20. Jahrhunderts die Rolle der Frau prägte, sollte, so Marie, mit Liebe erfüllt werden: »Man suche das Glück im Herzen. Dort liegt es still bei jedem Menschen. Die Liebe ist's, die beglückende, die nicht für sich sorgt, die für andere lebt, die aufopfernde, selbstvergessene, vergebende Liebe […].«⁶

Das Leben und das Wesen von Oskar von Miller waren eigentlich ein bisschen zu »groß« für Marie. »Ihr Mann war ihr zu lebhaft. [...] In seiner dominanten Art griff er ständig in das Leben der Familie ein.«[7] Er war ein Mann der Tat, voll Energie und Ideen; ein fordernder Mann, ein strenger, sparsamer Vater. »Hier darf jeder tun, was ich will«, heißt bezeichnenderweise eine kleine Schrift mit Anekdoten und Zitaten aus dem Leben Oskar von Millers.

Marie dagegen war zart und eher introvertiert, sie litt oft unter Asthma. Deshalb waren die vielen Reisen und die Bergtouren, die Oskar so liebte, nichts für sie. Sie blieb meist zu Hause. Ihre Bedürfnisse fanden wenig Aufmerksamkeit. Zum 70. Geburtstag beispielsweise hatte sie sich nur eine kleine Feier gewünscht. Oskar aber »überraschte« sie mit 70 Gästen – nicht zum ersten Mal. »Die Enkel symbolisierten in Schaugerichten den Speisezettel. [...] Mutter hatte die Einladung natürlich wieder viel Mühe gemacht«[8], erzählt der älteste Sohn Hermann Aber sie war mit diesem Platz im Leben doch meistens zufrieden. Marie »[...] hat ihren Kindern all die Wärme, Nähe und Fürsorge gegeben, die sie brauchten. Sie [...] schuf einen inneren Kries familiären Glücks, ohne den auch ihr Gemahl letztlich vielleicht nicht die Kraft gehabt hätte, zu dem großen Verwirklicher zu werden, der in ihm angelegt war.«[9] So würdigt ihre Urenkelin den Beitrag ihrer Urgroßmutter zum Familienleben und dem Schaffen ihres Mannes. Aber sie sieht auch den Verzicht, den Marie dafür geleistet hat. Gewiss war Marie schon vor der Heirat klar gewesen, dass es ihre Aufgabe sein würde, sich und ihre persönlichen Bedürfnisse, eben die Malerei, dem Leben und Wirken ihres zukünftigen Mannes unterzuordnen.

Und die Malerei?

Schon an seine Braut hatte Oskar geschrieben, er sei erstaunt, dass sie wieder Malstunden nehme. Aber sie solle das Vergnügen nur genießen, solange sie sich noch mit solchen Geschichten beschäftigen könne. Diese Haltung Frauen gegenüber, die mehr sein wollten als »Hüterin des Herdes«, war keine Ausnahme, ihre Bedürfnisse als »Geschichten« kleinzumachen, ihre Aufgabe in der Ehe klar zu umreißen. Und Frauen, die malen wollten, waren den Männern ein besonderer Dorn im Auge, das wurde nur als unseriöser Zeitvertreib betrachtet, allenfalls als ein Mittel zu dem Zweck, einen Mann zu finden. Kunststudentinnen wurden um 1900 despektierlich als »Malweiber« bezeichnet. Diese Einschätzung findet man auch bei Oskars Bruder Ferdinand. Er war von 1900 bis 1919 Direktor der Akademie der Bildenden Künste in München und weigerte sich noch 1918, Frauen zum Kunststudium zuzulassen.[10]

In ihrer Ehe blieb Marie jedenfalls kaum Zeit zum Malen, höchstens für Kleinigkeiten wie die Gestaltung von Briefköpfen, liebevollen Einladungs- und Menükarten oder Familienalben. Einmal, während eines Urlaubs in Südtirol, konnte sie die Türen des gemieteten Bauernhauses verschönern. Und im neuen Haus bemalten sie die Supraporten (das sind Bereiche über der Tür) mit Landschaftsmalerei.

Dennoch entstand im Lauf ihres Lebens ein kleines Œuvre: Skizzen, Reisebilder, Stillleben, Blumenbilder, Aquarelle von den Aufenthalten zur Sommerfrische. Durch die Zerstörung des Miller-Hauses 1944 ist auch ein Großteil ihrer Werke, bis auf etwa 200 Zeichnungen und Gemälde, verloren gegangen. Wie Marie von Miller das Malen in ihrem mehr als ausgefüllten »süßen« Leben untergebracht hat, ist wahrlich bewundernswert. Marie von Miller-Moll, ihre Enkelin, hat 2005 aus diesem Fundus eine kleine Ausstellung in Starnberg gestaltet.

Letzte Ruhe und Gedenken

Kurz vor der Goldenen Hochzeit erlitt Marie von Miller am 29. Juli 1933 in Seeshaupt bei einem Autounfall schwere Verletzungen, an denen sie drei Wochen später starb. Ihr Grab befindet sich auf dem Winthirfriedhof in Neuhausen, wo zahlreiche andere Familienmitglieder ebenfalls die letzte Ruhe gefunden haben. Die astronomische Uhr im Hof des Deutschen Museums stiftete Oskar von Miller zum Andenken an seine Frau. Neun Monate später wurde er neben ihr beerdigt.

ෆ ෨

MARIE VON MILLER, Gattin, Malerin. *22. Februar 1861 in München. Vater: Franz Seraph von Seitz (1811–1892), Arzt und Professor. Mutter: Franziska, geborene von Faulhaber (1831–1918). Zwei Geschwister. Heiratet 1884 Oskar von Miller (1855–1945), Ingenieur. Sieben Kinder. † 18. August 1933 in München.

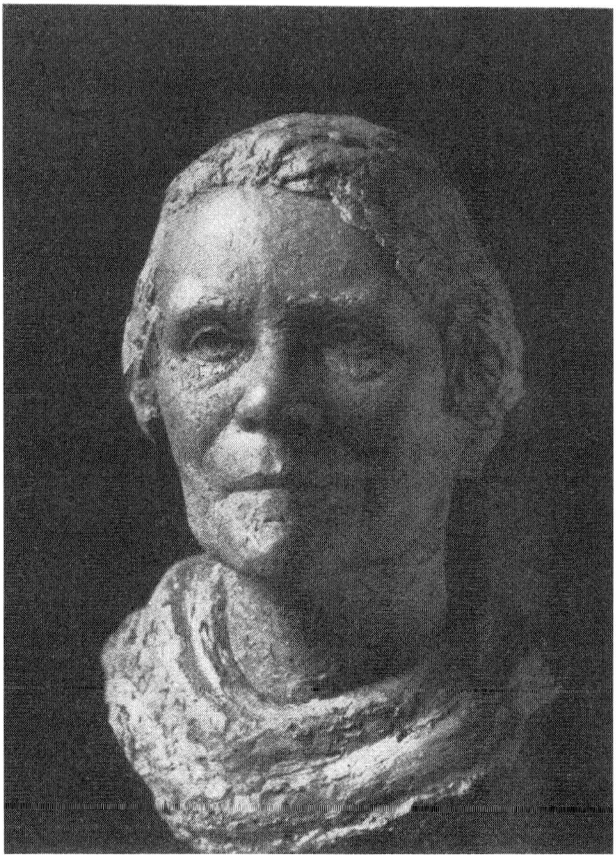

Frieda Port
(1854–1926)

Auf Hellas Pfaden

F rieda Port wuchs hinter der Glyptothek auf. Darin kann, wer mag, Bestimmung sehen, denn die klassische Antike prägte ihr Leben. Frieda Port beherrschte Latein und Griechisch und die griechische Literatur faszinierte sie. Eine Frau mit humanistischer Bildung war im 19. Jahrhundert äußerst ungewöhnlich. Dasselbe gilt für ihr Werk, das fast ausschließlich Lyrik umfasst.

Kindheit hinter der Glyptothek

Friedas Vater Friedrich Port war ein kleiner Beamter bei der Generaldirektion der Eisenbahnen in München.

In dem bescheidenen Lebenskreis meiner Eltern wuchs ich doch nicht in kleinlicher Enge auf, da sowohl mein Vater als auch meine Mutter künstlerische Anlagen […] in unser häusliches Dasein verwoben: Phantasie und leidenschaftliches Empfinden konnte von meiner Mutter, Formensinn und heitere Genußfähigkeit von meinem Vater auf mich übergehen.[1]

Als Frieda 15 Jahre alt war, starb die geliebte Mutter Josephine nach langer Krankheit. Den Verlust hat Frieda zeitlebens nicht verschmerzt. Zudem musste sie nach Nürnberg zu einer ledigen Schwester des Vaters ziehen, die Erzieherin einer Wiener Baronesse gewesen war. Da herrschte »ungewohnt strenge Zucht« für den Teenager, »Willensstärke und Selbstbeherrschung waren die guten Wissenschaften, die ich dort, außer den hauswirtschaftlichen Fertigkeiten, zu üben bekam«.[2] Mit 18 Jahren wurde Frieda Port Erzieherin in Lauf bei Nürnberg, sie sollte sich um die vier Kinder eines Notars kümmern. Sieben Jahre verbrachte sie dort, am Ende war aus der Stellung Freundschaft geworden. Vom Familienvater lernte Frieda Latein und Griechisch und behrrschte diese Sprachen bald so gut, dass sie sie selbst unterrichtete. 1879 kehrte Frieda nach München zurück und lebte mit dem Vater und einer Tante im Elternhaus.

Hermann Lingg – Lehrer und Freund

Gedichte liebte Frieda Port besonders. »[...] ich rang in jugendlichen See-lenkämpfen danach, mir eine Weltanschauung zu schaffen und mich mit den Rätseln des Lebens auseinanderzusetzen. Was mich dabei ängstigte oder befreite, ergoß sich in Verse [...].«[3] Anfangs traute sie ihrer Begabung noch nicht. Auf der Suche nach einem Lehrer stieß sie auf den Lyriker und Epiker Hermann Lingg (1820–1905) und bat ihn um ein Urteil. Es fiel gut aus. Lingg schreibt in seiner »Lebensreise«: »Ich las es [das Ge-dicht »Sappho«] und entdeckte viel Schönes darin, besonders überraschte mich die Fähigkeit der Verfasserin, eines jungen Mädchens, sich in antike Weise hineinzufinden.«[4] Ihre weiteren Gedichte überraschten ihn nicht mehr, »sie waren so natürlich, ächte Herzenslaute und in so vollendeter Form ausgesprochen, dass ich der Dichterin, wie sie mir nun entgegen-trat, meine Freude unverhohlen ausdrückte.«[5] Besuche und Gespräche führten zu einer tiefen Freundschaft mit dem Dichter und seiner Familie. Lingg unterstützte Friedas Schaffen und sie arbeitete mit ihm an seinen Publikationen. Er »leitete mich menschlich und künstlerisch, ohne dass ich mir dessen eigentlich gewahr wurde«[6].

Wichtig für sie war auch, dass er sie in literarische Kreise einführte. Vor allem mit Paul Heyse, Amelie von Godin (Schriftstellerin, Frauenrechtle-rin und Albanienforscherin) und Emma Klingenfeld (Übersetzerin und Lyrikerin) entwickelte sich ein engerer Kontakt. Etwa 2500 Briefe, die von und an Frieda Port erhalten sind, lassen auf einen großen, intensiv gepflegten Freundeskreis schließen. An einen Mann mochte Frieda Port sich nicht binden. Eine Freundin »vereinigte ihr Leben mit dem der Dich-terin und wurde ihr bald eine geliebte Schwester [...] einer Liebespflicht folgend«[7] trennte sich diese Freundin nach zwölf Jahren von ihr.

Ein schmales Werk

Nach dem Tod des Vaters musste Frieda Port ihren Lebensunterhalt selbst verdienen. Sie wollte nicht ihre Gedichte verkaufen müssen, sie zog es vor, als Literaturkritikerin zu arbeiten und ihre geliebten alten Sprachen zu unterrichten. Warum sie ihren Beruf gewählt habe, war eine Frage auf einem Berufsfragebogen. Frieda Ports lapidare Antwort lautete: »ich habe nicht ihn, sondern er hat mich ergriffen«.[8] Berufung war das Schreiben für sie, völlig losgelöst von materiellen Zwängen. So gibt es nur zwei schmale Bände mit Gedichten von Frieda Port. Im Nachlass, der im Literaturarchiv der Münchner Monacensia ruht, liegen dick gefüllte Konvolute mit Gedichten, handgeschrieben oder in Zeitungsausschnitten. Die griechische Mythologie macht einen Gutteil der Themen aus. Doch auch aktuelles Geschehen, die erfreulichen und unerfreulichen Kleinigkeiten des Alltags, Liebe, Sehnsucht, Nachrufe hat Frieda Port in Verse gegossen.

Dabei schätzte Paul Heyse ihre Arbeit so, dass er 14 Gedichte in seine Sammlung »Neues Münchner Dichterbuch« (1882) aufnahm. Seinem Freund Theodor Storm schwärmte er 1887 vor: »Dagegen reifen die Gedichte unserer Frieda Port in der Stille ihrer Veröffentlichung entgegen, und obwohl dies sehr eigenartige Naturell Deinem lyrischen Ideal nicht gerade entspricht, wirst Du ihm das Recht zum Dasein hoffentlich eines Tages zugestehen.«[8] »Deine Frieda ist eine feine Frau«, fand Storm daraufhin.[9]

1888 kamen ein Gedichtband sowie die Novelle »Solange« in »Westermanns Monatsheften« auf den Markt. Zeitungen und Zeitschriften druckten einzelne Gedichte. 1923 erschien die Anthologie »Goldene Phorminx«, Übertragungen von antiken Dichtungen durch Frieda Port. (Eine Phorminx ist eine antike griechische Leier.) Der größte Teil ihrer Lyrik aber ist anscheinend unveröffentlicht geblieben.

Hermann Lingg hatte sich gewünscht, »daß ich nach seinem Tode seine Biographie schreiben sollte, er las mir besonders aus den Tagebüchern von Hergensweiler und erzählte mir von seiner Jugend.«[10] Linggs Autobiografie erschien 1899, die Biografie von Frieda Port, »Lebensgeschichte«, folgte 1912. In diese brachte sie viel intimes Wissen über den Freund ein, das seinem Werk fehlt. Einen zweiten Band stellte sie noch fertig, er wurde aber wegen des Ersten Weltkriegs nicht gedruckt.

Die letzten Jahre

1913 wurde Frieda Port Mitglied im eben gegründeten Münchner Schriftstellerinnen-Verein (siehe S. 110). Im folgenden Jahr richtete der Verein ein großes Fest aus zu den runden Geburtstagen ihrer Mitglieder Frieda Port, Emma Haushofer-Merk (siehe S. 107ff.) und Carry Brachvogel (siehe S. 43ff.). Der Münchner Bürgermeister gratulierte und die Presse würdigte das Werk der drei Damen. »Ein dreifaches Jubiläum«[11], titelte die »Süddeutsche Frauenzeitung«. Die Worte von Josefine Graf-Lomtano über Frieda Port aus diesem Artikel klingen wie ein Nachruf auf sie:

[...] *sie ist geblieben, was sie gewesen: Rein und Fein. Und zwei besonders schöne menschliche Empfindungen stempeln sie zur liebenswürdigen und edlen Persönlichkeit: Die Güte, die aus ihrem Auge spricht und ihr starkes Gefühl für Freundschaft.*[12]

Am 14. Oktober 1916 feierte Frieda Port mit anderen Schriftstellerinnen den Geburtstag der Ibsen-Übersetzerin Emma Klingenfeld. Sie »nahm ihr Sträußchen, nicht ohne sich in gewohnter Rücksicht erst vorher zu vergewissern, ob sie auch ja keiner das schönste weggenommen hätte«[13], erinnerte sich Mathilde von Leinburg, die sie nach Hause begleitete. Im Treppenhaus zu ihrer Wohnung erlitt Frieda Port einen tödlichen Herzinfarkt.

☙ ❧

FRIEDA PORT, Lyrikerin, Übersetzerin, Lehrerin. * 15. Juni 1854 in München. Vater: Friedrich Port aus Nürnberg, Beamter. Mutter: Josephine, geborene Heiniger, aus Passau († etwa 1869). Keine Geschwister. Nicht verheiratet. † 14. Oktober 1926 in München.

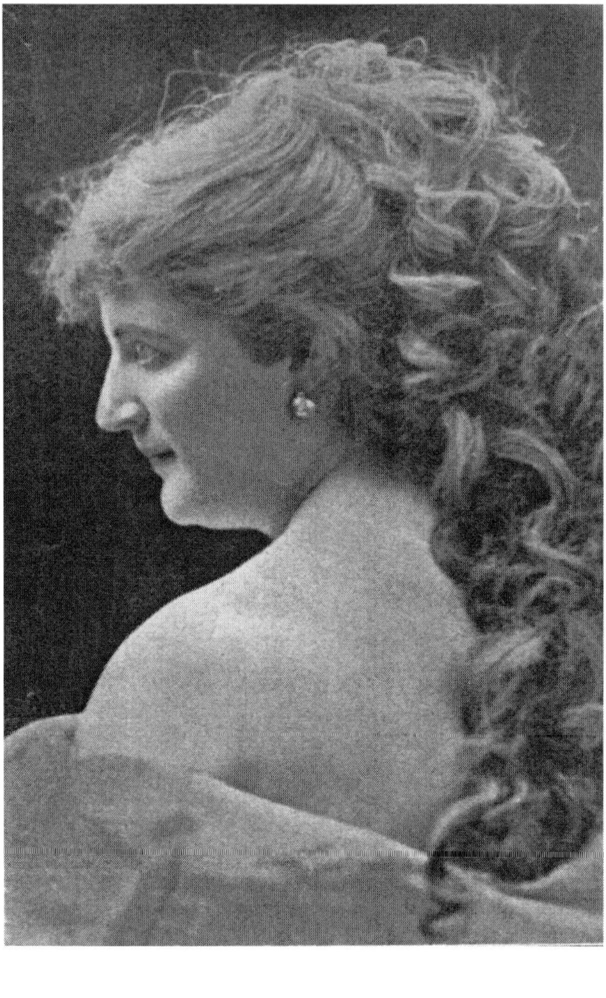

Helene von Racowitza
(1843–1911)

Eine Tragödie für ein ganzes Leben

Leidenschaftlich und frei von moralischen Zwängen, das war Helene von Racowitza, geborene Dönniges. Ihr Wesen zog die Menschen an, die wallenden rotblonden Haare faszinierten Maler wie Franz Lenbach und Hans Makart. Ohne Halt und Führung aufgewachsen, schlitterte die junge Helene in eine »Amour fou« mit tragischem Ausgang, die ihr ganzes weiteres Leben prägen sollte.

Ein glamouröser Start ins Leben

König Max II. Joseph wollte aus dem »Isarathen« seines Vaters Ludwig I. eine Stadt der Wissenschaften und Literatur machen und berief zu diesem Zweck die sogenannten Nordlichter in seine Residenzstadt. Dazu gehörte 1847 auch der Historiker Wilhelm Dönniges aus Berlin, bei dem Max als junger Mann studiert hatte. Die »Berufenen« brachten die Tradition der Salons nach München; die gesellschaftlichen Abende der Dönniges' wurden schnell zum »Gesellschaftsmittelpunkt der Koryphäen«[1] der Stadt. Dönniges machte Karriere, wurde 1856 in den diplomatischen Dienst nach Italien und der Schweiz versetzt.

Helene Marie Josephine Dönniges kam als Vierjährige nach München. Ihre Mutter war mit Königin Marie befreundet und nahm zu den Besuchen in Hohenschwangau ihre Tochter mit, die dann mit den Prinzen Ludwig und Otto spielte. Als die drei Kinder sich einmal um ein Bilderbuch stritten, verbot Vater Dönniges weitere Besuche Helenes bei den Jungen; er fand, mit »Königs« streite man sich nicht und wer das nicht respektiere, sei ihrer nicht würdig. So war er. Ansonsten verlief Helenes Erziehung beileibe nicht so streng:

In diesem merkwürdigen Elternhaus, wie es Helene, die damals zwölfjährige Schöne selbst nannte, galten künstlerische Phantasie, ge-

sellschaftliche Bildung und geistreiche Frivolität alles, und so gut wie nichts eine gediegene Erziehung. Die ehrgeizige Mutter brachte das frühreife Kind in einen Zirkel amouröser Abenteuerlichkeit, aus dem sich Helene nie mehr befreien konnte.[2]

Das bedeutet: Helene nahm schon als Kind am gesellschaftlichen Leben der Erwachsenen teil, sie wurde herausgeputzt und auf Empfänge und Hausbälle mitgenommen, wo sie mit Sicherheit höchst interessiert die (zumindest ihrer Meinung nach) heftigen Flirts oder gar Liebeleien beobachten konnte und diese dann nachahmte.[3]

Völlig absurd wurde das Verhalten von Franziska Dönniges in Italien, wo die Familie seit 1856 lebte: Sie verlobte ihre zwölfjährige Tochter mit einem 30 Jahre älteren italienischen Offizier, den Helene aus tiefstem Herzen ablehnte. Es kam immer wieder zu heftigen Auseinandersetzungen mit der Mutter, aber auch mit dem Offizier, bis die Großmutter ihre Enkelin nach Berlin holte.

Berlin – Nizza – Berlin

Unter den Fittichen der Großmutter erfuhr Helene eineinhalb Jahre lang eine gewisse Führung und genoss ein bisschen Bildung. Sie interessierte sich sehr für das Theater, für Literatur und Naturwissenschaften. Außerdem befreundete sie sich mit dem rumänischen Fürsten Yanko von Racowitza, einem Kameraden ihrer Neffen, der sich in Berlin auf ein Studium vorbereitete. 1858 kehrte Helene zu den Eltern nach Nizza zurück, der nächsten Dienststelle des Vaters; hier glänzte sie in der High Society. Sie verliebte sich in den russischen Marineoffizier Paul von Krusenstern – endlich konnte die Verlobung mit dem unsäglichen Italiener aufgelöst werden. Doch den Heiratsantrag durch Krusensterns Vater lehnte Wilhelm Dönniges ab. So trieb Helene weiter haltlos dahin, genoss den »Rausch von Bällen, Meerfahrten, Festen, Ausritten«[4]. Aus diesem »Lebensrausch« sollte sie zeitlebens nicht heraus und zu einem Maß finden.

Ab 1862 war sie wieder in Berlin, studierte ein wenig und brillierte auch dort auf Empfängen und Bällen. Sie lebte jetzt ganz unabhängig, denn die Großmutter war sehr gebrechlich geworden. Die Freundschaft mit Yanko wurde aufgefrischt und wuchs auf seiner Seite zu Liebe. Die sterbende Großmutter vertraute ihm 1863 ihre geliebte Helene an.

Die Liebe und der Tod

Helene aber ließ sich zu einer leidenschaftlichen Affäre mit dem 18 Jahre älteren Ferdinand Lasalle, den sie auf einer Gesellschaft kennenlernte, hinreißen. Lassalle (1825–1864), Schriftsteller und Führer der deutschen Arbeiterbewegung, war ein mitreißender, aber nicht unumstrittener Politiker. Auch war er kein unbeschriebenes Blatt, als er sich unsterblich in Helene Dönniges verliebte: Frauengeschichten, Konflikte mit dem Gesetz und politische Auseinandersetzungen trübten seinen Ruf. Helene schreibt in ihren Erinnerungen, er hätte sie schon nach einem ersten Treffen heiraten wollen, wozu sie sich aber nicht hätte entschließen können. Sie zog wieder zur Familie, diesmal nach Genf. Im Frühjahr 1864 traf sie bei einem Kuraufenthalt im Berner Oberland den ebenfalls kurenden Lassalle wieder. Er umschwärmte Helene, bis sie seinen Antrag annahm. Sie wollte aber nicht heimlich heiraten oder gar fliehen, also erzählte sie ihrer Mutter davon, bevor Lassalle, wie ausgemacht, offiziell um ihre Hand anhalten konnte. Wilhelm von Dönniges reagierte mit Empörung und rasender Wut. Vermutlich waren Lassalles politische Haltung, sein Liebesleben und seine Vorstrafen die Gründe für die Ablehnung. Die Religion (er war Jude) kann es eigentlich nicht gewesen sein, denn auch Franziska Dönniges war bis zur Hochzeit Jüdin gewesen. Aber warum der Vater so übertrieben heftig reagierte, konnte seine Tochter nicht verstehen. Die Dinge nahmen einen dramatischen und unübersichtlichen Verlauf. Helene wurde isoliert, andere Herren wurden auf unselige Weise in die Angelegenheit verwickelt. Hat ihre Willensschwäche, die sie in ihren Büchern immer wieder erwähnt, tatsächlich alles eskalieren lassen? Es gibt verschiedene Darstellungen der Tragödie. Unstrittig ist, dass Ferdinand Lassalle Wilhelm von Dönniges zum Duell forderte. Dieser sah sich als Diplomat dazu außerstande – das erscheint wie eine faule Ausrede, denn Duelle waren in der Schweiz grundsätzlich verboten! Dönniges schickte jedenfalls den treuen Yanko von Racowitza vor, der noch nie geschossen hatte. Der junge Mann liebte Helene innig und war für sie zu allem bereit – auch zum Verzicht, wenn seine Angebetete das gewünscht hätte. Das musste er jedoch nicht: Er verletzte Ferdinand Lassalle so schwer, dass dieser drei Tage später, am 31. August 1864, starb.

Racowitza musste vor den Schweizer Behörden durch halb Europa fliehen, Helene wurde von der Öffentlichkeit als Mörderin gebrandmarkt. Aber war sie nicht letztlich das Opfer von eitlen Männerspielchen geworden, genauso wie Lassalle und Racowitza? Sie selbst sah ihren Anteil an der Entwicklung wie schon gesagt in ihrer Willensschwäche und litt ein Leben lang an Schuldgefühlen. Ihr Name war für immer mit dieser Tragödie verbunden. Helene sagte sich von der Familie los und heiratete Yanko in seiner Heimat, dem Fürstentum Walachei (Region im heutigen Rumänien). Gemocht hat sie ihn immer, vielleicht auch geliebt; außerdem war er todkrank und sie fühlte sich ihm verpflichtet. Nur fünf Monate nach der Hochzeit starb Yanko. Seine Familie erkannte sie nicht als Erbin an, so stand sie nach diesem schrecklichen Jahr mittellos und alleine da.

Die letzten Lebensjahre verbrachte Helene von Racowitza mit ihrem Mann Serge von Schewitz unter anderem in der Weinbauernstraße 10 (heute 13).

Auf der Suche nach einem Beruf und nach Liebe

Ein anderes Erbe erlaubte Helene von Racowitza (sie war jetzt Rumänin) wenigstens, von ihrer Familie weitgehend unabhängig zu leben. Sie tingelte durch Europa und versuchte, ihren Traum vom Theater, der in Berlin gewachsen war, wahr zu machen. Dabei lernte sie den österreichischen Schauspieler Siegwart Friedmann kennen. Im Januar 1868 heirateten die beiden und lebten fünf Jahre zusammen. Nach einer für Helene erfolglosen Zeit als Schauspielerin in Berlin wurden sie als Paar nach Schwerin und später nach Wien engagiert, um in den beliebten, aus Frankreich kommenden »Salonstücken« aufzutreten. Das war ideal für Helene, sie brauchte nur sich selbst zu spielen: die Salondame. 1873 trennten Friedmann und Helene sich. Helene nannte sich nun wieder Racowitza und verdiente mit Tourneereisen Geld. In St. Petersburg traf sie den russischen Adeligen Sergej (beziehungsweise Serge, wie sie ihn nannte) von Schewitz. Er war einige Jahre jünger, Staatsbeamter und Sozialist. Sie wurden rasch ein Paar, gingen erst nach Paris und beschlossen 1877, in die USA zu übersiedeln.

15 Jahre in Amerika

Serge schrieb in New York für deutschsprachige Zeitungen. Helene spielte in Städten des Westens an deutschen Bühnen Theater, bis Serge sie bat, in New York zu bleiben. Bei ihm hat sie wohl Halt, vielleicht auch Liebe gefunden. Helene und er heirateten, sie arbeitete von da an als Theaterkritikerin und studierte Medizin; das Studium konnte sie allerdings wegen einer Krankheit nicht abschließen. Bei der Schilderung ihres Lebens stellt sich dem Betrachter die Frage: War Helene von Racowitza sprunghaft, hatte sie kein Durchhaltevermögen oder besaß sie ein Talent, immer wieder neu anzufangen und das Beste aus veränderten Lebensumständen zu machen? War es eine Kombination aus all dem, was sie durch ihr Leben trieb?

1879 erschien ihr Buch »Meine Beziehungen zu Ferdinand von Lassalle«. Seit 15 Jahren war Helene immer wieder mit der Tragödie konfrontiert worden. Nun fand sie, es sei genug Zeit vergangen, um ihre Sicht der Dinge darzustellen. Außerdem musste sie keine Rücksicht auf den Vater nehmen, da er inzwischen verstorben war. Das Buch wurde ein großer Erfolg, Helenes Ruf dadurch allerdings kaum besser. 1882 folgte ein sentimentaler Roman (»Gräfin Vera«), der Helenes Lebensgeschichte und ihre Erfahrungen in Russland aufarbeitete.

Die deutsch-russisch stämmige Amerikanerin Helena Petrowna Blavatski (1831–1891) machte Helene mit dem Spiritismus und der von ihr gegründeten Theosophischen Gesellschaft bekannt. Blavatskis Lehren hatten später auf Helenes Leben großen Einfluss.

1890 stellte Helene fest, dass sie in Amerika als »grande dame« keinen Erfolg hatte und sie überredete ihren Mann, nach Europa zurückzugehen. Obwohl er sich als Journalist gut etabliert hatte, willigte Serge ein.

Ein trauriges Ende in Armut

Das Ehepaar von Schewitz zog nach Riga, damals zu Russland gehörend. Dort war Serges Bruder Gouverneur. Aber auch hier war konnten sie nicht bleiben, denn Helene erkrankte bedrohlich und musste sich in Berlin einer schweren Operation unterziehen. Nach ihrer Genesung reisten sie und Serge sechs Jahre lang durch Europa, dann schlugen sie ihr letztes Quartier in München auf. Serge versuchte sich – ohne Erfolg – noch einmal als Journalist und war politisch aktiv. Helene veröffentlichte 1892 den Roman »Ererbtes Blut«, der wieder in St. Petersburg spielt. Außerdem verfasste sie den Text »Wie ich mein Selbst fand« (anonym 1901 erschienen) und ein weiteres Buch (1904) über ihre Erfahrung mit Theosophie und Okkultismus. 1909 erschienen ihre Erinnerungen »Von anderen und mir« und 1911 der Roman »In maiorem dei gloriam«.

Die letzten Jahre verbrachten Helene und Serge in verzweifelter finanzieller Not. Serges Vermögen war wegen der politischen Lage in Russland verloren, sie hatten keine materielle Lebensgrundlage mehr, versteckten sich aber hinter einer Fassade von verschwenderischem Wohlstand und machten dafür enorme Schulden. Ab 1909 half der treue Siegwart Friedmann mehrmals aus. Das letzte Telegramm erreichte ihn am 26. September 1911: »Serge lebensgefährlich erkrankt. Operation Blinddarm nötig. Bin rat- und geldlos. Kannst Du helfen?«[5] Da war es aber schon zu spät, Serge starb am folgenden Tag, Helene dann am 1. Oktober. Sie hatte sich durch die Einnahme von Morphium das Leben genommen. Das Paar hinterließ große Schulden, deren Regelung Anwälte und Gerichte über Jahre hinweg beschäftigte.

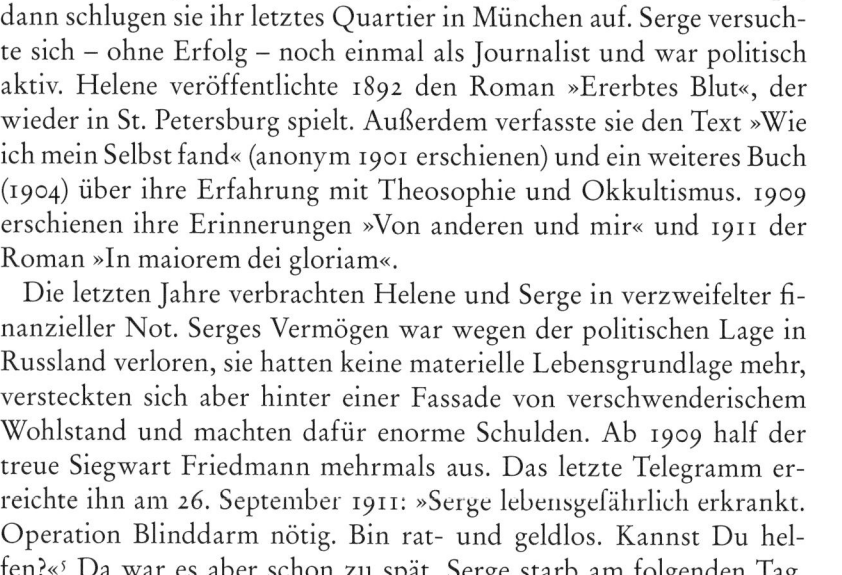

HELENE VON RACOWITZA, Schauspielerin, Schriftstellerin. * 22. März 1843 in Berlin. Vater: Wilhelm von Dönniges (1814–1872), Staatsbeamter und Diplomat, 1860 geadelt. Mutter: Franziska, geborene Wolff (1823–1882). Sechs Geschwister. 1864 Hochzeit mit Yanko von Racowitza (1843–1864), 1868 mit Siegwart Friedmann (1842–1916), 1880 mit Serge von Schewitz († 1911). Keine Kinder. † 1. Oktober 1911 in München.

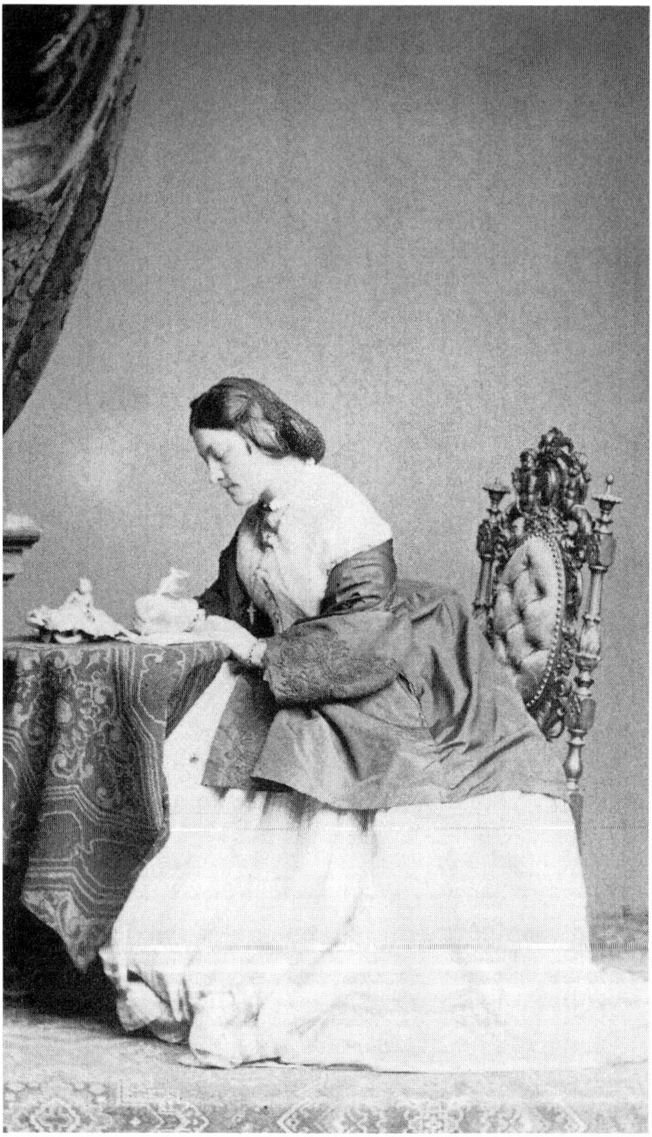

Franziska Rheinberger

(1831–1892)

Eine Frau mit vielen Talenten

I hr halbes Leben lang konnte sie nicht aus ihren Begabungen schöpfen. Dabei hatte Franziska Rheinberger so viele Möglichkeiten:
»Diese merkwürdige Frau dichtet, zeichnet, singt, spielt Klavier,
komponiert auch gelegentlich. Sie sucht nach alten Volksliedern in
der Staatsbibliothek, sie hat Latein, Spanisch, Italienisch, Französisch
und Englisch studiert, schreibt Texte für Oratorien, Chöre, Opern,
Lieder, stickt Paramente nach alten Kirchenmustern [...].«[1]

Eine Jugend ohne Ziel

Franziska Romana Ursula Jägerhuber wurde auf Schloss Maxlrain bei
Bad Aibling geboren. Ihr Vater, Anton Jägerhuber, war Privatsekretär
des Ministers Ludwig Graf von Arco und später Verwalter der Güter
von dessen Sohn Maximilian Graf von Arco-Zinneberg. Als Franziska
zwei Jahre alt war, zog die Familie nach München in die Sonnenstraße.
Die Sommerfrische verbrachte man oft auf dem Arco'schen Schloss in
St. Martin / Oberösterreich.
 Wie im 19. Jahrhundert üblich wurde Franziska von der Mutter und
von Hauslehrern unterrichtet. Vielleicht lag hier der Keim für ihr Problem: zu viel zu können, zu wenig gefordert zu sein und deshalb zu
wenig zu wollen? Ihre musikalische Begabung fiel auf, sie spielte eine
Weile mit dem Gedanken, Sängerin zu werden. Aber ihr Ehrgeiz und
Durchhaltevermögen waren kleiner als ihre Talente. So verstrichen
Franziskas Jugendjahre ohne Ziel oder Aufgabe.

Zwei unglückliche Ehepartner

Die Familie Jägerhuber war eng befreundet mit der Familie von Hoffnaaß. Als Franziskas Bruder Friedrich mit knapp 17 Jahren starb,

hängte die verzweifelte Mutter ihr Herz an seinen besten Freund Ludwig Hoffnaaß. Der vaterlose junge Mann wurde wie ein Sohn in die Familie Jägerhuber aufgenommen. Da lag es irgendwann nahe, ihn als Schwiegersohn ins Auge zu fassen.

Es fehlte nicht an Bewerbern um meine Hand, aber die Erinnerung an Ludwig's Freundschaft für meinen Bruder, an seine Anhänglichkeit, an Mamas außerordentliche Vorliebe für ihn ließen die Skrupel, ob eine Ehe mit ihm zu meinem und seinem Glücke führen würde, nicht überwiegen.[2]

1850 nahm Ludwig als Offizier am Freiheitskrieg für Schleswig und Holstein teil, um für die Unabhängigkeit von Dänemark zu kämpfen. Er sprach den Wunsch aus, dass Franziska ihn bei seiner Rückkehr heirate. Die Mutter war »außer sich vor Freude und Rührung«[3]. Franziska betrachtete sich von da an »als gebunden«[4]. Sie nahm weiter Gesangsunterricht, aber ohne echten Ernst, sang öfter bei privaten und halb öffentlichen Gelegenheiten, aber: »Ich hätte auch nie auf die Bühne gehen mögen, denn so sehr ich die Musik liebte, ward ich ihrer doch leicht müde und sehnte mich nach anderer Beschäftigung, anderen Studien.«[5]

Am 11. Mai 1852 heirateten Franziska Jägerhuber und Ludwig von Hoffnaaß. Das Paar lebte zunächst in Landau, wo Ludwig stationiert war. Am 7. März 1853 kam Bertha Iphigenia zur Welt, 19 Tage später starb das Kind überraschend. Die niedergeschmetterte Franziska kehrte alleine nach München zu ihren Eltern zurück, wo auch Ludwig seine dienstfreien Zeiten verbrachte. Er kam allerdings selten, denn seine Liebe galt der Schifffahrt.

Krankheiten und Depressionen

In den folgenden Jahren war Franziska häufig krank, sie litt an Typhus sowie an einer langwierigen Knochenhautentzündung und musste die meiste Zeit ruhen. »Weder Kind noch Haushalt hatte ich zu versorgen und so kam allmählich ein Gefühl völligen Verlorenseins, verfehlten Daseins in mich.«[6] Und Ludwig vertrieb sich seine freie Zeit am Starnberger See mit Segeln. Um für Abwechslung zu sorgen, lud ihre Mutter 1857 den Musiker und Organisten Joseph Gabriel Rheinberger zum Musizieren ein. Der junge Mann aus Vaduz in Liechtenstein lebte seit seinem zwölften Lebensjahr in München, um Musik zu studieren. Man kannte sich schon aus dem Oratorienverein. »Ich erkannte bald, daß bisher meine eigentliche musikalische Bildung eine weltlich-oberflächliche gewesen. Ich entschloß mich zu tieferen Studien und nahm Stunden bei Rheinberger.«[7] Franziska entwickelte nun endlich Ehrgeiz, mit Erfolg! Im Winter 1858 sang sie in Rheinbergers Oratorium »Jephtas Tochter« die Solopartie.

Eine Liebesbeziehung bahnte sich an. Aber da war ja noch Ehemann Ludwig, ein sehr unglücklicher Ludwig. Auch sein Leben war nicht ausgefüllt, er schwankte zwischen Pflicht und Neigungen und machte alles halbherzig. Ein halbes Jahr Urlaub und Malereistudien in Düsseldorf halfen ihm ebenso wenig aus der Krise wie ein Aufenthalt in Venedig. Franziska pflegte an diesen Orten ihre Gesangsstudien weiter. Aber »Ludwig welkt in Lethargie und Depressionen dahin«[8]. Der Kontakt mit Rheinberger blieb bestehen und langsam entwickelte sich ein Dreiecksverhältnis. Das belastete alle schwer, denn Ludwig wusste über die Affäre seiner Frau Bescheid. Ihn zog es wieder in den Norden, an die See. Hatte er den Dienst quittiert oder war er arbeitsunfähig? Das wissen wir nicht. Nichts konnte seinen Zustand verbessern. Franziska notiert:

Die Hoffnung, welche Ludwig auf seiner Norwegenreise in sich aufleben fühlte, es möchten für ihn doch noch glückliche Tage kommen, da er in Hingabe an die Kunst, an die Marinemalerei einen Ersatz für den verlorenen Beruf fände, hat sich nicht bestätigt. Ich erkannte nur zu bald, daß von einer Genesung nicht die Rede sei, und war überdies über meine eigenen Leiden [ein Tumor an den Eierstöcken], über die Zwecklosigkeit meines Lebens, über das Zerbrechen aller Hoffnungen und Freuden so mutlos geworden, so tief melancholisch, daß ich ihm gar keine Stütze sein konnte.[9]

Es war wohl von Anfang an keine gute Idee, die Ehe auf dem Andenken an den toten Bruder zu begründen …

Im Januar 1864 starb Ludwigs Mutter. Dank ihrer Hinterlassenschaft konnte das Paar endlich eine eigene Wohnung in der Fürstenstraße 1 beziehen. Den Sommer verbrachte das Ehepaar mit einer Erholungsreise in das bekannte Schweizer Kurhotel »Kaltbad« auf der Rigi, um

Franziska und Gabriel Rheinberger lebten in der Fürstenstraße, der heutigen Rheinbergerstraße, hinter dem Herzog-Max-Palais.

den an TBC erkrankten Ludwig zu stärken. Allein, ein Erfolg blieb aus. Franziska litt selbst schreckliche Schmerzen wegen des Tumors, war kraftlos und konnte ihren Mann wenig unterstützen. Er starb schließlich am 12. März 1865. Franziska machte ein Jahr weiter wie bisher: Krankheit, Studien, eine Erholungsreise mit dem Vater. Im neuen Jahr stand es so schlimm um sie, dass sie eine Operation nicht weiter aufschieben konnte. Der Tumor bedrohte ihr Leben. Johann Nepomuk von Nußbaum, der Ordinarius für Chirurgie an der heutigen Universitätsklinik links der Isar in München, nahm im April 1866 den Eingriff in Franziskas Wohnung auf dem Küchentisch vor. Es ging – nach Komplikationen – gut aus.

Endlich eine glückliche Ehe

Der Kontakt zwischen Franziska von Hoffnaaß und Joseph Gabriel Rheinberger hatte sich seit den ersten Gesangstunden und Musikabenden 1857 zu einer ernsthaften Beziehung entwickelt, immer verbunden mit schweren Schuldgefühlen. Auch nach dem Tod von Ludwig von Hoffnaaß war erst einmal keine Lösung in Sicht. Franziska war noch ein Jahr lang, bis zur Operation, schwer krank, und sie ahnte in Rheinbergers Lunge ebenfalls »den Todeskeim«[10]. Sie rang mit sich: Wollte sie wieder mit einem Kranken leben, könnte sie wieder ein Opfer auf sich nehmen? »Auf andere Weise kann ich ihn noch ein paar Jahre erhalten, wenn ich ihm Herzensruhe und ein behagliches Leben gebe. Ich kann der Welt [...] noch einige schöne Schöpfungen geben, wenn ich mich selbst opfere.«[11]

Nach der Ernennung Rheinbergers zum Professor für Orgel und Komposition und nachdem beide ihre Krankheiten glücklich überwunden hatten, heirateten Franziska und Josef am 25. April 1867 in Harlaching. Trauzeugen waren ihre Freundin Emilie Ringseis (siehe S. 207ff.); sie schrieb später auch einen Nachruf auf Franziska) und Guido Stieler. Sie führten eine glückliche Ehe in der Fürstenstraße. Rheinberger komponierte, Franziska inspirierte ihn und arbeitete an eigenen Werken. Als »Fanny von Hoffnaaß« schrieb sie religiöse Erbauungsliteratur, Gedichte und Libretti für Rheinberger. Sie übersetzte aus dem Italienischen, verfasste Sonette und Biografien. Außerdem veröffentlichte sie den Reiseführer »Jenseits des Brenners«.

Franziska hielt ihren Mann für einen genialen Komponisten und tat alles, um ihn zu unterstützen: Sie baute ihm die Brücken zur Münchner Gesellschaft, betrieb Imagepflege, vertrat seine Interessen, erledigte die Korrespondenz, sorgte für den Nachlass vor. Kritisierte auch hin und wieder. Zum Lohn für ihre Mühen durfte sie, wenn eine Komposition abgeschlossen war, die letzte Note in die Partitur setzen.

Die Schriftstellerin und Malerin Helene Raff schreibt über Josef Rheinberger: »[...] der mit seiner schönen, ernsten Frau ein Leben gleichsam außer und über der Welt führte, d.h. beide lebten füreinander; die Frau ging auf in ihres Mannes Kunst und in einer tiefen katholischen Glaubensinnigkeit.«[12] Luise Adolpha Le Beau, eine Schülerin Rheinbergers, war strenger mit Franziska (spielten hier vielleicht Konkurrenz oder Eifersucht hinein?):

Sie besaß eine umfassende Bildung, viele Sprachkenntnisse, musikalisches und dichterisches Talent; sicherlich förderte sie Rheinbergers Streben durch ihr reiches Verständnis wie durch ihr Vermögen. Ande-

rerseits dominierte, ja bemutterte sie ihn aber auch, drängte ihn zum
Schaffen und übte auf sein Wohlwollen für andere großen Einfluss. [...]
Man nannte sie in München nur »die blaue Durchlaucht« [...].[13]

Den Namen hatte sie wohl von dem ganz in Blau gehaltenen Salon, in
dem die Rheinbergers empfingen.

Während ihrer letzten Lebensjahre versank Franziska Rheinberger
in Demenz, sie musste zeitweise sogar in einer Anstalt versorgt werden und starb am Sylvestertag 1892. Sie vermachte St. Michael
20 000 Mark für eine neue Orgel. Außerdem stiftete sie zwei Stipendi-
en à 1200 Mark jährlich für 16- bis 25-jährige Studenten der katholischen Kirchenmusik.

ଓ ଚ

FRANZISKA RHEINBERGER, Lyrikerin, Erzählerin, Übersetzerin,
Muse. * 18. Oktober 1831 in Maxlrain. Vater: Anton Jägerhuber
(1804–1869), Jurist und Verwalter. Mutter: Franziska, geborene von
Geiger (1805–1887). Ein Bruder. 1852 Ehe mit Ludwig von Hoffnaaß (1828–1865), Offizier. Eine Tochter. 1867 Ehe mit Josef Gabriel
Rheinberger (1839 –1901), Komponist. Eine Tochter. † 31. Dezember
1892 in München.

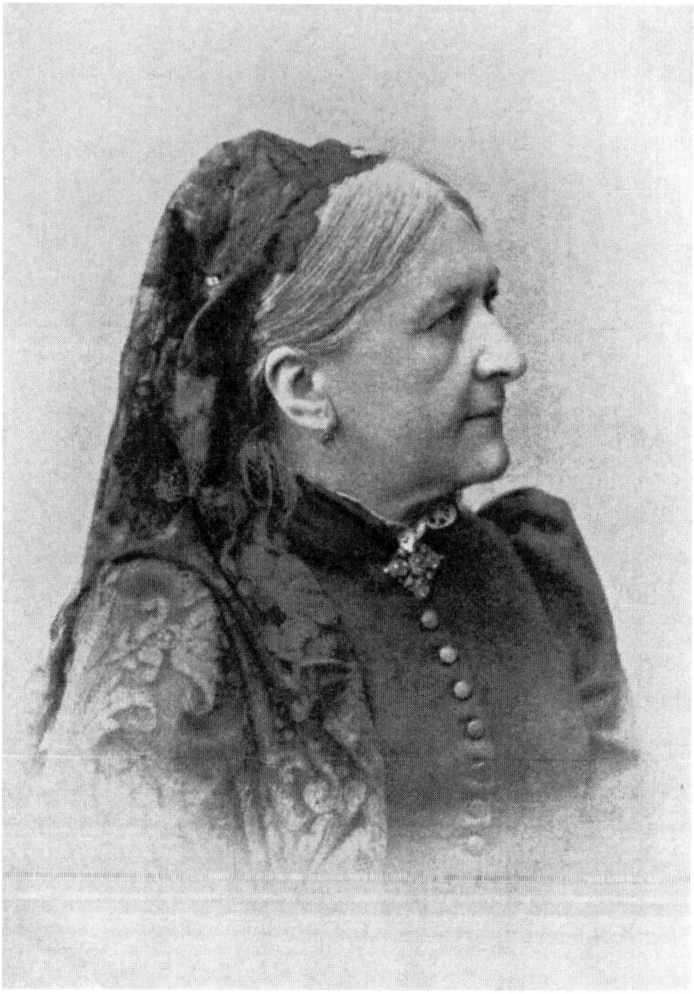

Emilie Ringseis
(1831–1895)

Theater oder Schreiben?

G ebildete Eltern, ein streng katholisches Umfeld und intellektuelle
Anregungen durch befreundete Künstler und Wissenschaftler:
Das hat Emilie Ringseis in der Kindheit geformt und ihr Frauenleben
ausgemacht. Schon früh zeigten sich ihre Talente – das darstellende
und das schreibende – und bald war ihr klar, dass sie diese nur in einem religiös geprägten Kontext verwirklichen wollte.

Die Familie: Kultur und Religion

Johann Nepomuk und Friederike Ringseis führte ein gastfreundli-
ches Haus, in dem Freunde, Verwandte, Kollegen und hochgestellte
Persönlichkeiten verkehrten, sogar der König schneite gerne einmal
herein. Die Fürstenfelder Gasse wurde zum »Philosophenwinkel«[1],
geprägt von einem konservativen Katholizismus.

Erst spät bekam Friederike Ringseis ihre Kinder: 1829 Marie, zwei Jahre später Kornelie Emilie Maria, die »mir mehr Freude machte als dem
Vater, der sicher einen Sohn erwartete«[2], wie die Mutter im Tagebuch
festhielt. Nach nochmal zwei Jahren Bettina: »Schon wieder ein Blitzmä-
del!«[3] Aber Vater Ringseis liebte seine Töchter innig und verbrachte seine
knapp bemessene Freizeit gerne mit der Familie. Alle drei Schwestern
heirateten übrigens nicht, sie blieben immer im Elternhaus. Marie, »die
nun mal ihren einsameren Gang geht und wahrscheinlich die Beste von
uns ist«[4], war, anders als ihre dunklen Schwestern, blond und blauäugig.
Sie bleibt in allen biografischen Notizen nahezu unsichtbar. Bettina betä-
tigte sich wie Emilie als Schriftstellerin, verfasste Gedichte und Reisebe-
richte und einen Nachtrag zu Emilies »Erinnerungsblättern«.

Als Kind war Emilie klein und kräftig, dabei gelehrig und begabt,
gleichzeitig aber unordentlich und unstet. »Schalk, Student und ge-
mütliches Dickerl, auch Quecksilber heißt du, / Wirst oft gelobt, oft

geschmäht, wie du es eben verdienst. / Reichlich entsprudelt die Quelle des Frohsinns dem kindlichen Herzen, / Doch es beherrscht der Ernst, lernend, den forschenden Geist«[5], dichtete die Mutter über sie. Marie meinte, sie hätte eher ein Bub werden sollen, aber Emilie fand, den bräuchte es nicht. »Mir mochte wohl vorschweben, daß wir einem solchen den Ehrenplatz hätten einräumen müssen.«[6] Mit sechs Jahren kam sie in eine Klosterschule, lernte schnell lesen und wurde zur Leseratte. Vom Vater, der ein wandelndes Lexikon war, und seinen Freunden erhielten die Töchter die unterschiedlichsten Anregungen.

Mutter Franziska war die Künstlerin in der Familie. Sie malte, schrieb gerne und gut und hatte großes Talent als Schauspielerin. Ihre Kasperlstücke und Märchen wurden mit Freunden einstudiert und aufgeführt, manche erschienen in den »Jugendblättern« der damals hochangesehenen Schriftstellerin Isabella Braun.

Der brennende Traum vom Theater

Im Grunde ihres Herzens wollte Emilie Theater spielen. Und darin war sie gut. Nach einem Abend, als »Rotkäppchen« vor Gästen gespielt wurde, fand Clemens Brentano: »Das Kind hat so gut gespielt, daß einem fast angst werden könnte.«[7] Ein anderer Freund des Hauses, der Maler Moritz von Schwind, bot Emilie später an: »Fräulein Emi, wenn Sie durchbrennen wollen und zum Theater gehen, ich halt' Ihnen die Leiter. Plagt sich unsereiner das ganze Jahr, um so was 'rauszukriegen, und so ein Mädel stellt sich hin und hat's!«[8] Man sollte meinen, dass so viel Lob aus berufenem Mund ihr den Antrieb gegeben hätte, Schauspielerin zu werden. Aber nein! Zwar gönnte sie sich noch als 30-Jährige Unterricht bei der ehemaligen Hofschauspielerin Sophie Schröder und erlangte rasch Bühnenreife. Zum Abschied sagte die Lehrerin ihr »Dinge, die ich, so sehr sie mir auf der Zunge brennen, hier nicht wiederholen will, weil – nun, weil ich ja doch nicht aufs Theater gelangt bin«.[9]

Denn trotz Talent und Neigung kam es für Emilie nicht infrage, als professionelle Schauspielerin aufzutreten. Zum einen musste sie nicht für ihren Lebensunterhalt arbeiten, vor allem aber hätte es »ihr die im Elternhause eingepflanzte Entschiedenheit der religiös-sittlichen Gesinnung«[10] nie erlaubt, bei glaubens- und kirchenfeindlichen Stücken oder in einem derartigen Rahmen mitzuwirken. Ein neues, in ihrem

Sinne gestaltetes Theaterwesen hätte sie locken können, aber das gab es (bis auf die Oberammergauer Passionsspiele) nicht.

Um diese Entscheidung focht Emilie Ringseis einen langen Kampf. Als alte Frau sagte sie, sie empfinde im Hinblick darauf, nicht häufiger gespielt zu haben, »Leid, aber nicht Reue«[11]. Die Beschäftigung damit bereue sie aber auf keinen Fall.

Es ist mir nicht nur ein angenehmes Gefühl, eine Kunst im Sack zu haben, von der ich im Notfall leben konnte (vom Dichten wäre ich verhungert und das nicht aus Schuld meines Buchhändlers), sondern die Ausbildung meines Talentes war mir wertvoll für meinen Geist an sich, für jede Gelegenheit des Spielens, Vorlesens, Deklamierens und sicherlich von größter Förderung auch beim Dichten, und das nicht bloß im Drama.[12]

Ab 1837 lebte die Familie Ringseis in der Theatiner-straße, heute Areal der »Fünf Höfe«.

Die Dichterin

1852 war Emilie während eines Urlaubs beim »vor sich hin schauspielern, wie man ja auch vor sich hin singt«[13], da kam ihr die Idee für ihr erstes Theaterstück »Veronika« (1854), ein geistliches Schauspiel. »Die Sibylle von Tibur (1858)«, »Sebastian« (1868) und »Der Königin Lied« (1890 beziehungsweise 1893) kamen später dazu. In diesen Stücken entwickelte sie dank ihrer schauspielerischen Erfahrungen eine »große dramatisch-dichterische Schaffenskraft«[14]. »Veronika« wurde im Ringseis-Haus aufgeführt sowie bei einer Wohltätigkeitsveranstaltung im Gegenwart des Königs und des päpstlichen Nuntius. Die Reaktionen der Presse waren ausgesprochen positiv. Zur Aufführung von »Sebastian«, den sie mit jungen Laien einstudiert hatte und in dem sie mitspielte, schrieb die Dresdener Theaterzeitung: »Man glaubte nicht anders als eine vollendete Schauspielerin vor sich zu sehen.«[15] Vor allem die einfachen Zuschauer waren sehr ergriffen, wie das Hausmädchen anderntags nach dem Einkauf berichtete.

Das Geistliche war Emilies Thema, für das sie viel Anerkennung erhielt. Sie schrieb außerdem ein Märchenspiel, »Die Getreue« (1862), sowie kleinere Dramolette. Außerdem erschienen zwei Gedichtbände (1865 und 1873), in denen sie ihren Gedanken zum aktuellen Geschehen Raum gab: vor allem die Kriege 1866 und 1870/71, das Erste Vatikanische Konzil und der Kulturkampf in Deutschland beschäftigten sie.

Die »Erinnerungsblätter« erschienen 1896, geschrieben nicht als Bekenntnisse, sondern: »manches schiefe Urtheil, sei es günstig oder ungünstig, möchte ich berichtigen [...]«.[16] Emilies Aufzeichnungen brechen 1875 ab, als sie in der Arbeit an den »Erinnerungen« des Vaters steckte. Bettina schrieb das Werk ihrer Schwester weiter – als echte Erinnerungen, denn sie hatte sich keine Aufzeichnungen gemacht.

Wenn Frauen sich damals kreativ betätigten, wurden stets Stimmen laut, die das jeweilige Werk als (zu) »männlich« beziehungsweise (zu) »weiblich« bewerteten. So hieß es von Emilie, sie schriebe zu weiblich. Sie sah sich genötigt, darauf zu reagieren:

[...] so halte ich es zwar einerseits nicht für unbedingten Nachteil, wenn man die weibliche Hand erkennt, den gewiß gibt es auch in der Kunst Dinge, worin das Weib den Mann übertrifft, und die Grenzen echter Weiblichkeit zu überschreiten habe ich nie begehrt; anderseits

ist mir so oft männliche Kraft und Kühnheit nachgerühmt worden, daß ich meinem eigenen Eindruck hierüber glauben darf.[17]

Unsicherheiten in der Arbeit, »wie sie teils in unserer weiblichen Natur teils in unserer Erziehungs- und Bildungsweise, unserer ganzen Lebensstellung wurzeln«[18], gab sie gleichwohl zu.

Dasein für die Eltern

Ab 1862 wurde Mutter Franziska zusehends dement. Die Töchter sorgten für sie, was mit fortschreitender Krankheit die drei immer stärker in Anspruch nahm. Das Leben spielte sich jetzt hauptsächlich im Elternhaus ab. Über viele Jahre arbeitete Emilie mit dem Vater an seiner vierbändigen Biografie. Ab 1875 begannen die »Historisch-Politischen Blätter« diese »Erinnerungen« abzudrucken. Später erschienen die »Erinnerungen« in einer von Emilie überarbeiteten Buchausgabe und nochmals 1909, gekürzt von Bettina Ringseis. »Dem Vater war sie [Emilie] die treuste, verständnisvollste Helferin, [...] Aug und Ohr und lieh ihm ihre Hand zur Ausfertigung verschiedener [auch medizinischer] Aufsätze [...]«[19], erzählt Bettina Ringseis. Bis zum Tod von Johann Nepomuk Ringseis im Jahr 1880 waren seine Töchter für ihn da.

Religiöses Wirken in Tutzing

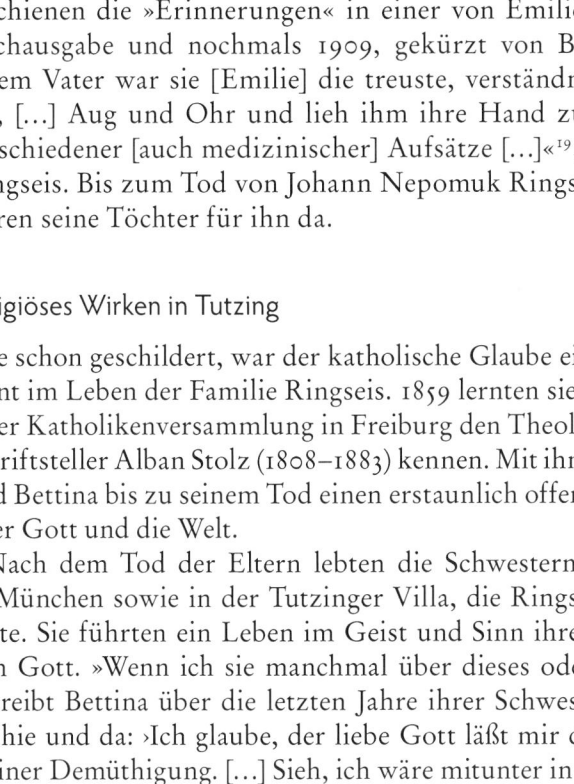

Wie schon geschildert, war der katholische Glaube ein wichtiges Element im Leben der Familie Ringseis. 1859 lernten sie bei dem Besuch einer Katholikenversammlung in Freiburg den Theologen und Volksschriftsteller Alban Stolz (1808–1883) kennen. Mit ihm führten Emilie und Bettina bis zu seinem Tod einen erstaunlich offenen Briefwechsel über Gott und die Welt.

Nach dem Tod der Eltern lebten die Schwestern zurückgezogen in München sowie in der Tutzinger Villa, die Ringseis 1865 gekauft hatte. Sie führten ein Leben im Geist und Sinn ihres Vaters, bei ihrem Gott. »Wenn ich sie manchmal über dieses oder jenes neckte«, schreibt Bettina über die letzten Jahre ihrer Schwester, »antwortete sie hie und da: ›Ich glaube, der liebe Gott läßt mir diesen Ballast zu meiner Demüthigung. [...] Sieh, ich wäre mitunter in der Gefahr, eitel

zu werden, aber mancher Fehler und manche Ungeschicklichkeit sind
mir ein guter Dämpfer!«[20]
1887 lernten die Schwestern Pater Andreas Amrhein kennen, den
Gründer von Kloster St. Ottilien in Eresing am Ammersee. Sie
schenkten ihm beziehungsweise dem Kloster das Gärtnerhaus am
Rand ihres Tutzinger Grundstücks für einen Kindergarten. Vier Be-
nediktinerschwestern zogen ein – und gleich wieder aus, denn die
Mitbürger wollten keine Schwestern im Ort haben (es war Kultur-
kampfzeit!). Die Gemeinde genehmigte den Kindergarten, in dem
»sich etwa vierzig Kinderlein unter Tags fröhlich umhertummeln«[21],
erst drei Jahre später. Die Ringseis-Damen bauten eine Kapelle und
eine Priesterwohnung dazu, eine Arbeitsschule und »ebenso wenn,
gottlob selten, im Ort Kranke der Hilfe und Pflege bedürfen, folgt eine hierfür bestimmte Schwester von Herzen gern dem Rufe.«[22] Nach
dem Tod von Bettina erbte die Kirche das gesamte Anwesen, es wurde
zum Grundstock des Tutzinger Klosters und des Krankenhauses.

Am 4. Februar (dem Namenstag der Veronika!) 1895 starb Emilie
Ringseis, während ihrer Krankheit liebevoll begleitet von den Schwestern. Marie folgte zwei Jahre später. Bettina ließ die sterblichen Reste
ihrer Schwestern in die Gruft nach Tutzing überführen, wo seit ihrem
Tod 1916 die ganze Familie ruht.

CR BO

EMILIE RINGSEIS, Schriftstellerin. * 15. November 1831 in München.
Vater: Johann Nepomuk von Ringseis (1785–1880) aus Schwarz-
hofen / Oberpfalz, Arzt und Professor. Mutter: Friederike von Hartmann (1791–1877) aus Mühldorf. Zwei Schwestern. Unverheiratet.
† 4. Februar 1895 in München.

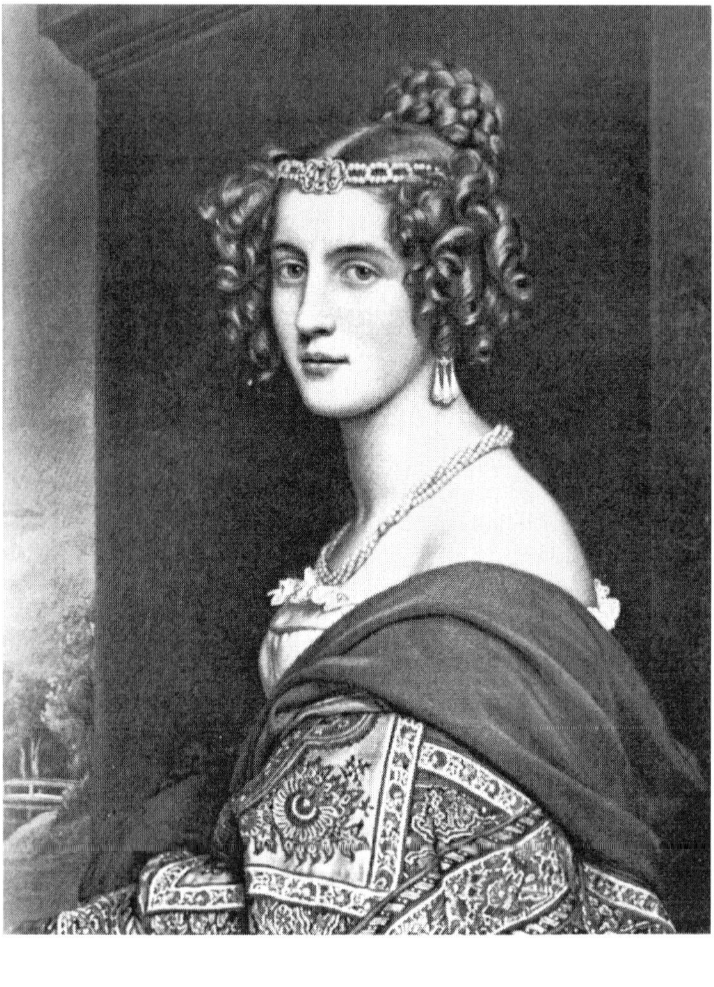

Amalia von Schintling
(1812–1831)

Ein Bildnis und die Folgen

E s ist nur ein Bild. Das Bild einer schönen jungen Frau mit traurigen Augen. Es sollte auch 1831 nur ein Bild werden, das ein König in seine Residenz zu den anderen Bildern von schönen jungen Frauen hängen wollte, um sich an deren Anblick zu erfreuen. Männerehre und Männerstolz machten aus dem Anliegen des Königs ein Drama, dessen tragisches Opfer Amalia von Schintling war.

Der zornige Bräutigam

Die Familie von Schintling lebte ab 1816 in München am Karlsplatz. Vater Lorenz von Schintling war Major im Generalquartiermeistersstab. Amalia kam mit acht Jahren »in das weibliche Erziehungsinstitut zu Nymphenburg, in welchem Seine Majestät, der König, für selbe das Kostgeld allergnädigst zu bezahlen geruhen«[1], wie der Vater in seinem Tagebuch notierte. Als Ludwig I. 1831 den eigentlich harmlosen Wunsch an den Vater herantragen ließ, die junge Schönheit für seine Gemäldesammlung malen zu lassen, dachte Herr von Schintling sich nichts weiter dabei und gab sein Einverständnis. Er hatte vollstes Vertrauen zu seinem König – und zu seiner 19-jährigen Tochter. Dass sich daraus eine besonders tragische Familiengeschichte entwickeln würde, hätte er sich nicht träumen lassen.

Amalia war schon seit zwei Jahren mit ihrem Vetter, dem Leutnant Fritz von Schintling, verlobt. Der war 21 Jahre älter als die schöne Amalia und sah die Angelegenheit mit dem Porträt erheblich weniger entspannt als sein zukünftiger Schwiegervater. Fritz wollte auf keinen Fall zulassen, dass seine Braut in einer Reihe mit Frauen »zweifelhaften Rufes«[2], wie er (vielleicht nicht einmal ganz zu Unrecht) fand, ausgestellt werden sollte. Er stand mit seiner skeptischen Haltung durchaus nicht alleine. Es kam hin und wieder vor, dass die auserwählten

Frauen doch nicht porträtiert wurden. Von Franz Hanfstaengl zum Beispiel ist ein Brief an den Hofmaler Joseph Karl Stieler erhalten, in dem er eine Absage damit begründete, er müsse seine Tochter Pauline vor zu viel Schmeichelei und Eitelkeit schützen. Fritz von Schintling war da mit seinen Befürchtungen um den Ruf seiner Braut direkter. Er verlangte, dass das Einverständnis wiederrufen werden sollte. Damit geriet sein zukünftiger Schwiegervater in einen Solidaritätskonflikt. Denn aus Pflichtgefühl seinem obersten Dienstherrn gegenüber wagte er es nicht, dessen Wunsch zu widersprechen.

Diskussionen um die Schönheitengalerie

Die Idee, schöne Frauen malen zu lassen und die Bilder in einer Sammlung aufzuhängen, war nicht neu, als Ludwig I. sie 1821 dem Maler Joseph Karl Stieler präsentierte. Sieben Jahre später waren die ersten Porträts fertig. Neben der Schönheit war die Herkunft der jungen Frauen ein Auswahlkriterium: Es sollten Landeskinder sein. Der Stand spielte zunächst keine Rolle. Aber schnell kamen Kritik und Diskussionen auf. Zum einen war man geneigt, dem König zu jeder Frau eine Affäre anzudichten. Er versuchte das mit Symbolen in den Bildern (wie einer Nelke als Zeichen für Unschuld) oder dem Versprechen einer Mitgift, wenn die Betreffende bis zur Hochzeit Jungfrau blieb, zu widerlegen. Auch um den Stand gab es rasch Unruhe. Manchen Vätern (oder Verlobten) der Kandidatinnen waren die bisher Porträtierten zu bürgerlich, sie wollten ihre Frauen nicht in einer Reihe mit der Tochter eines Wildbrethändlers oder aus anderen einfachen Familien sehen. So änderte Ludwig das Konzept: Schon ab 1831 kamen ausländische und vermehrt adelige Schönheiten dazu, später auch aus der eigenen Familie. 1850 entstand das letzte Bild von Joseph Karl Stieler für die Schönheitengalerie.

Ein ausgewachsener Familienzwist

Es gab heftige Szenen in der Familie von Schintling wegen des königlichen Wunsches, Amalia für die Schönheitengalerie porträtieren zu lassen. Bei Amalia, die schon länger an Schwindsucht litt, brach die Krankheit jetzt ernsthaft aus. Deshalb gab Fritz schließlich nach und schrieb an Amalias Vater: »[...] über den fraglichen Gegenstand waren Debatten, die mich in den fürchterlichsten Zustand versetzten. Ich mußte ein Opfer bringen, das unerhörteste. Amalia wird gemalen, und mein Widerstand hat die größten Szenen hervorgebracht!«³ Amalia war gefangen zwischen Vater und Bräutigam, auch sie vermutlich in einem »fürchterlichen Zustand«. Ob sie in all dem Durcheinander nach ihrem Willen gefragt worden war? Ihr Opfer war jedenfalls weitaus größer als das ihres Bräutigams …

Es kam tatsächlich zu den Sitzungen bei Stieler. Amalias Mutter saß im Atelier stets dabei. König Ludwig I. ärgerte sich darüber und sagte zu ihr: »Wie kann eine so schöne Frau eine so häßliche Mutter haben?« »Ein Spiel der Natur, Majestät!«, antwortete Therese von Schintling. »Ein lustiges Spiel der Natur!«⁴ Und der König entgegnete: »Sie haben Witz, liebe Schintling, das ist mehr wert als Schönheit!«⁵ und ließ Mutter und Tochter in Ruhe.

Warum hatte Fritz nachgegeben? Um des lieben Friedens willen? Oder weil er Stieler als Fürsprecher beim König brauchte und ihn nicht verärgern konnte? Er konnte Amalia nur mit einer königlichen Bewilligung heiraten. Der junge Offizier hätte dafür 20 000 Gulden als Bürgschaft hinterlegen müssen (das Geld sollte im Fall seines Todes für die Versorgung der Witwe dienen), die er nicht aufbringen konnte. Hat er den Hofmaler gebeten, für ihn beim König ein gutes Wort einzulegen? Oder sah Stieler selbst, wie es um Amalia stand? Er malte sie vor einer halb geöffneten Grabkammer, mit Perlen – gefrorene Tränen, sagt man ja – in den Ohren und im Haar.

Jedenfalls machte Hofmaler Stieler den Vermittler zwischen der Familie Schintling und dem König und erreichte eine Heiratserlaubnis – da kämpfte Amalia allerdings schon um ihr Leben und starb 14 Tage später. »Meine Tochter Amalia erhielt die Erlaubnis zur Verehelichung mit Friedrich von Schintling, Hauptmann des 4. Infanterieregiments, und starb den 22. Dezember 1831 am Zahnfieber zu Neuburg an der Donau«⁶, schreibt der Vater in seinem Tagebuch.

ଔ ଐ

AMALIA VON SCHINTLING, »Schöne Münchnerin«. * 9. August 1812 in Neuburg. Vater: Lorenz von Schintling (1780–1845), Major. Mutter: Therese, geborene Freiin von Hacke (1789–1845). Mehrere Geschwister. † 22. Dezember 1831 in München oder Neuburg.

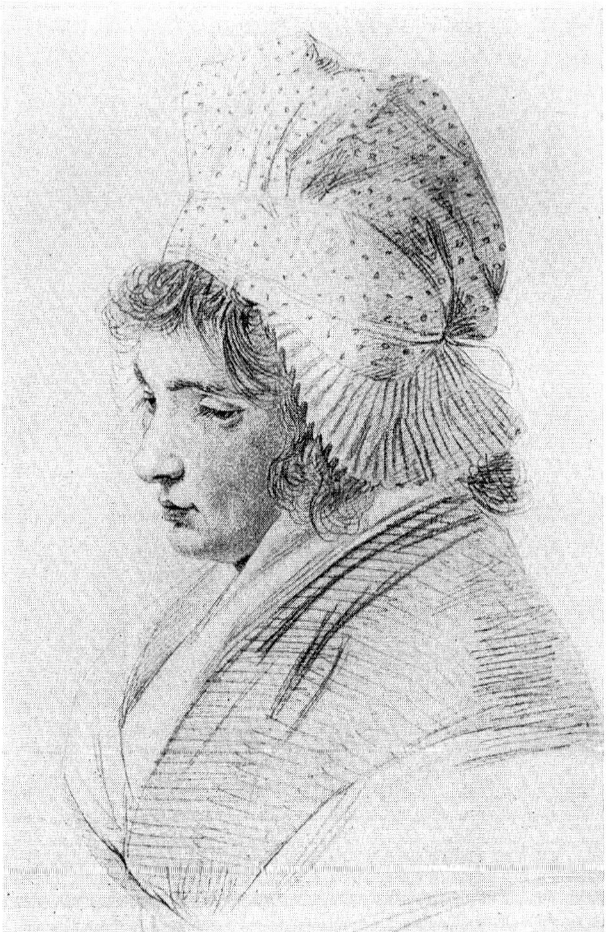

Josepha Schwarz
(1818–1863)

Eine Künstlerliebschaft

A ls Friedrich Hebbel (1813–1863) noch ein armer Poet war, lebte er
für zweieinhalb Jahre (von Oktober 1836 bis März 1839) in München. Er existierte mehr schlecht als recht von kleinen Stipendien und
dem bisschen Geld, das sich seine Geliebte Elise Lensing in Hamburg
vom Munde absparte. Seit August grassierte in München die Cholera,
was Hebbels dank der finanziellen Misere düstere Grundstimmung
noch mehr verfinsterte. Mit umso größerer Freude schreibt er deshalb
am 26. Oktober 1836 an einen Freund:

*Solltest Du's glauben, daß ich verliebt bin? Und doch ist das wirklich
der Fall, und in so hohem Grade, wie jemals. Mir gerade gegenüber
wohnt ein wunderschönes Mädchen. [...] Gestern Abend habe ich sie,
nachdem ich 8 Tage lang auf jeden ihrer Schritte mit der Sorgfalt eines
Polizei-Agenten gepaßt, zum erstenmal gesprochen, und bin für das
erste Mal weit genug gekommen; nämlich zum Versprechen eines aber-
maligen Rendezvous. O, was ist doch die Liebe (jetzt erwartest Du
etwas ganz Anderes, als folgen wird) für ein angenehmes Kaminfeuer
in rauhen Herbsttagen, wenn sie zum 3ten oder 4ten Male kommt!*[1]

»Die liebste, teuerste Beppi«

Hebbel wohnte zur Untermiete in der Sommerstraße in der Maxvorstadt. Josepha Schwarz, die Schreinerstochter von gegenüber, versorg-
te ihn mit der aktuellen Tageszeitung und frischer Wäsche. Josepha,
20 Jahre alt, zeigte ihm, Friedrich, 25, auf langen Spaziergängen auch
ihr München. Als die Familie Schwarz im Mai 1838 in die Landwehr-
straße umzog, wurde Hebbel dort Untermieter und genoss die süßen
Gefühle für die liebe »Beppi« und ihre Fürsorge. Der Dichter neigte
wohl zu Jähzorn, es gab öfter Streit und Kränkungen zwischen den

beiden. Selbsteinsichtig bedauerte er in einer Tagebuchnotiz: »du armes Kind, bist du zum Unglück geboren! Erst mußt du an den [wohl ein Verflossener] geraten und nun an mich!«[2] Einmal, nach einem besonders schlimmen Streit, kam sie dennoch zurück, voller Fürsorge: »[...] ich bin nämlich nur wieder gekommen, weil mir eingefallen ist, daß du noch so viele zerrissene Strümpf' hast. Die will ich dir stopfen.«[3] Das Verhältnis hielt trotz der Probleme während des ganzen Münchner Aufenthalts von Hebbel. Ein »Gspusi« macht das Leben halt lebenswert, und wenn die andere in Hamburg Geld und Briefe schickt – umso besser!

Aber beruflich ging in München für Hebbel nichts voran, er war im Winter 1838 noch immer ein armer Poet. So zog es ihn, kaum dass Schnee und Eis geschmolzen waren, wieder in den Norden.

Ich habe dort [am Monopteros] *gebetet, um Segen für München, das mich in seinem Schoß so freundlich aufnahm, und um Segen für mich selbst. Mach' etwas aus meinem Leben, rief ich aus, es sei, was es sei! Auch für meine liebe Beppi habe ich den Segen des Himmels herabgerufen. Und, da dieses Blatt doch beschlossen werden muß: warum soll ich es nicht in ihrem Namen beschließen?*[4]

Am 11. März 1839 brach Hebbel früh auf. »Bei sehr schönem Frostwetter, morgens um 6 Uhr ging ich am 11. März aus München. Beppi trug mir mein Ränzchen bis ans Ende der Ludwigstraße, dort nahm ich es selbst auf den Rücken. Beppi ging noch nach dem Burgfried, dem Schwabinger Tor, zwei Stunden mit.« In einer Handwerkerkneipe tranken sie ein letztes Glas Bier, »dann schieden wir unter unendlichen Tränen«.[5]

Hebbel marschierte zu Fuß zurück nach Hamburg, bekam mit seiner Geliebten Elise zwei Söhne und verließ sie, um wieder zu reisen. 1846 blieb er in Wien, wo er endlich Erfolg hatte, und heiratete die Burgschauspielerin Christine Enghaus. Sie besaß das Geld, das er benötigte und konnte auch noch die arme verlassene Elise in Hamburg unterstützen.

Beppi Schwarz hingegen ist Kleidermacherin geworden. Nach dem Tod der Eltern ging sie mit 42 Jahren »in Dienst«. 1852 und 1860 war Friedrich Hebbel nochmal in München, jetzt als gefeierter Dichter. Ob er wohl nach Josepha geschaut hat? Beppi Schwarz ist am 21. Januar 1863, im selben Jahr wie Hebbel, gestorben. 1924 resümiert Georg Jakob Wolf über ihr Leben:

Die tragische Geschichte des Künstlerliebchens, das sich nicht zum Höhenflug des Geliebten emporzuschwingen vermag, das am Boden klebt und dem entschwebenden Adler wehmütig, aber nicht verzweifelt nachblickt. Er hat genossen, sie hat geopfert. Er hat mit Selbstverständlichkeit alle Liebe, die sie ihm bot, angenommen und ist weitergegangen. Sie blieb, aber sie war resolut genug, aus dem Schiffbruch zu retten, was zu retten war und sich aus den Trümmern ein neues Leben zu zimmern.[6]

Sie hatte vor allem Glück, nicht schwanger geworden zu sein und alleine mit einem Kind dazustehen! Und sie war resolut genug, ihr Leben selbst in die Hand zu nehmen.

Vom Familienschicksal zu »Maria Magdalena«

Hebbel erlebte, wie Beppis Bruder Karl wegen Diebstahls verhaftet wurde (zu Unrecht, wie sich später herausstellte). Dieses Erlebnis nahm er später als Vorlage für sein bürgerliches Trauerspiel »Maria Magdalena« (1843).

Der ›Maria Magdalena‹[...] liegt ein Vorfall zu Grunde, den ich in München selbst erlebte, als ich bei einem Tischlermeister, der mit Vornamen sogar Anton hieß, wohnte. Ich sah, wie das ganze ehrbare Bürgerhaus sich verfinsterte, als die Gensd'armen den leichtsinnigen Sohn abführten, es erschütterte mich tief, als ich die Tochter, die mich bediente, ordentlich wieder aufathmen sah, wie ich mit ihr im alten Ton scherzte und Possen trieb.[7]

In »Maria Magdalena« geht eine Familie wegen des Fehlverhaltens von zwei jungen Männern zugrunde: Der verantwortungslose Sohn Karl wird unter dem Verdacht, Juwelen gestohlen zu haben, verhaftet. Das verkraftet die Mutter nicht und stirbt an einem Schock. Leonhard verführt seine Verlobte Klara, Karls Schwester, um sie noch mehr an sich zu binden. Als er erfährt, dass die Mitgift, hinter der er her war, nicht mehr existiert, verlässt er die schwangere Klara. Diese stürzt sich in den Brunnen, um ihrem Vater diese Schande zu ersparen. Karl bereut und beschließt, zur Marine zu gehen. So bleibt der alte Anton allein zurück und schüttelt mit den Worten »Ich verstehe die Welt nicht mehr« den Kopf. Die Figur der Klara ist nach Beppi und ihrer Schwester Anna gestaltet – wie gut, dass ihnen diese Tragik erspart geblieben ist und sie vermutlich auch nicht erfahren hat, dass ihre Familie als Vorlage für ein erfolgreiches Theaterstück diente.

જ્ઞ ખ્યં

JOSEPHA SCHWARZ, Geliebte, Putzmacherin, Dienstbotin. * 1818. Vater: Anton Schwarz, Schreiner. † 21. Januar 1863 in München.

Kauffstaengl fec. 1857

Klara Vespermann

(1799–1827)

»Sie sang die süßeste Wehmut in die Seele«

In der Vorstadt Au lebten im frühen 19. Jahrhundert die Kleinen und Armen, die auf der anderen Isarseite kein Bürgerrecht erhielten. Dennoch hatte die reiche Stadt der armen Au eine große Künstlerin zu verdanken, die wahrlich zum »Stolz von der Au« wurde. Klara Metzger hat eine einzigartige, ungewöhnliche Karriere gemacht: vom Mädel, das in Straßenkneipen sang, zum gefeierten Star der Münchner Hofoper.

Es begann auf der Straße

Klaras Vater Joseph war Maurer und lebte mit seiner Familie in einem der kleinen Herbergshäuser nahe des Paulanerklosters, die so typisch für die Au waren. In diesen einfachen Häusern hausten mehrere Familien, auf einem Stockwerk oder auch nur in einem Zimmer zusammengepfercht. Jede Familie hatte einen eigenen Zugang von außen. (Einige dieser Häuser sind heute noch erhalten, wenn auch nicht mehr im Originalzustand.) Im Herbst und im Winter, wenn es für Handwerker keine Arbeit gab, wanderte der musikalische Vater Metzger mit seinen Kameraden durch die Dörfer im Umland und spielte zur Kirchweih und zu anderen Festen auf. Seine begabte Tochter zog mit dem alten, blinden Scherzlgeiger Elias singend durch die Wirtsgärten und hielt hinterher den Hut auf. Bei einer ihrer Runden mit Elias, da muss sie 13 gewesen sein, fiel sie dem Hofkapellmeister Peter von Winter auf – ein »Casting« auf altmodische Art sozusagen. Er war so beeindruckt, dass er für ihre musikalische Ausbildung sorgte und sie als Pflegetochter aufnahm.[1] 1816 debütierte Klara als Myrrha in Winters Oper »Zaira«, sang weitere Partien in München, an der Mailänder Scala und in Genua.

Junger Ruhm ...

Schon 1816 lobte Clemens Brentano ihre Sangeskunst und riet ihr, nie eitel zu werden, sondern immer bescheiden und fleißig zu bleiben, »dann werden Sie einst an dem Ziele, das Ihre Fähigkeit und ganze Anlage Ihnen steckt, angelangt seyn, ohne deswegen je aufgehört zu haben, gut, einfach, natürlich und bescheiden zu seyn«[2].

Drei Jahre später, 1819, war Klara Metzger bereits Hofopernsängerin in München. Ihre Stimme besaß den ungewöhnlichen Umfang von drei Oktaven, ihre Koloraturen erklangen scheinbar mühelos. Auch ihre schauspielerischen Fähigkeiten müssen großartig gewesen sein. Das Repertoire umfasste unter anderem Rossini-Opern, Werke ihres Lehrers sowie leichte und komische Opern, die das Münchner Publikum besonders schätzte. Auf Tourneen, besonders in Wien, erhielt Klara überschwängliche Kritiken und auch die Münchner Zeitungen überschlugen sich nach jeder Aufführung vor Begeisterung. Sie »steigerte durch [...] Kunstvollendung die Hörenden zum höchsten Grade des Entzückens. [...] Wir haben in diesem letzten Tonstück eine seltene große Sängerin in ihr erkannt«, schreibt beispielsweise das Unterhaltungsblatt »Flora«.[3] »Gesangskönigin des Abends« heißt es da, und von der »Allgewalt ihres Gesanges« ist die Rede. Wie bedauerlich, dass es damals noch keine Aufnahmetechnik gab – man würde das nur allzu gerne hören.

In den folgenden Jahren gastierte Klara Metzger so häufig in Wien, dass die Münchner befürchteten, sie würde abwandern. Sie versprach aber, dem Münchner Publikum ihr ganzes Leben widmen zu wollen – was sie nicht von weiteren ausgedehnten Tourneen abhielt. Das nahm man ihr übel: 1826 applaudierte das Publikum nach einer Vorstellung nicht, »weil [...] diese Sängerin im Verhältniß der Zeit ihre Stimme anderwärts mehr als in der Heimat erschallen läßt«[4].

Am 15. April 1822 sang Klara Metzger, seit einem Jahr verheiratete Frau Vespermann, die Agathe in der Münchner Erstaufführung des »Freischütz« von Carl Maria von Weber. Mit größter Ungeduld hatten die Münchner das Ereignis erwartet und in Anwesenheit von König und Hof wurde die Oper zu einem der Höhepunkte ihrer Karriere. Weber wurde ihr absoluter Fan. Schon bei der Premiere hielt er ihre Leistung für einzigartig und 1823 in Dresden meinte Weber sogar: »Ich wußte noch gar nicht, daß ich so etwas Schönes geschrieben. – Sie sang die süßeste Wehmut in die Seele [...] und die reinste Träne in das Auge.«[5]

Im Frühjahr 1823 legte Klara Vespermann eine kurze Pause ein: Am 8. April kam ihre Tochter Maria (siehe S. 89ff.) zur Welt. Schon im Juni trat Klara wieder auf und unternahm eine große Tournee nach Leipzig, Hamburg und Berlin. Ihr Können war unverändert großartig, ja, eine Zeitung schreibt: »Daß Desdemona (Mad. Vespermann) wieder mit einer Kunst und Kraft der Stimme sang, die sich selbst zu vermehren scheint, haben wir schon gesagt [...].«[6]

Die Auer hatten noch einen Grund, »ihre« Klara zu lieben: Von ihren ersten Ersparnissen kaufte sie, die selbst am Schrannenplatz (heute Marienplatz) lebte, den Eltern ein Herbergshaus in der Kirchplatzgasse und präsentierte es ihnen mit den Worten: »So Herr Vater, jetzt ham'S a Heimat für immer.«[7] Das Haus aus dem 15. Jahrhundert ist eines der ältesten Gebäude der Au und war als Pest-, Nonnen- oder Kalteneggerhaus bekannt. Das Pestkreuz vor dem Haus verweist auf die Geschichte des Gebäudes und nicht auf Klara Vespermanns Tod.

... und früher Tod

Ab dem Sommer 1826 musste Klara Vespermann hin und wieder Aufführungen wegen Unpässlichkeit absagen. Die Presse führte das auf ihr Pensum an kraftraubenden Rollen und Tourneen zurück; nichts deutete auf Schlimmeres hin. Zu Beginn des Jahres 1827 litt sie dann mehrere Wochen lang an einer Entzündungskrankheit, »an den Fraisen« (gemeint sind Krampfanfälle oder auch ein Schlaganfall) oder einem »hitzigen Nervenfieber« und starb am 6. März. Die Stadt war tief erschüttert. Die Zeitschrift »Flora« berichtet über die Beerdigung auf dem Alten Südfriedhof:

Eine unzählbare Menschen-Menge aus allen Ständen hatte sich auf dem Kirchhofe versammelt und umgab in wogenden Massen den Leichenzug. Den Sarg, mit dem Lorbeerkranze geschmückt, begleiteten, das Bahrtuch tragend, 8 Königl. Hofsänger in Uniform, neben ihnen 6 Damen des Personals in tiefer Trauer; zu beiden Seiten die Fackelträger, ebenfalls aus Mitgliedern des Theaters bestehend. [...] Am Grabe wurde von dem K. Hofmusik-Personal ein feierliches Grablied von

Herrn Kapellmeister Stuntz abgesungen. Viele der Tausende, welche oft von den Tönen dieser großen Sängerin entzückt und erhoben waren, waren mit Rührung und Trauer erfüllt.[8]

Im November wurde im Hoftheater eine Kantate aufgeführt, ihr zu Ehren verfasst von Eduard Schenck und von Johann Baptist Stuntz vertont. Melodien aus ihren berühmten Rollen wurden hierin zitiert. Auch die königlichen Familien waren anwesend.

CȜ ȜꙨ

KLARA VESPERMANN, Sopranistin. * 13. April 1799 in der Vorstadt Au. Vater: Joseph Metzger, Maurer. Mutter: Therese. Ein Bruder. 1821 Hochzeit mit Wilhelm Vespermann (1784–1837), Schauspieler. Eine Tochter. † 6. März 1827 in München.

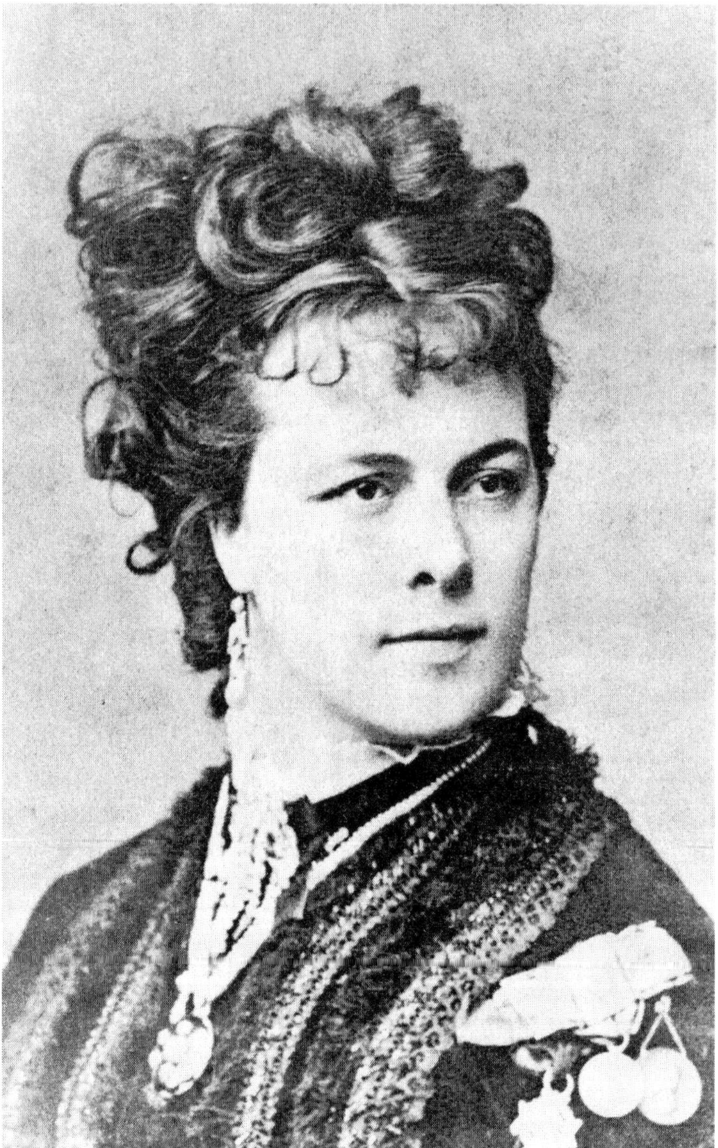

Klara Ziegler

(1844–1909)

Große Tragödin und noble Stifterin

Klara war das älteste Kind von Wilhelm und Babette Ziegler, die eine Seidenfärberei in München betrieben. Als sie 15 Jahre alt war, starb ihr Vater. Weil die Mutter das Geschäft weiterführte, musste Klara den Haushalt übernehmen. Mutter Babette wäre erleichtert gewesen, ihre Tochter in einer Ehe versorgt zu wissen, aber Klara hatte eigene Vorstellungen von ihrem Leben; sie wollte nicht heiraten, jedenfalls nicht, wenn sie eine konventionelle Ehe mit der klassischen Rollenverteilung führen müsste. Unabhängig zu sein, davon träumte sie. Da gab es für eine Frau nicht viele Möglichkeiten: Lehrerin, Schriftstellerin, Sängerin oder Schauspielerin. Am passendsten erschien Klara das Schauspiel. Vormund der Ziegler-Kinder war der Schauspieler und Regisseur Adolf Christen. Ihn überredete sie, ihr sechs Monate lang Unterricht zu geben. Danach war er sich sicher, dass aus Klara etwas werden könnte und überzeugte davon auch die Mutter.

Zu groß, zu sportlich

Die Karriere kam schnell in Fahrt: 1862 debütierte Klara Ziegler am Stadttheater in Ulm, spielte in Bamberg und am Münchner Hoftheater, ging mit Christen auf eine kleine Gastspielreise. Allerdings hatte sie wegen ihrer Figur immer wieder Probleme, wenn sie an einer Bühne vorsprach. Klara war nämlich groß, mehr als schlank und durchtrainiert. »Armes Kind! [...] Was sind Sie auch so ein langes Ding, die Männer werden sich nicht freuen, Sie als Partnerin zu kriegen!«[1] Andererseits hatte sie prachtvolle Augen und eine angenehme Stimme und »gewaltige Tonwellen, immer mächtiger anschwellend«[2] konnten aus ihrem Körper strömen. Trotz der Bedenken wegen ihrer Statur erhielt Klara Angebote vom Münchner und Berliner Hoftheater, die sie aber auf Rat ihres Lehrers ablehnte. Lieber klein anfangen, lautete die Devise. In Ulm unterschrieb sie schließlich einen Vertrag und spielte alles, was es zu spielen gab, sodass sie sich ein großes Repertoire zulegte. Schon hier fand sie mit Franz Grillparzers Medea die Rolle, die ein Höhepunkt ihrer Karriere werden sollte.

Friedrich Engelken aus Ulm übernahm 1865 in München die Leitung des gerade gegründeten Actien-Volkstheater (Vorläufer des Gärtnerplatztheaters) und gab Klara hier ein Engagament. Am 4. November spielte sie die Isarnixe in einem Stück von Hermann Schmid und übernahm danach unterschiedlichste Rollen. Gleichzeitig arbeitete sie mit Christen intensiv an ihrem Repertoire weiter. Sie hatten beide erkannt, dass in den Heroinenrollen ihre Zukunft lag; die hatte das Actientheater allerdings nicht im Programm. Ein Wechsel ans Hoftheater war aber zunächst nicht möglich: Schauspieler vom Actientheater hatten ein Imageproblem wegen des Repertoires aus vorwiegend leichten Rollen. Also musste Klara Ziegler an einem anderen Theater erst einmal beweisen, was sie konnte, und ging deshalb 1867 für ein Jahr nach Leipzig. Danach war das Imageproblem aus der Welt, Klaras Erfolge in dramatischen Rollen sprachen sich herum, und nach einem Jahr kehrte sie nach München zurück – diesmal ans Hoftheater, wie erhofft.

Am liebsten auf Tournee

Der Vertrag lief bis 1874. Ludwig II. engagierte sie zehn Mal für eine Separatvorstellung, er buchte Dramen von Schiller und Grillparzer, außerdem französische Lustspiele. Diese Separatvorstellungen fanden exklusiv für den menschenscheuen König statt. Gespielt wurde oft erst gegen Mitternacht, nur für ihn, der Zuschauerraum blieb leer. Zum Dank überschüttete der König die Schauspieler mit Geschenken. Weil Klara Ziegler aber am Hoftheater ansonsten nicht so viel zu spielen bekam, wie sie gerne wollte, handelte sie sich sechs Monate Urlaub im Jahr aus, die sie für Gastspiele an allen deutschsprachigen Bühnen Europas nutzte.

Klara Ziegler stellte bald fest, dass das Tourneegeschäft erheblich lukrativer war als ein fester Vertrag. In etwa zehn Jahren nahm sie mehrere Zehntausend Gulden ein, nicht zu reden von den Geschenken, die sie zusätzlich erhielt. Da war es konsequent, dass sie nach 16 Jahren den Vertrag mit dem Hoftheater auflöste und nur noch Gastspiele gab. 30 Jahre lang hielt sie das anstrengende Geschäft durch. Über 2000 Mal, in 227 verschiedenen Rollen, trat sie in ganz Europa auf. Ein besonderes Beispiel für ihren Erfolg war das Gastspiel in St. Petersburg 1878. Hier wurde Klara Ziegler besonders enthusiastisch gefeiert. »Es war noch die Zeit, wo Künstlerinnen ihres Rufes und Ruhmes die Pferde ausgespannt und der Wagen von jubelnden Menschen selbst gezogen [wurde].«[3] Der Zar schenkte ihr ein mit Diamanten besetztes Armband.

Während sie beruflich Europa bereiste, band sie sich privat an München: Sie ließ sich eine prächtige Villa an der Königinstraße 25 erbauen und heiratete 1876 ihren früheren Lehrer Adolf Christen, dem sie ihren ganzen Erfolg zu verdanken hatte. In München war sie nur noch in Gastspielen zu sehen. Als ihr Mann 1883 starb, machte Klara Christen zum ersten Mal in ihrer Laufbahn eine Pause. Für ein Jahr zog sie sich aus der Öffentlichkeit zurück und trauerte. Danach nahm sie den Tourneebetrieb wieder auf wie vorher.

Klara Zieglers Villa in der Königinstraße 25 zeugte von ihrem durch eigene Arbeit erworbenen Reichtum. Nach ihrem Tod war sie der erste Sitz des Theatermuseums. Die Villa wurde im Zweiten Weltkrieg zerstört.

Eine große Tragödin

Mit der Medea hatte Klara Ziegler schon zum Beginn ihrer Laufbahn, 1863 in Ulm, die zu ihr passende Rolle gefunden. Sie musste sich aber noch paar Jahre lang einen gewissen Ruf erarbeiten, bis sie tragische Figuren spielen durfte. Über 300 Mal hat sie die Medea gegeben, in mehr als 60 Städten. Klara Ziegler und das Rollenfach der Heroine, das war die ideale Kombination. Klara war kein Weibchen, sondern wirkte eher männlich. Für die dramatischen Stücke, die in der Gründerzeit (der Zeit nach der Gründung des Deutschen Kaiserreichs 1871) so angesagt waren, war sie genau die richtige Besetzung: groß, kräftig und mit einer tragenden Stimme ausgestattet. Heroine, Amazone oder Walküre: Tragische, martialische, dabei teilweise jungfräuliche Frauenfiguren wie die Johanna von Orléans, Judith, Penthesilea, Brunhild oder Medea füllte sie schon rein optisch bestens aus. Das war »große Tragödie« mit Figuren, die mit tragischem Schicksal konfrontiert werden. Diese monumentale, heldenhafte Geschichtsinterpretation in der bildenden Kunst, Literatur und Musik sollte das wiedererstarkte, geeinte Deutschland symbolisieren. Theodor Fontane sagte ein bisschen spöttisch von Klara Ziegler und dem neuen Stil im Theater: »Sie spielt Kaulbach [...] Die Ähnlichkeit ist frappant. Liegt es an München?«[4] Er meinte damit Wilhelm von Kaulbachs (siehe S. 121ff.) Historienmalerei im Treppenhaus des Berliner Neuen Museums. Fontane agierte Klara Ziegler zu theatralisch, was er ironisch kommentierte: »Wir wollen Kraft sehen, nicht Korrektheit. Wir wollen Donner hören, ohne Rücksicht darauf, ob es richtig donnert oder nicht. Zuletzt ist Donner immer richtig.«[5] Der Zeitgeschmack wollte alles bedeutungsvoll haben, fand das Fremde, Düstere, Gefährliche oder Geheimnisvolle faszinierend. Dieses Bedürfnis wurde mit Völkerschauen befriedigt, mit der Beschäftigung mit Okkultismus oder eben durch entsprechende Tragödien im Theater.

Abschied von der Bühne

Erst 1902 begann Klara Ziegler sich allmählich ganz von der Bühne zu verabschieden. In München gab sie am 13. April ihre letzte Vorstellung als Iphigenie, ein Jahr später stand sie zum allerletzten Mal in Prag als Klytämnestra auf der Bühne. Von nun an lebte sie in ihrem schönen

Haus am Englischen Garten, zusammen mit Christens Tochter Elisabeth. Man konnte die »alternde, aber noch ungebeugte Frau mit den strengen [...] Zügen, einen kleinen goldenen Lorbeerkranz im Haar, [...] oft im Münchner Hoftheater sehen«.[6] Ihren 60. Geburtstag feierte das Theater mit einem großen Festakt für sie und zu ihren Ehren wurde eine Medaille geprägt. Im Dezember 1909 starb Klara Ziegler. Ganz wie auf der Bühne wurde ihr Leichnam in einem weißen antiken Gewand in der Villa aufgebahrt, ein Lorbeerkranz im Haar. Die Aussegnungsfeier fand in München statt, die Feuerbestattung in Ulm. Das Epitaph auf dem Alten Südfriedhof ziert ein Lorbeerkranz – wie sie ihn so gerne im silbernen Haar trug.

Das Theatermuseum

Dass München ein Theatermuseum besitzt, ist wenig bekannt. Es befindet sich in den Hofarkaden in der Galeriestraße. Zu verdanken hat es die Stadt Klara Ziegler! Schon die prachtvolle Villa in der Königinstraße 25 am Englischen Garten war ein Museum – für Klara Ziegler, ihren Ruhm, und zugleich war sie ein persönliches Symbol. Sie sollte demonstrieren: Seht her, ich habe es aus eigener Kraft geschafft!

In einem der großen Salons in der Villa hatte Klara Ziegler eine Art »Showroom« eingerichtet mit den Auszeichnungen, die sich im Laufe der Jahre angesammelt hatten: Medaillen, Schmuck und Ehrengeschenke. Mit Recht war sie stolz darauf und präsentierte sie wie Trophäen – privat aber lebte sie bescheiden.

1905 schenkte Klara Ziegler der Stadt 20000 Mark für wohltätige Zwecke. Ihren ganzen Besitz vermachte sie einer Stiftung und verfügte 1907 im Testament:

Mancher Bühnenkünstler wird sich freudig von den Erinnerungszeichen seiner Kunst trennen, um sie einer Sammlung einzuverleiben, die nur dem Interessantesten und Wertvollsten aus der Bühnenwelt als Sammelpunkt dienen soll. Mein Haus soll dieser Sammelpunkt sein, und es soll damit aus unserem eigenen Stande die Gründung eines Theatermuseums hervorgehen, was der Schauspielkunst bis heute fehlt und das zu erreichen ich als die schönste Aufgabe meines Lebens betrachte. Meinen Besitz habe ich mir auf Gastspielreisen erworben, und es knüpft sich an dieselben eine ungeheure Arbeitslast meiner Kollegen,

die nur der zu beurteilen und zu würdigen vermag, der unsere Kunst
ausübt. Ihnen hinterlasse ich mein Haus! Mein Leben war der Kunst
geweiht, und mit einer bedeutungsvollen Tat will ich es beschließen.[7]

Für den Garten der Villa hatte sie einen Saal für Konzerte und Vorträge geplant, dafür reichte der Platz aber nicht aus.

Im Juni 1910 nun, nur ein halbes Jahr nach ihrem Tod, trat die Stiftung mit einem Volumen von mehreren Millionen Mark in Kraft und
das Theatermuseum wurde in der Villa eröffnet. 1944 wurde die Villa
von Bomben zerstört, das Deutsche Theatermuseum zog 1953 in die
Galeriestraße am Hofgarten, wo es noch immer seinen Sitz hat. Es
beherbergt ein Archiv sowie eine Bibliothek und organisiert Ausstellungen. 1993 wurde in der Ausstellung »Theatergöttinnen« auch der
noblen Gründerin gedacht. Seit 2002 steht eine Büste von Klara Ziegler in der Ruhmeshalle bei der Bavaria, im selben Jahr wurde eine
Straße in Waldperlach nach ihr benannt.

ങ 80

KLARA ZIEGLER, Schauspielerin, Stifterin des Theatermuseums.
* 27. April 1844 in München. Vater: Wilhelm Ziegler († 1859), Seiden-
färber. Mutter: Babette. Sieben Geschwister. Verheiratet mit Adolf
Christen (1811–1883), Schauspieler und Regisseur. Keine Kinder.
† 19. Dezember 1909 in München.

Anhang

Anmerkungen und Literaturhinweise

Vorwort

[1] Zitiert nach: Verein für Fraueninteressen e. V. 1994, https://de.wikipedia.org/wiki/Verein_f%C3%BCr_Fraueninteressen [aufgerufen am 5.4.2017]

Auguste Amalie von Leuchtenberg (S. 15–20)

[1] Armin Schroll: Prinzessin Auguste Amalie von Bayern (1788–1851). Eine Biographie aus napoleonischer Zeit, München 2009, S. 60
[2] Maria Probst: Die Familienpolitik des bayerischen Herrscherhauses zu Beginn des 19. Jahrhunderts, herausgegeben von der Kommission für bayerische Landesgeschichte bei der Bayerischen Akademie der Wissenschaften, Band 15, München 1933, S. 61f.
[3] Schroll, Prinzessin Auguste, S. 221
[4] Ebd., S. 91
[5] Ebd., S. 93
[6] Ebd., S. 27
[7] Ebd.
[8] Am 1. Oktober 1806; Adalbert Prinz von Bayern: Eugen Beauharnais. Der Stiefsohn Napoleons, München 1950, S. 144
[9] Am 3. Juni 1818; Schroll, Prinzessin Auguste, S. 341ff.

Elsa Bernstein (S. 23–30)

[1] Wilhelm Zils (Hrsg.): Geistiges und Künstlerisches in München in Selbstbiographien, München 1913, S. 24
[2] Elsa Bernstein: Das Leben als Drama. Erinnerungen an Theresienstadt, herausgegeben von Ruta Bake und Birgit Kiupel, Hamburg 2011, S. 14
[3] Bei Hans Lamm: Von Juden in München, München 1959, S. 261
[4] Bernstein, Das Leben als Drama, S. 101
[5] Katia Mann: Meine ungeschriebenen Memoiren, Berlin 1976, S. 23
[6] Thomas Grasberger: Treffpunkt Brennerstraße 8 – München-Maxvorstadt. Der literarisch-künstlerische Salon von Elsa und Max Bernstein, BR 2007
[7] Ernst Penzoldt: Elsa Bernstein, in: Süddeutsche Zeitung, 9. August 1949, S. 4
[8] Ebd.
[9] Ebd.
[10] Ebd.
[11] Ebd.
[12] Gerty Spies: Erinnerungen an Elsa Bernstein, Sonderdruck, München 1959

13 Rita Bake, Birgit Kiupel: Rediscovering Bernsteins Theresienstadt Memoir, in: From Fin-de-Siècle to Theresienstadt. The Works and Life of the Writer Elsa Porges-Bernstein. Edited by Helga W. Kraft & Dagmar C. G. Lorenz, New York 2007, S. 128, Anmerkung 5

14 Ulrike Zophoniasson-Baierl: Elsa Bernstein alias Ernst Rosmer. Eine deutsche Dramatikerin im Spannungsfeld des Wilhelminischen Zeitalters, Bern 1985, S. 25

15 Ebd.

16 Franz von Wesendonk: Wenn die Krebse auf den Bergen pfeifen. Briefe der Frau Elsa Bernstein an den Soldaten Franz, Mittenwald 1977

17 Ebd., S. 192; Juni 1939

18 Ebd., S. 196; August 1939

19 Ebd., S. 197, August 1939

20 Ebd., S. 242, Mai 1942

21 Ebd., S. 195f., August 1939

22 Ebd., S. 252, November 1941

Weitere Literatur

Claudia Teibler: Münchnerinnen, die lesen, sind gefährlich, München 2013

Charlotte Lady Blennerhassett (S. 33–41)

1 Ignaz von Döllinger – Charlotte Lady Blennerhasset. Briefwechsel 1865–1886. Bearbeitet von Victor Conzemius, München 1981, S. 219; Ignaz von Döllinger an Charlotte Leyen, 13. März 1868

2 Ebd., S. XI; Charlotte von Leyden an Bischof Dupanloup, 29. Juli 1867

3 Ebd., S. 280; Charlotte von Leyden an Ignaz von Döllinger, 11. Oktober 1867

4 Ebd., S. 462; Charlotte Leyden an Ignaz von Döllinger, 20. Februar 1870 aus Rom

5 Erinnerungen an Lady Blennerhassett, geborene Gräfin Leyden, von Marie von Bunsen, in: Das literarische Echo, 19. Jahrgang, Heft 12, 15. März 1917, Spalte 720

6 Laura Pachtner: Charlotte Lady Blannerhassett. Biographie als Zugriff auf Frauengeschichte und Bayerische Geschichte, in: Bayerische Geschichte in Wissenschaft und Unterricht, herausgegeben von Monika Fenn, Gregor Melchen, Münchner Universitätsschriften. München 2011, S. 162, Anm. 42

7 Zitiert nach: Hadumod Bußmann: Ich habe mich vor nichts im Leben gefürchtet. Die ungewöhnliche Geschichte der Therese Prinzessin von Bayern, München 2015, S. 94

8 Ebd., S. 241; Therese in einem nicht veröffentlichten Nachruf

9 Döllinger, Charlotte Lady Blennerhassett, S. XXVII Charlotte Blennerhassett an eine französische Freundin.
Laut Informationen von Laura Pachtner war das Ehepaar nicht geschieden, schon allein, weil das ihren religiösen Grundsätzen widersprochen hätte.

10 Erinnerungen an Lady Blennerhassett 1917, Spalte 721

11 Bußmann, Ich habe mich vor nichts, S. 101
12 Laura Pachtner: Lady Charlotte Blannerhassett. Ein erster Versuch zur Wahl von Frauen in die Bayerische Akademie der Wissenschaften, in: Zeitschrift für bayerische Landesgeschichte 72 (2009), S. 632
13 Döllinger, Charlotte Lady Blennerhassett, S. 722; Testament vom 14. Januar 1915
14 Pachtner, Ein erster Versuch, S. 625
15 Lady Blennerhassett über sich selbst, in: Aus Briefen an der Herausgeber des Literarischen Echos. Das literarische Echo, 19. Jahrgang, Heft 12, 15. März 1917, Spalte 273
16 Pachtner, Ein erster Versuch, S. 162, Anm. 42
17 Bußmann, Ich habe mich vor nichts, S. 238f.
18 Ebd.

Weitere Literatur

Victor Conzemius: Die Bildungsjahre einer liberalen Katholikin. Zeitschrift für bayerische Landesgeschichte 44, München 1981, S. 723-788
Laura Pachtner: Lady Charlotte Blennerhassett (1843–1917). Historikerin, liberale Katholikin, europäische Grenzgängerin: Eine Biographie (in Vorbereitung / erscheint 2018)

Carry Brachvogel (S. 43–49)

1 Ingvild Richardsen: Vorwort zu Carry Brachvogel »Alltagsmenschen«, München 2013, S. 162
2 Carry Brachvogel: Wie ich zur Literatur kam, in: Süddeutsche Frauenzeitung, 22. Juni 1924 (Stadtarchiv München Vereine 2168)
3 Ernst von Wolzogen: Wie ich mich ums Leben brachte. Erinnerungen und Erfahrungen, Braunschweig 1922, S. 181f.
4 Richardsen, Alltagsmenschen, S. 162
5 Ebd., S. 160; an Helene Raff am 4. September 1919
6 Josephine Graf-Lomtano: Ein dreifaches Jubiläum im Münchner Schriftstellerinnenverein, in: Süddeutsche Frauenzeitung, Nr. 24, 1924 (Stadtarchiv München Vereine 2168)
7 Ingvild Richardsen: Nachwort zu Carry Brachvogels »Im Weiß-Blauen Land«, München 2013, S. 132
8 Carry Brachvogel: Hebbel und die moderne Frau, Vortrag, abgedruckt in: »Im Weiß-Blauen Land«, München 2013, S. 254
9 Brachvogel, Im Weiß-Blauen Land, S. 255
10 Carry Brachvogel: Die Frau in Waffen, Vortrag, zitiert nach: Judith Ritter: Die Münchner Schriftstellerin Carry Brachvogel. Literatin, Salondame, Frauenrechtlerin, Berlin 2016, S. 89
11 Ritter, Carry Brachvogel, S. 80

Weitere Literatur

Arbeitskreis »Frauenleben in Bayern«: Carry Brachvogel, in: Frauenleben in München. Lesebuch zur Geschichte des Münchner Alltags. Geschichtswettbewerb 1992, herausgegeben von der Landeshauptstadt München, München 1993, S. 233–240

Carry Brachvogel: Wie wird man Schriftstellerin?, in: Gesammelte Feuilletons München 1913

https://haab-digital.klassik-stiftung.de/viewer/image/1170424791/33/LOG_0010/ [aufgerufen am 4.2.2017]

Renate Heuer: Carry Brachvogel (1864–1942). Schriftstellerin, in: Geschichte und Kultur der Juden in Bayern. Lebensläufe, München 1988, S. 211–215

Michaela Karl: Bayerische Amazonen. 12 Porträts, Regensburg 2004, S. 17–31

Renate Lindemann: 100 Jahre Verein für Fraueninteressen, in: Verein für Fraueninteressen e. V. (Hrsg.): 100 Jahre Verein für Fraueninteressen, München 1994, S. 1–102

Ingvild Richardsen: Warum ist Carry Brachvogel heute vergessen?, in: Kanon und Literaturgeschichte. Facetten einer Diskussion, herausgegeben von Ina Karg, Barbara Jessen, Frankfurt am Main 2014

Viktorine von Butler-Haimhausen (S. 51–58)

[1] Victorine Butler-Haimhausen: Ueber Armenpflege und Hülfeleistung im Sinne socialer Selbsthilfe, 1885, S. 1

[2] Ebd, S. 4f.

[3] Gabriele Donder-Langer: Viktorine & Theobald Butler von Clonebough. Eine Ehe im Biedermeier, PDF von der Autorin, S. 12

[4] Ebd., S. 4f.

[5] Ebd., S. 3

[6] Ebd., S. 32

[7] Ebd., S. 35

[8] Ebd., S. 32

[9] Ebd., S. 37

[10] M. G. Conrad: »Die Moderne«, öffentlicher Vortrag am 29.1.1891 in der Isarlust, http://uni-due.de/lyriktheorie/texte/1899_conrad.html [aufgerufen am 3.3.2017]

[11] Butler-Haimhausen, Ueber Armenpflege, S. 4

[12] Ebd.

[13] Viktorine Butler-Haimhausen: Grußwort an den internationalen Frauenkongress 1896, zitiert nach Gabriele Donder-Langer und Norbert Göttler: Festliche Soirée der hochverehrten Philanthropin, Sozialreformerin, Frauenrechtlerin, Schlossherrin und Mutter von 10 Kindern, gehalten am 1. Juli 2011, PDF von Gabriele Donder-Langer

[14] http://www.sueddeutsche.de/muenchen/dachau/2.220/schoenbrunnhaimhausen-leuchtendes-vorbild-1.3291815 [aufgerufen am 31.1.2017]

Weitere Literatur

Alois Angerpointner: Viktoria Gräfin von Butler-Haimhausen. Biographische Notizen, in: Amperland 22, 1986, S. 272–275

Norbert Göttler: Eine mutige Frau des 19. Jahrhunderts. Viktoria von Butler-Haimhausen, in: Sie machten Geschichte im Dachauer Land. Kulturhistorische Lebensbilder, Dachau 1989

Rita Huber-Sperl: Gräfin Victorine von Butler-Haimhausen, in: Zeitschrift für Bayerische Landesgeschichte 62, 1999, S. 163–199

Marie Conrad-Ramlo (S. 61–66)

1 Aus Marie Conrad-Ramlos Werdezeit, Tagebuch, Augsburger Allgemeine Zeitung, Juni 1912
2 Ebd.
3 Ebd.
4 Alfred von Mensi-Klarbach: Altmünchner Theater-Erinnerungen. Darin »Tagebuchblätter aus vierzig Jahren am Münchner Hoftheater«, München 1924, S. 85
5 Ebd., S. 86
6 Ebd., S. 89
7 Ebd.
8 Max Bernstein in »Münchner Hofschauspiel«, zitiert nach Ludwig Eisenberg's großes biographisches Lexikon der Deutschen Bühne des XIX. Jahrhunderts, Leipzig, 1903, https://archive.org/stream/ludwigeisenberg00 iseuoft#page/162/mode/2up [aufgerufen am 27.9.2016]
9 Carl Niebler: Die Schauspielerin Marie Conrad-Ramlo und das Münchener Hoftheater 1868–1921. Ein Beitrag zur Münchner Theatergeschichte. Dissertation (nicht gedruckt), München 1956, S. 16
10 Margit Anna Fladenhofer: Therese Cornelius Schneegans 1878–1971, Diplomarbeit Wien 2008, S. 11, Anm. 20, http://othes.univie.ac.at/1350/1/2008-09-16_8406094.pdf [aufgerufen am 28.9.2016]
11 Frank Milautzcki: Vornehme Herren in der ersten Reihe. Artikel in »Fixpoetry«, http://www.fixpoetry.com/feuilleton/lesarten/marie-ramlo/moderner-adonis [aufgerufen am 18.1.2017]
12 Rudolf Lothar:Henrik Ibsen, Leipzig 1902, S. 139
13 Arthur Roeßler:Marie Conrad-Ramlo, in: Bühne und Welt 4, 1901, S. 961–964
14 Niebler, Marie Conrad-Ramlo, S. 130

Weitere Literatur

Eva Chrambach: Eine Mischung von Herbheit, Scheu und Stolz und allerlei anderem: Marie Conrad-Ramlo, in: Literatur in Bayern 75, München 2004, S. 21–25

Dietlind Pedarnig, Edda Ziegler: Bayerische Schriftstellerinnen. Ein Lesebuch, München 2014

Electrine von Freyberg (S. 69–73)

1 Pankraz Freiherr von Freyberg: Maria Electrine Freifrau von Freyberg geborene Stuntz (1797–1847). Eine Münchner Malerin, Lithographin und Radiererin, Oberbayerisches Archiv, Band 110, München 1985, S. 335
2 Ebd., S. 15f.
3 Ebd., S. 17
4 Ebd., S. 285
5 Ebd., S. 309, am 12. August 1825
6 Ebd., S. 31

Weitere Literatur

Bärbel Kovalevski:Electrine und die anderen. Künstlerinnen an der Akademie
   der bildenden Künste München 1813–1837, in: Electrine und die anderen.
   Künstlerinnen 1700 bis 2000 (Katalog zur gleichnamigen Ausstellung im
   stadtmuseum Fürstenfeldbruck 2008, herausgegeben von Angelika Mundorff
   und Eva von Seckendorff, Fürstenfeldbruck 2008, S. 39–68
Marita Panzer, Elisabeth Plößl: Bayerns Töchter. Frauenporträts aus fünf Jahrhunderten, München 2015
Zwischen Ideal und Wirklichkeit: Künstlerinnen der Goethe-Zeit zwischen 1750
   und 1850, herausgegeben von Bärbel Kovalevski, Ostfildern 1999

Mina Gedon (S. 75–78)

1 Helene Raff: Beim Urbild eines berühmten Bildes. Ein Gespräch mit Frau
   Mina Gedon, Münchner Neueste Nachrichten 54, 24.2.1929
2 Frau Mina Gedon zum 80. Geburtstag, Münchner Neueste Nachrichten 39,
   9.2.1929
3 Raff, Beim Urbild
4 Frau Mina Gedon zum 80. Geburtstag
5 Das Bildnis der Frau Gedon, in: Die Kunst 51, 1925, S. 97ff. https://www.
   digizeitschriften.de/dms/img/?PID=368096319&physid=phys00112#navi
   [aufgerufen am 5.2.2017]
6 Ebd., S. 97
7 Ebd., S. 98
8 Ebd.
9 Raff, Beim Urbild
10 Das Bildnis der Frau Gedon, S. 97
11 Gedon für Leibl. Ein Gegenbrief zu W. Leibls unveröffentlichten Briefen,
   Frankfurter Zeitung Nr. 19, 20.1.1926, Erinnerungen von Frau Gedon. Quelle: Frankfurter Zeitung, Erstes Morgenblatt, 73. Jg., Nr. 269, S. 2

Weitere Literatur

Brigitte Gedon: Lorenz Gedon. Die Kunst des Schönen, München 1994

Emilie Giehrl (S. 81–86)

[1] Erinnerungen aus meiner Jugend. Fortsetzung der ›Kindheits-Erinnerungen‹. Von Tante Emmy, Donauwörth 1911, S. 11
[2] Ebd., S. 25
[3] Ebd., S. 163
[4] Aus meiner Kindheit. Erinnerungsblätter, Donauwörth 1900, S. 33
[5] Erinnerungen aus meiner Jugend, S. 289
[6] Maria Müller: Emmy Giehrl (Tante Emmy). Ihr Leben, Leiden, Lieben, Freiburg 1917, S. 48
[7] Ebd., S. 114
[8] Ebd., S. 121
[9] Emmy Giehrl. Zu ihrem 50-jährigen Krankenjubiläum, in: Bayerischer Kurier 28.5.1913, Nr. 48
[10] Vergessen? Bayerischer Kurier vom 31.5.1928
[11] Müller, Emmy Giehrl, S. 49

Maria Görres-Arndts (S. 89–92)

[1] Annette von Droste-Hülshoff an Levin Schücking, 29.9.1844, http://gutenberg.spiegel.de/buch/briefe-von-annette-von-droste-hulshoff-und-levin-schucking-2836/1 [aufgerufen am 20.1.2017]
[2] Ebd.
[3] Zur Erinnerung an Guido Görres, München, 1852, S. 8, http://reader.digitale-sammlungen.de/resolve/display/bsb10069499_00016.html [aufgerufen am 20.1.2017]
[4] Josefa Dürck-Kaulbach: Erinnerungen an Wilhelm von Kaulbach und sein Haus, München 1928, S. 247
[5] Maria Arndts: »Juhschrei auf der Halseralm«, Regensburg 1927, http://reader.digitale-sammlungen.de/de/fs1/object/display/bsb11319885_00005.html [aufgerufen am 20.1.2017]
[6] Ebd.

Friederike von Gumppenberg (S. 95–97)

[1] Martha Schad: Bayerns Königinnen, Regensburg 1982
[2] Ebd.
[3] Georg Jacob Wolf: Die Münchnerin, München 1924, S. 155
[4] Augusta von Oertzen: Die Schönheitengalerie Ludwigs I. in der Münchner Residenz, München 1923, S. 96
[5] Wolf, Die Münchnerin, S. 155

Charlotte von Hagn (S. 99–105)

[1] Bernhard Hoeft: Charlotte von Hagn, Familiengeschichte und Jugendzeit, Berlin 1926, S. 142
[2] Gerda Bobbert: Charlotte von Hagn. Eine Schauspielerin der Biedermeierzeit. Theatergeschichtliche Forschungen 45, Leipzig 1936, S. 24

3   Ebd., S. 26
4   Ebd., S. 29
5   Ebd.
6   Ebd.
7   Charlotte von Hagns Spielgeldkalender 1840–46. Erläutert von Wolfgang Quiche, in: Neues Archiv für Theatergeschichte 1, Heft 39, 1929, S. 111–166, S. 123
8   Bobbert, Charlotte von Hagn, S. 40
9   Ebd.
10 Feodor Wehl, zitiert nach Eugen Isolani: Die »schöne Hagn«, in: Bühne und Welt 11, 1908/09, S. 591–596, S. 596
11 Bobbert, Charlotte von Hagn, S. 85
12 Ebd., S. 95; November 1844 im Spielgeldkalender
13 Konstantin von Bayern: Des Königs schönste Damen. Aus der Schönheitengalerie Ludwigs I., München 1980, S. 41
14 Spielgeldkalender 1929, S. 141
15 La Mara (Maria Lipsius): Liszt und die Frauen, Leipzig 1911, S. 113; 29.4.1849

Weitere Literatur
Bernhard Hoeft: Charlotte von Hagn, Familiengeschichte und Jugendzeit, Berlin 1926
Rudolf Reiser: Die Schönheitengalerie König Ludwigs I. im Schloß Nymphenburg, in: Nymphenspiegel 3, München 2008, S. 111–113

Emma Haushofer-Merk (S. 107–112)
1   Emma Haushofer-Merk zum Andenken. Nachruf von Carry Brachvogel, Münchner Neueste Nachrichten 198 vom 29.7.1925
2   Wilhelm Zils (Hrsg.): Geistiges und Künstlerisches in München in Selbstbiographien, München 1913, S. 149
3   Karl Raupp, Franz Wolter (Hrsg.): Die Künstlerchronik von Frauenchiemsee, München 1918, S. 29
4   Nachruf 1925
5   Zils, Geistiges und Künstlerisches in München, S. 149
6   Helene Raff, Blätter vom Lebensbaum, München 1938, S. 201
7   Nachruf 1925
8   Ingvild Richardsen: Nachwort zu »Alt-Münchner Erzählungen«, München 2015, S. 194
9   Ingvild Richardsen: Max Haushofer und Emma Haushofer-Merk in Liebesgedichten, in: Freunde der Monacensia e. V., Jahrbuch 2015, S. 96ff.
10 Richardsen, Nachwort zu Alt-Münchner Erzählungen, hier: S. 221
11 Satzungen des Münchner Schriftstellerinnen-Vereins e.V. Errichtet am 15.1.18 (Stadtarchiv München Vereine 2168)

Nanette Kaula (S. 115–118)

1 Hans Lamm: Von Juden in München, München 1959, S. 98
2 Konstantin von Bayern: Des Königs schönste Damen. Aus der Schönheitengalerie Ludwigs I., München 1980, S. 59
3 Heinrich Heine: Nachgelesene Gedichte, https://www.staff.uni-mainz.de/
   pommeren/Gedichte/HeineNachlese/ludwig1.htm [aufgerufen am 8.3.2017]
4 Georg Jakob Wolf: Die Münchnerin, München 1924, S. 150
5 Konstantin von Bayern, Des Königs schönste Damen, S. 98

Josephine von Kaulbach (S. 121–126)

1 Josefa Dürck-Kaulbach: Erinnerungen an Wilhelm von Kaulbach und sein
   Haus, München 1921, S. 28
2 Ebd., S. 31
3 Ebd., S. 20
4 Ebd., S. 20ff.
5 Ebd, S. 200f.
6 Kurt Wilhelm: Luise von Kobell und die Könige von Bayern, Regensburg
   1980, S. 190
7 Dürck-Kaulbach, Erinnerungen, S. 264
8 Ebd., S. 265f.
9 Ebd.

Irene von Keller (S. 129–134)

1 So von Hermann Uhde-Bernays, siehe: Rudolf Reiser: Alte Häuser – große
   Namen, München 1978, S. 98
2 Georg Jakob Wolf: Die Münchnerin, München 1924, S. 197
3 Hans Rosenhagen: Albert von Keller, Bielefeld und Leipzig 1912, S. 44
4 Ebd., S. 58
5 Ebd., S. 96
6 Ulrich Linse:Mit Trancemedien und Fotoapparat der Seele auf der Spur. Die
   Hypnose-Experimente der Münchner »Psychologischen Gesellschaft«, in:
   Marcus Hahn, Erhard Schüttpelz (Hrsg.): Trancemedien und Neue Medi-
   en um 1900: Ein anderer Blick auf die Moderne, Bielefeld 2009, S. 108 https://books.google.de/books?id=Cd1KCgAAQBAJ&pg=PA107&lpg=
   PA107&dq=Linse+trancemedien&source=bl&ots=lapCy2PDGh&sig=
   WARfXu6qiu66qwLqnuPOTt2RXao&hl=de&sa=X&ved=oahUKEwj
   SxZvno7vSAhUFdCwKHYQyARIQ6AEIJjAB#v=onepage&q=Linse%20
   trancemedien&f=false [aufgerufen am 3.3.2017]

Weitere Literatur

Albert von Keller: Salons, Séancen, Secession, AK Kunsthaus Zürich 2009, München (darin v.a. Nico Kirchberger: Wer wüsste nicht, wer Albert Keller in
München ist … Albert von Keller im Münchner Künstlermilieu, S. 189–200)

Babette Klinger-Schmid (S. 137–142)

1   Jugenderinnerungen von Babette Klinger-Schmid und Nachrufe zu ihrem Tod, Quelle: Münchner Stadtmuseum, Sammlung Puppentheater, Archiv, Nachlass Schmid/Winkler. Mit dem neuen Friedhof meinte sie den neuen Teil, den sogenannten Camposanto des Alten Südfriedhofs.
2   Ebd.
3   Ebd.
4   Anton Riedelsheimer: Die Geschichte des J. Schmidschen Marionettentheaters in München von der Gründung bis zum heutigen Tage, München 1922, S. 44
5   Jugenderinnerungen
6   Nachruf, Stadtmuseum
7   Ebd.

Weitere Literatur

Wolfgang Till: Puppentheater. Bilder, Figuren, Dokumente. Handbuch des Puppentheatermuseums am Münchner Stadtmuseum, München 1986

Luise von Kobell (S. 145–149)

1   Peter Czoik: Luise von Kobell, Literaturportal Bayern, https://www.literaturportal-bayern.de/autorinnen-autoren?task=lpbauthor.default&pnd=11852965X [aufgerufen am 3.3.2017]
2   Kurt Wilhelm: Luise von Kobell und die Könige von Bayern. Regensburg 1980. S. 140 ff.
3   Ebd., S. 141
4   Ebd., S. 138f.
5   Ebd., S. 211f. Viktor von Scheffel, ein guter Freund von August von Eisenhart, hatte bei der Choleraepidemie 1857 in München seine Schwester verloren und wollte sich aus Kummer nie wieder in München aufhalten.
6   Karl Alexander von Müller: Pfälzer und Bayern. Porträts der Familie Kobell, in: Verborgene Heimat, München 1956, S. 59
7   Rosalie Braun-Artaria: Lebenserinnerungen einer Siebzigerin, München 1910, S. 84
8   Wilhelm, Luise von Kobell, S. 312

Marie Gabrielle von Bayern (S. 151–158)

1   Engelbert Huber: Marie Gabrielle von Bayern, München 2014 (Reprint der Erstausgabe von 1913), S. 12
2   Ebd., S. 12
3   Richard Sexau: Fürst und Arzt, Dr. med. Herzog Carl Theodor in Bayern: Schicksal zwischen Wittelsbach und Habsburg, Graz 1963, S. 454
4   Huber, Marie Gabrielle, S. 52
5   Marie von Redwitz: Hofchronik 1888–1921, München 1924, S. 273

⁶ Ebd., S. 271
⁷ Ebd.
⁸ Ebd., S. 288
⁹ Ebd., S. 321
¹⁰ Ebd., S. 322
¹¹ Huber, Marie Gabrielle, S. 41
¹² Ebd., S. 44
¹³ Redwitz, Hofchronik, S. 363

Weitere Literatur
Rupprecht Kronprinz von Bayern: Reiseerinnerungen aus Ostasien, München 1923
Kurt Sendtner: Rupprecht von Wittelsbach. Kronprinz von Bayern, München 1954
Dieter Weiß: Kronprinz Rupprecht von Bayern (1869–1955); eine politische Biografie, Regensburg 2007

Marie Sophie in Bayern (S. 161–169)
¹ Arrigo Petacco: Die Heldin von Gaeta. Kaiserin Elisabeths Schwester im Kampf gegen Garibaldi, Graz, Wien, Köln 1994, S. 284ff; Interview mit Giovanni Ansaldo im November 1924, auf Italienisch: Intervista alle regina Maria Sofia di Giovanni Ansaldo, apparsa sul Corriere della sera nel novembre 1924, http://www.eleaml.org/sud/borbone/maria_sofia.html [aufgerufen am 1.11.2016]
² An Auguste Ferdinande von Bayern am 16. August 1857. Bayerisches Hauptstaatsarchiv, Abt. III. Geheimes Hausarchiv, Nachlass Auguste von Bayern Nr. 89/101
³ Petacco, Die Heldin von Gaeta, S. 105
⁴ Ebd., S. 153
⁵ Ebd.
⁶ Tagebuch aus der Belagerung von Gaeta von Charles Garnier. Aus dem Französischen übersetzt von J. M. D. C., München 1861, S. 44
⁷ Ebd., S. 130
⁸ Ebd., S. 127
⁹ Gabriele d'Annunzio: »Le vergini delle rocce« (1895), zitiert nach Petacco, Die Heldin von Gaeta, S. 7. Marie Sophie soll diese Bezeichnung aber nicht gefallen haben.
¹⁰ Clara Tschudi: Königin Maria Sophia von Neapel – Eine vergessene Heldin, Leipzig 1907, S. 141
¹¹ Gedichte an Ihre Majestät Marie Sophie, Königin beider Sicilien, geborene Herzogin in Bayern: mit dem Porträt Ihrer Majestät der Königin beider Sicilien, herausgegeben von Johann Baptist Vogl, München 1861, http://reader.digitale-sammlungen.de/de/fs1/object/display/bsb10121958_00145.html [aufgerufen am 1.3.2017]

[12] http://www.mysticacalabria.it/2013-07-16-17-04-44/storia/item/293-maria-sofia-di-wittelsbach-l'ultima-regina-delle-due-sicili [aufgerufen am 17.2.2017]. Das Gedicht von 1919 basiert auf einem Interview mit einem bourbonischen Soldaten

[13] Die Noten liegen in der Österreichischen Nationalbibliothek in Wien.

[14] Bayerisches HauptStaatsArchiv: Die Reise des Historienmalers FP nach Gaeta im Auftrag König Maximilians II. durch die Vermittlung des französischen Außenministers Drouyn de Lhuys, BayHStA, Gesandtschaft Paris 506; Bild in Privatbesitz; https://www.deutsche-digitale-bibliothek.de/item/JXFCABT3KJ76R3MA52SOUEP22ZB2MF4Z [aufgerufen am 1.3.2017]

[15] Nicolas Remin: Gondeln aus Glas, Reinbek 2007. In diesem Krimi ist Marie Sophie in eine Mordserie in Venedig verwickelt.

[16] Marie Louise Larisch-Wallersee: Die Heldin von Gaeta, Leipzig 1956. Sie behauptete, der Kindsvater sei ein belgischer Offizier der päpstlichen Garde gewesen, außerdem habe Marie Sophie Zwillinge geboren, Daisy und Viola, und sie, Marie Louise, sei eines der Kinder und von Maries Bruder Ludwig adoptiert worden. Brigitte Sokop hat das recherchiert und für keine der Behauptungen Belege gefunden. Siehe: Brigitte Sokop: Jene Gräfin Larisch. Marie Louise Gräfin Larisch-Wallersee. Vertraute der Kaiserin – Verfemte nach Mayerling, Wien / Köln / Weimar, 1985

[17] Erzherzogin Sophie an Luise (Ludovika) in Bayern am 10.5.1972. Nachlass Richard Sexau, Bayerische Staatsbibliothek

[18] Gundula Walterskirchen: Das Tagebuch der Gräfin Marie Festetics. Kaiserin Elisabeths intimste Freundin, Salzburg, Wien 2014. (E-Book)

[19] Ebd.

[20] Ebd.

[21] Petacco, Die Heldin von Gaeta, S. 277

[22] Ebd.., S. 282f. und http://www.faulhaber-edition.de/bestand_bs.html?doctype=bio&letter=N&idno=00503 [aufgerufen am 22.11.16]

Weitere Literatur

Erika Bestenreiner: Sisi und ihre Schwestern., München 2002

Alois Dreyer: Herzog Maximilian in Bayern, München 1909

Bernhard Graf: Sisis Vater. Herzog Maximilian in Bayern, München 2016

Sigrid-Maria Grössing: Elisabeth. Kaiserin aus dem Hause Wittelsbach, Wien 2013

Brigitte Hamann: Elisabeth. Kaiserin wider Willen, München 2002

Körner, Hans-Michael: »Marie Sophie« in: Neue Deutsche Biographie 16 (1990), S. 202f. [Onlinefassung]; URL: https://www.deutsche-biographie.de/gnd119105225.html#ndbcontent [aufgerufen am 22.11.2016]

Marita Panzer, Elisabeth Plößl: Bayerns Töchter. Frauenporträts aus fünf Jahrhunderten, München 2015

Francesco Valsecchi: Marie Sophie Königin von Neapel, in: Zeitschrift für Bayerische Landesgeschichte 44, 1981, S. 381–396

Sophie Menter (S. 171–174)

1 La Mara: Liszt und die Frauen, Leipzig 1911, S. 252
2 Ebd., S. 245
3 Ebd.
4 Sophie Menter, in: Europäische Instrumentalistinnen des 18. und 19. Jahrhunderts.
   http://www.sophie-drinker-institut.de/cms/index.php/menter-sofie [aufgerufen am 24.2.2017]
5 https://www.youtube.com/watch?v=aGv7nj3yVIg [aufgerufen am 18.4.2017]
6 https://www.youtube.com/watch?v=Cde6ZV6_fVo [aufgerufen am 18.4.2017]
7 Sophie Menter, siehe Anm. 4

Weitere Literatur

Musik und Gender im Internet: Sophie Menter, http://mugi.hfmt-hamburg.de/old/A_lexartikel/lexartikel.php?id=ment1846 [aufgerufen am 24.2.2017]

Marie von Miller (S. 177–182)

1   Monika Czernin: Marie von Miller, München 2013, S. 28
2   Ebd., S. 10
3   Ebd., S. 59f.
4   Wilhelm Lukas Kristl: Hier darf jeder tun, was ich will. Oskar von Miller in Anekdoten und Momentaufnahmen, Pfaffenhofen, 1978, S. 51
5   Czernin, Marie von Miller, S. 64
6   Ebd., S. 80
7   Wilhelm Füßl: Oskar von Miller. 1855–1934. Eine Biographie, München 2005, S. 345
8   Kristl, Hier darf jeder tun, S. 54
9   Czernin, Marie von Miller, S. 76
10 Zwischen Ideal und Wirklichkeit: Künstlerinnen der Goethe-Zeit zwischen 1750 und 1850, herausgegeben von Bärbel Kovalevski, Ostfildern 1999, S. 88

Weitere Literatur

Doris Hiltl: Oh welcher Schatz ist dem Mann ein vernünftiges Weib! Anna und Marie von Miller, in: Die Millers. Aufbruch einer Familie, herausgegeben von Eva von Seckendorff, Angelika Mundorff, München 2006, S. 96–105
Frau Marie von Miller ist verstorben. (Nachruf aus Münchner Neueste Nachrichten vom 20.8. 1933), in: Um mich ist Heimat. Der alte Winthirfriedhof in Neuhausen, Geschichtswerkstatt Neuhausen, München 2000

Frieda Port (S. 185–188)

1 Wilhelm Zils: Geistiges und künstlerisches München in Selbstbiographien. München 1913, S. 286f.

[2] Ebd.
[3] Frieda Port: Hermann Lingg. Eine Lebensgeschichte. München 1912, S. 239
[4] Meine Lebensreise. Autobiographie von Hermann von Lingg. Berlin / Leipzig 1899, S. 153f.
[5] Ebd.
[6] Port, Hermann Lingg, S. 242
[7] Lebensbild von Anna Schmid-Barnstorff. Im Nachlass von Frieda Port (Münchner Stadtbibliothek/Monacensia Personalia L4282)
[8] Frieda Port, Gestorben am 14. Oktober 1926. Nachruf von Mathilde von Leinburg, Propyläen, 19.9.1926 (Stadtarchiv München ZAP-391-39)
[9] Autobiographische Notizen aus dem Nachlass Nachlass von Frieda Port (Münchner Stadtbibliothek/Monacensia Personalia L4282)
[6] Josefine Graf-Lomtano: Ein dreifaches Jubiläum im Münchner Schriftstellerinnenverein, in: Süddeutsche Frauenzeitung Nr. 24, Juni 1924 (Stadtarchiv München Vereine 2168)
[9] Theodor Storm: Briefwechsel mit Paul Heyse III 1882–1888, Berlin 1974, S. 160
[10] Siehe Anm. 8

Helene von Racowitza (S. 191–197)

[1] Luise von Kobell über das gastliche Haus der Dönniges', in: Kurt Wilhelm: Luise von Kobell und die Könige von Bayern, Regensburg 1980, S. 187
[2] Karl Spengler über Helene von Dönniges, in: Hanns Arens: Die schöne Münchnerin, München 1969, S. 39
[3] Helene von Racowitza: Von anderen und mir, Berlin o. J., S. 26
[4] Helene von Racowitza: Meine Beziehungen zu Ferdinand von Lasalle, Breslau 1879, S. 21f.
[5] Andrea Hirner: Die Todesparzenschönheit, München 2011, S. 297

Franziska Rheinberger (S. 199–204)

[1] Josef Gabriel Rheinberger, Briefe und Dokumente seines Lebens, Band II, herausgegeben von Harald Wagen und Hans-Josef Irmen, Vaduz 1987, Vorwort S. I
[2] Elisabeth und Hans-Josef Irmen: Gabriel Josef Rheinberger und Franziska von Hoffnaaß, Eine Musikerehe im 19. Jahrhundert, Zülpich 1990, S. 58
[3] Ebd., S. 59
[4] Ebd.
[5] Ebd., S. 62
[6] Ebd., S. 113
[7] Ebd., S. 122
[8] Rheinberger, Briefe und Dokumente, S. 135
[9] Ebd., S. 169
[10] Irmen, Gabriel Josef Rheinberger, S. 183
[11] Ebd.

[12] Helene Raff: Blätter vom Lebensbaum, München 1938, S. 127
[13] Rheinberger, Briefe und Dokumente, S. 284

Emilie Ringseis (S. 207–212)

[1] Alfred Wolfsteiner: Johann Nepomuk von Ringseis. Arzt und Vertrauter Ludwigs I., Regensburg 2016, S. 88
[2] Elisabeth Margarethe Hamann: Emilie von Ringseis, Freiburg 1913, S. 15
[3] Ebd.
[4] Alban Stolz und die Schwestern Ringseis. Ein freundschaftlicher Federkrieg, herausgegeben von Alois Stockmann S. J., Freiburg 1923, S. 102
[5] Hamann, Emilie von Ringseis, S. 18
[7] Erinnerungsblätter von Emilie Ringseis. Mit Ergänzungen von Bettina Ringseis, Freiburg 1896, S. 26
[8] Ebd., S. 58
[9] Ebd., S. 66
[10] Bettina über ihre Schwester in: Hamann, Emilie von Ringseis, S. 30
[11] Ebd., S. 31f.
[12] Ebd.
[13] Ebd., S. 51
[14] Ebd., S. 3
[15] Ebd., S. 58
[16] Erinnerungsblätter 1896, S. 1
[17] Hamann, Emilie von Ringseis, S. 9f.
[18] Ebd.
[19] Erinnerungsblätter 1896, S. 191
[20] Ebd.
[21] Ebd.
[22] Ebd., S. 187

Amalie von Schintling (S. 215–217)

[1] Das Tagebuch des Karl Lorenz von Schintling (1780–1831), Neuburg 1978, S. 411
[2] Egon Cesare Conte Corti: Ludwig und die Münchnerinnen, in: Hanns Arens: Die schöne Münchnerin, München 1969, S. 50
[3] Augusta von Oertzen. Die Schönheitengalerie Ludwigs I. in der Münchner Residenz, München 1923, S. 49f.
[4] Emilie Escherich: Die Escherichs. Lebenserinnerungen aus dem Königreich Bayern, München 1985, S. 187
[5] Ebd.
[6] Tagebuch des Karl Lorenz von Schintling, S. 148

Josepha Schwarz (S. 219–222)

[1] Hebbel an Jakob Franz, WAB 1, 123, http://www.hebbel-gesellschaft.de/9-

meldorf-stadt/30-lebenschronik-1836–1839 [aufgerufen am 17.2.2017]

2 Isabella Nadolny: Beppi Schwarz, in: Hanns Arens, Die schöne Münchnerin, München 1969, S. 65

3 Georg Jacob Wolf: Die Münchnerin, München 1924. S. 242

4 Ebd.

5 Zitiert nach: Tagebuch von Friedrich Hebbel, http://mein-bayern.lexikus.de/ mb/geschichte-und-geschichten/8-hebbels-abschied-von-muenchen [aufgerufen am 17.2.2017]

6 Wolf, Die Münchnerin, S. 243

7 Hebbel an Sigmund Engländer am 22. Februar 1863, WAB 5, 593, http:// www.hebbel-gesellschaft.de/9-meldorf-stadt/30-lebenschronik-1836–1839 [aufgerufen am 17.2.2017]

Klara Vespermann (S. 225–228)

1 Karl Trautmann: Kulturbilder aus Alt-München. München 1914, S. 121

2 Brentano in: Deutscher Beobachter oder privilegir- te hanseatische Zeitung: 1816. Juni-Dez. https://books.google.de/ books?id=jTNDAAAAcAAJ&pg=RA118-PP2&lpg=RA118-PP2&dq=deu tscher+beobachter+1816+brentano&source=bl&ots=jO2H8a7Pgu&sig=697 ZaxA64L3IW6qiVUVAVfXtKoo&hl=de&sa=X&ved=0ahUKEwibw9iPpI_ TAhVJuBQKHQoWABwQ6AEIIzAA#v=onepage&q=deutscher%20be- obachter%201816%20brentano&f=false [aufgerufen am 12.7.2015]

3 »Ein Auer Dirndl erreichte den Olymp der internationalen Opernbühne«, in: Mitteilungen des Vereins »Freunde der Vorstadt Au«, Januar 2002, S. 4 Mit herzlichem Dank an den Verein für das PDF!

4 Ebd. S. 6

5 Ebd., S. 8

6 Ebd. S. 5

7 Trautmann, Kulturbilder, S. 121f.

8 »Ein Auer Dirndl erreichte den Olymp«, S. 7f.

Klara Ziegler (S. 231–236)

1 Alfred von Mensi-Klarbach: Alt-Münchner Theatererinnerungen, München 1924, S. 62

2 Ebd.

3 Ebd., S. 64

4 Theodor Fontane in »Plaudereien über das Theater«, zitiert nach: Clau- dia Balk: Theatergöttinen. Inszenierte Wirklichkeit. Clara Ziegler – Sarah Bernhardt – Eleonora Duse. AK Deutschen Theatermuseum München, Ba- sel/Frankfurt am Main 1994, S. 51

5 Ebd., S. 48

6 Mensi-Klarbach, Alt-Münchner Theatererinnerungen, S. 70

7 Zitiert aus: Susanne Welzel: Gegen Korsett und Konventionen I. Münchner Frauen, von denen man sprach: Lola Montez und Klara Ziegler, BR 12.3.1987,

S. 23. in: München – Stadt der Frauen. Kampf für Frieden und Gleichberechtigung 1800–1945, herausgegeben von Eva Maria Volland und Reinhard Bauer, München 1991, S. 30

Weitere Literatur

Marita A. Panzer, Elisabeth Plößl: Bayerns Töchter. Frauenporträts aus fünf Jahrhunderten, München 2015

Bildnachweis

Die Porträts (wenn nicht anders angegeben aus Privatarchiven beziehungsweise Vorlagen aus Publikationen):

Seite 14: Auguste Amalie von Leuchtenberg, Steinzeichnung von J. Fertig (1805)
Seite 22: Elsa Bernstein (unbekannt, um 1905)
Seite 32: Charlotte Blennerhassett (Fotografie von Ad. Baumann)
Seite 42: Carry Brachvogel
Seite 50: Viktorine von Butler-Haimhausen (Gemälde von Josef Bernhardt,
  1837; Viktorine-von-Butler-Stiftung, Schönbrunn)
Seite 60: Marie Conrad-Ramlo (Fotografie von Friedrich Müller)
Seite 68: Electrine von Freyberg (Selbstbildnis)
Seite 74: Mina Gedon (Gemälde von Wilhelm Leibl)
Seite 88: Titelblatt der Komposition »Aus den Bergen, für Clavier, op. 8« von
  Maria Görres (Bayerische Staatsbibliothek München, 1916956 2 Mus. pr.
  1744 1916956 2 URL: http://www.mdz-nbn-resolving.de/urn/resolver.
  pl?urn=urn:nbn:de:bvb:12-bsb11133096-4)
Seite 95: Friederike von Gumppenberg (Gemälde von Joseph Karl Stieler, 1843)
Seite 98: Charlotte von Hagn (Stich von Hosemann nach einem Privatbild)
Seite 106: Emma Haushofer-Merk (Fotoatelier Elvira)
Seite 114: Nanette Kaula (Gemälde von Joseph Karl Stieler, 1829)
Seite 120: Josephine Kaulbach (Gemälde von Friedrich August von Kaulbach)
Seite 128: Irene von Keller (Gemälde von Albert von Keller)
Seite 136: Babette Klinger-Schmid (Münchner Stadtmuseum, Sammlung
  Puppentheater/Schaustellerei)
Seite 144: Luise von Kobell (Fotografie von Joseph Albert, um 1870)
Seite 150: Marie Gabrielle von Bayern (Fotografie von F. Greiner)
Seite 160: Marie Sophie in Bayern in sizilianischer Tracht (Fotografie Alphonse
  Bernoud)
Seite 170: Sofie Menter (nach einer Fotografie gezeichnet von E. Kolb)
Seite 176: Marie von Miller
Seite 184: Frieda Port (Büste von Maria Weber; Münchner Stadtbibliothek /
  Monacensia, P/b 161)
Seite 190: Helene von Raçowitza
Seite 198: Franziska Rheimberger (RhFA Bild 018 Franziska Rheinberger. Am
  Tisch sitzend, mit weisser Feder schreibend. Fotografie. Aufnahme: H.
  Holz, München, (ca. 1870). Copyright: AKU-LA, Provenienz: Rheinberger
  Familienarchiv)
Seite 206: Emilie Ringseis
Seite 214: Amalie von Schintling (Gemälde von Joseph Karl Stieler, 1831)
Seite 218: Anonym (»Das Stubenmädel Traudl«, Zeichnung von Wilhelm von
  Kobell, 1799)

Seite 224: Klara Vespermann (Lithografie von Franz Hanfstaengl)
Seite 230: Klara Ziegler (Fotografie von Emilie Bieber)

Die Häuser bzw. Straßen (wenn nicht anders angegeben aus Privatarchiven beziehungsweise aus Publikationen):

Seite 64: Georg Pettendorfer; Stadtarchiv München: DE-1992-FS-NL-PETT1-3389)

Seite 202: Georg Pettendorfer; Stadtarchiv München: DE-1992-FS-NL-PETT1-1000)

Seite 233: Georg Pettendorfer; Stadtarchiv München: DE-1992-FS-NL-PETT1-1775)

Seite 19, 45 © Werner Ebnet

Seite 36, 55, 131, 194 © Schmidt-Thomé

Seite 155 (privat)

Dietlind Pedarnig, Edda Ziegler (Hg.):
Bayerische Schriftstellerinnen
Ein Lesebuch

Die unbeugsame, geniale Komikerin Liesl Karlstadt, Lena Christ, eine der bedeutendsten bayerischen Erzählerinnen, die zeitgenössische Autorin Keto von Waberer oder Emerenz Meier, schriftstellerische Naturgewalt und beeindruckende Volksdichterin – sie alle waren und sind »starke Frauen«, in Bayern geboren und von dieser Kulturlandschaft geprägt. Mit ihren Texten bewegen sie, hinterlassen individuelle Spuren und halten nicht selten der Gesellschaft ihrer Zeit kritisch den Spiegel vor Augen. Die Anthologie würdigt ein Stück bester bayerischer Literatur und ist zugleich eindrücklicher Beleg weiblicher Stärke in all ihren Facetten.

236 S., Klappenbroschur, ISBN 978-3-86906-536-6